"情商＋智商"双线并行创新教材 职业教育旅游服务类专业系列

饭店管理基础

黄妙娟 主编

科学出版社

北 京

内 容 简 介

全书分两大模块共八个项目。模块一介绍饭店管理基础知识，具体内容包括饭店概述、饭店管理概述。模块二介绍饭店管理主要内容，具体包括饭店组织管理、饭店营销管理、饭店服务质量管理、饭店人力资源管理、饭店设备与物资管理、饭店安全管理。

本书既可作为职业院校旅游、饭店管理专业的教材，也可作为饭店从业人员的参考用书。

图书在版编目（CIP）数据

饭店管理基础/黄妙娟主编. —北京：科学出版社，2016
（"情商+智商"双线并行创新教材·职业教育旅游服务类专业系列）
ISBN 978-7-03-047581-7

Ⅰ.①饭… Ⅱ.①黄… Ⅲ.①饭店–企业管理–高等职业教育–教材
Ⅳ.①F719.2

中国版本图书馆 CIP 数据核字（2016）第 046604 号

责任编辑：涂 晟 / 责任校对：马英菊
责任印制：吕春珉 / 封面设计：东方人华

科 学 出 版 社出版
北京东黄城根北街 16 号
邮政编码：100717
http://www.sciencep.com
百善印刷厂印刷
科学出版社发行 各地新华书店经销
*

2016 年 3 月第 一 版 开本：787×1092 1/16
2016 年 3 月第一次印刷 印张：15 3/4
字数：336 000

定价：34.00 元

前　言

　　饭店管理是饭店管理专业重要的专业基础课程，是专业主干课程之一。本书以管理学的基本原理为基础，结合饭店具体实践，从饭店自身的业务特点和管理特点出发进行编写。

　　将素质教育融入专业知识教育中，即智商与情商培养，是本书创新之处。目前，我国绝大部分职业院校在人才培养模式上一直沿袭传统，只注重学生的专业知识和技能的教育（智商培养），而忽略了学生的素质教育（情商培养）。大量研究和实践表明，一个人取得成功的主要因素是情商。因此，在培养学生智商的同时，注重培养学生的情商，这将有助于更好地引导他们走向成功。

　　本书具有以下特色：

　　1）智商和情商紧密结合，双线并行。本书每个项目中都设置"EQ 故事""情商培养"，通过专业内容带出相关情商故事，每篇小故事在轻松之余都能带给人启迪。每个项目最后都设有结合饭店管理实践的"EQ 总结"，起点睛之用。

　　2）内容丰富，信息量大。本书每个项目中都设置"知识链接""案例""管理故事""小思考""小练习"等栏目，内容紧贴当今时代，紧贴饭店发展实际，信息容量大，能拓展学生的思维和知识面。

　　3）采用任务驱动，引导学生自主学习。本书以工作目标作为项目，采用任务驱动的方法，设置知识目标和技能目标，能引导学生进行自主学习，在完成工作任务中学习知识、训练技能，提升职业能力。

　　本书在编书过程中参考了很多教材和文献资料，引用了部分专家、学者的研究成果，特别是蒋丁新老师编写的教材，在此表示真诚的感谢。

　　由于编者的学识和能力有限，书中难免有不足之处，敬请各位专家、教师和广大读者不吝指正，提出宝贵的意见和建议，以便修订时加以完善。

编　者

2015 年 11 月

目　录

模块一　饭店管理基础知识

模块二　饭店管理主要内容

模块一　饭店管理基础知识

饭 店 概 述

项目导航

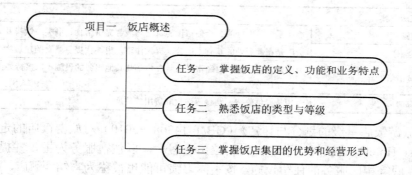

```
项目一 饭店概述
    ├─ 任务一 掌握饭店的定义、功能和业务特点
    ├─ 任务二 熟悉饭店的类型与等级
    └─ 任务三 掌握饭店集团的优势和经营形式
```

知识目标

1. 了解饭店的定义与功能。
2. 掌握饭店的业务特点。
3. 熟悉饭店的不同类型及等级划分。
4. 掌握饭店集团的优势及经营形式。

技能目标

1. 能够运用所学内容分析判断饭店的类型。
2. 能够根据各种硬件状况初步判断饭店的等级。
3. 能够根据饭店集团的经营特点分析判断该饭店集团的经营形式。

EQ 话题

控制好自身情绪，尽快适应和融入工作环境，不要被环境吓倒、打败，这是成功的起点。

任务一 掌握饭店的定义、功能和业务特点

一、饭店的定义

饭店（Hotel）一词源于法语，指法国贵族在乡下招待客人或家人度假用的别墅。在英语里有 Hotel、Motel、Inn、Guesthouse、Tourist、Resort、Tavern、Lodge、House 等称谓。在我国，对饭店的称谓也有很多，有饭店、酒店、宾馆、旅馆、旅店、旅社招待所、大厦、迎宾馆、国宾馆、山庄、公寓、会所、度假村、度假山庄、度假俱乐部等。

国外一些权威辞典对饭店有如下的定义，见表1-1。

表1-1 权威辞典对饭店的定义

权威辞典	饭店的定义
《美利坚百科全书》	饭店是装备完好的公众住宿设施，它一般都提供膳食、酒类与饮料及其他服务
《大不列颠百科全书》	饭店是在商业性的基础上向公众提供住宿，也往往提供膳食的建筑物
《韦伯斯特美国英语新世界辞典》	饭店是提供住宿，也经常提供膳食与某些其他服务的设施，以接待外出旅游者和非永久性居住的人
《牛津插图英语辞典》	饭店是提供住宿、膳食等而收取费用的住所

我国《旅游饭店星级的划分与评定》（GB/T 14308—2010）对旅游饭店的定义是：旅游饭店（Tourist Hotel）是以间（套）夜为单位出租客房，以住宿服务为主，并提供商务、会议、休闲、度假等相应服务的住宿设施，按不同习惯可能也被称为宾馆、酒店、旅馆、旅社、宾舍、度假村、俱乐部、大厦、中心等。

蒋丁新（2010）认为：饭店是指能够接待旅居客人及其他客人，并为他们的旅行和社会需求提供住宿、饮食、购物、娱乐及其他服务的综合性、服务性企业。

综上所述，可以将饭店定义为：饭店是凭借一定的建筑物及必要的设施设备，通过为公众提供住宿、饮食及其他服务而获取利润的服务性企业。

从饭店的定义可以看出饭店具备以下特征：

1）饭店的本质是以营利为目的服务性企业，使用者需要支付一定的费用。饭店经营者必须自主经营、独立核算、自负盈亏、自担风险。

2）饭店必须具备一定的房屋建筑、设备设施和相关的物资物品。这是饭店提供各种产品和服务的依托。

3）饭店能够提供住宿、餐饮、商务、会议、购物、度假、娱乐等综合性服务。

4）饭店的服务对象是社会公众，主要是外出旅行的人，也包括当地的永久性居民或半永久性居民。

 知识链接

世界最奢华的七星级酒店

Burj Al-Arab 酒店（音译伯瓷，又称阿拉伯塔）位于中东地区阿拉伯联合酋长国迪拜酋

长国的迪拜市，开业于 1999 年 12 月，因酒店设备实在太高级，远远超过五星的标准，只好破例称它七星级酒店。伯瓷酒店的工程花了 5 年的时间，两年半时间在阿拉伯海填出人造岛，两年半时间用在建筑本身，使用了 9 000 吨钢铁，并把 250 根基建桩柱打入 40 米深海下。酒店外观如同一张鼓满了风的帆，共有 56 层、高 321 米，是全球最高的酒店，比法国埃菲尔铁塔还高上一截。

　　伯瓷酒店是阿拉伯人奢侈的象征，也是迪拜的新标志。

　　走进这个世界上最高的酒店就仿佛走进了阿拉丁的洞穴，豪华的佐证非笔墨可言喻，从带你走进海鲜餐馆的小型潜艇，到每个房间的 17 个电话筒，再到用作机场巴士的 8 辆劳斯莱斯都可见到。你甚至可以要求直升机接送，在 15 分钟的航程里，率先从高空鸟瞰迪拜的市容，欣赏壮丽的景观后，才徐徐降落在 28 楼的直升机坪。

　　伯瓷酒店内部更是极尽奢华之能事，触目皆金，连门把、厕所的水管，甚至是一张便条纸，都"爬"满黄金。虽然是镀金，但要所有细节都优雅不俗地以金装饰，则是对设计师的品位与功力的考验。由于是以水上的帆为外观造型，酒店到处都是与水有关的主题（在沙漠国家水比油贵，水比金更彰显财力）。譬如，一进酒店门的两大喷水池，不时有不同的喷水方式，每一种皆经过精心设计，15～20 分钟就换一种喷法，跟水舞没什么两样，搭乘电梯还可以欣赏高达十几公尺的水族箱，很难相信外面就是炎热高温的阿拉伯沙漠。因为酒店豪华尊贵的服务宗旨就是务必让房客有阿拉伯油王的感觉，在让人感到吃惊之余，也让人感叹金钱的力量。

　　最令人叹为观止的是雄霸 25 楼及以上楼层的皇家套房，装饰典雅辉煌，顶级装修和搜罗自世界各地的摆设，如同皇宫一样气派。家具是镀金的，有私家电梯、私家电影院、旋转睡床、阿拉伯式会客室，甚至衣帽间的面积都比一般酒店的房间大。最特别的是睡房的天花板上有一面与床齐大的镜子，和自己面对面睡觉的感觉会不会很奇怪？浴室里的所有卫浴用具都是爱马仕的牌子，包括肥皂、古龙香水等。当然淋浴设备也不同凡响，除上头的莲蓬头之外，还可以选择上中下三段式喷水，旁边则是马赛克壁画陪衬下的按摩浴池，浴室门口还有皮质躺椅，让旅客休息。

　　房间的奢华还没来得及回味，餐厅更是让人觉得匪夷所思：酒店内的 AI-Mahara 海鲜餐厅仿佛是在深海里为顾客捕捉最新鲜的海鲜，在这里进膳的确是难忘的经历——要动用潜水艇接送。从酒店大堂出发直达 AI-Mahara 海鲜餐厅，虽然航程短短 3 分钟，可是已经进入一个神奇的海底世界，沿途有鲜艳夺目的热带鱼在潜水艇两旁游来游去，美不胜收。安坐在舒适的餐厅椅上，环顾四周的玻璃窗外，珊瑚、海鱼所构成的流动景象，伴随着客人享受整顿写意的晚餐。

海里有餐厅，空中也有餐厅，客人只需搭乘快速电梯，33 秒内便可直达屹立于阿拉伯海湾上 200 米高空的 AI-Mahara 餐厅。进入太空设计的餐厅，以蓝绿为主的柔和灯光，再加上波浪设计的衬托，就仿佛进入另一世界。这餐厅可容纳 140 名顾客，晚餐之际，夜空璀璨，环观迪拜的天空和海湾，享受地中海风味的高级厨艺，便是人生至高的享受了。

由于伯瓷这家超级豪华酒店实在是太昂贵了，很多外来访客只想来参观一下，但是踏进这家酒店可是要付参观费的，平日 100 迪拉姆、假日 200 迪拉姆（1 迪拉姆约合 2.25 元人民币），不过可抵作餐厅消费。

二、饭店的功能

饭店的功能是指饭店为满足客人的需求而提供的服务所发挥的效用。饭店最基本、最传统的功能是向客人提供住宿和餐饮。随着客源市场及客人需求的不断变化，现代饭店的功能有了很大的发展，其功能日益多样化，饭店已成为具有向客人提供住宿、餐饮、商务、购物、娱乐等诸多功能的综合性服务企业，它与旅行社、旅游交通企业一起被称为旅游业的三大支柱。

（一）饭店的传统功能

1. 住宿功能

饭店最主要的功能之一是为客人提供舒适安全的客房住宿。客房有多种类型，一般有标准双人房、单人房、商务房、套房等，包括床位、卫生间和其他生活设施等。以舒适清洁的

环境和热情周到的服务，使客人在旅途中得到很大的便利和充分的休息。

2. 餐饮功能

饭店一般设有不同的餐饮场所，以良好的环境、可靠的卫生条件、精美的菜肴和规范的服务为客人提供餐饮服务。饭店的餐饮场所有中餐厅、西餐厅、宴会厅、各种特色餐厅、自助餐厅、咖啡厅、酒吧、大堂吧等，向客人提供多样化的食品和饮品，以满足不同消费需求的客人。

（二）饭店的现代功能

1. 商务功能

商务功能是指饭店为客人从事商务活动提供各种商务设施和方便快捷的服务。饭店设置商务中心、商务楼层、商务会议室与商务洽谈室等，提供打字、传真和国际、国内直拨电话等现代通信设施。当今的时代是信息时代，饭店是否有这些设备是衡量其现代化程度高低的一个重要指标。

2. 会议功能

一般饭店内都设有大小规格不等的会议室、谈判室、演讲厅、展览厅等设施,为会议提供合适的场所。会议型饭店往往还配备各种举办大型会议和国际会议的音响设施和同声传译设备,可供召开远程的电视、电话会议,多国语言同声传译的国际会议,企业的新产品推介会、业务洽谈会和新闻发布会等。

3. 休闲度假功能

随着我国旅游度假市场的不断扩大,对度假饭店的需求日益增长。度假饭店一般位于风景区内或附近,通常注重提供家庭式环境,客房能适应家庭度假、几代人度假及独身度假的需要,娱乐设施先进、齐备。

小思考

你认为饭店可配备哪些设施来满足客人的度假需要呢?

4. 购物功能

购物功能也是现代饭店的一个常见功能。饭店可以根据自身的特点和客源结构,在饭店内销售一些适合客人需要的旅游纪念品、高档消费品,甚至可以是普通生活用品。

5. 健身娱乐功能

随着生活水平的不断提高,人们对健身、娱乐等精神生活的要求也越来越高。饭店通过提供付费点播电视、卡拉 OK、游泳、健身、台球、乒乓球、保龄球、SPA 等各种服务项目,既可以满足客人的需要,又可以拓宽饭店的经营范围。

三、饭店业务的特点

(一) 饭店业务的服务性

饭店是以提供劳务为主的服务性企业,服务性是饭店业务的本质特点。饭店业务的服务性主要表现在 3 个方面:

一是无形性。饭店产品是以服务为主体的组合,凭借物质设施向客人提供一种无形的服务。和那些看得见、摸得着的实物产品不同的是,服务在购买之前是看不到也无法触及的,当客人离开时,带走的只能是一种无形的感受,而不能带走饭店具体的服务产品。客人最终得到的是一种服务的效用和服务过程的一种体验。

二是生产与消费的同步性。在饭店的业务活动中,饭店提供服务的过程和客人消费服务的过程处于同一时间和空间,客人只能现场享用,一般无法带走,生产过程和消费过程几乎是同步进行的。

三是价值的不可储存性。饭店产品不像实物商品一样,卖不出去可以储存,并且在短时期内能保值出售。饭店产品如果在当天卖不出去,其当天的效用就失去了,其价值实现的机会便会一去不复返。例如,租金为180元一晚的饭店客房,如果此房某天出售不出去,那么这一天的180元价值就消失了,即使过后每一天都顺利出售,但这一天的损失是永远也无法弥补回来的。

小思考

有的饭店推出晚上 12 点后房费 5 折的优惠措施,想想为什么要这么做呢?

饭店业务的服务性要求饭店从业者要遵守服务行业的规范,树立正确的服务观念,为客人提供更好的服务产品。

走进星星的世界

有一个美国年轻军官接到调动命令,被调派到一处接近沙漠边缘的基地。他不想新婚的妻子跟着他离开都市生活前往基地受苦,但妻子为了证明夫妻同甘共苦的深情,执意陪同前去。年轻军官只好带着妻子前往,并在驻地附近的印第安部落中帮妻子找了个木屋安顿。

该地夏天酷热难耐,风沙多且昼夜温差大,更糟的是部落中的印第安人都不懂英语,连日常的沟通交流都有问题。

过了几个月,妻子实在是无法忍受这样的生活,于是写了封信给她的母亲,除了诉说生活的艰苦难熬外,信末还说她准备回归繁华的都市生活。

她的母亲回了封信跟她说:"有两个囚犯,他们住同一间牢房,往同一个窗外看,一个看到的是泥巴,另一个则看到星星。"

妻子倒不是真的想离开丈夫回都市,原也只是发发牢骚罢了!接到母亲的信后,便对自己说:"好吧!我去把那星星找出来。"

从此后她改变了生活态度,积极地走进印第安人的生活里,学习他们的编织和烧陶,并迷上了印第安文化。

她还认真地研读许多关于星象天文的书籍,并运用沙漠地带的天然优势观察星星,几年后出版了几本关于星星的研究书籍,成了星象天文方面的专家。

"走进星星的世界。"她常常在心底这样跟自己说。

打败自己的不是环境,而是自己。走进星星的世界,往往就能找到生命的依归与生活的目标,请不要抱怨环境让你无法一展才能,要努力从中找到属于自己的闪耀星星。

情商培养

要成为一名饭店管理者,首先必须从基层服务员做起,这是由饭店的行业性质所决定的。但目前我国大部分饭店基层服务员的工作环境不容乐观，工作单调乏味、劳动强度大、经常加班加点、薪酬偏低，再加上社会上对饭店业存在一定的偏见，造成饭店业员工流失现象非常严重。因此，在踏入饭店行业之前，我们必须要有充分的思想准备，要尽快适应并融入这种不尽如人意的工作环境，专心做好服务工作，为早日成为管理者打下坚实的基础。

（二）饭店业务的综合性

客人进入饭店之后，要消费不同部门所生产的使用价值，以客人的活动为纽带，饭店各部门使用价值的综合就形成了饭店产品。饭店所提供的产品并不是由某一个部门所提供的，它是饭店所有部门提供的使用价值的综合体。例如，一位准备入住饭店客房的客人，当他来到饭店的大门口，保安部的保安员为他指引停车位置；当他来到饭店大堂，前厅部的门童开门迎接他，行李员为他提行李；当他来到前台，前台接待员为他办理各项入住手续；当他来到客房，客房部服务员为他提供各项服务；在客人入住期间，当客人到餐厅用餐，到健身房健身，又分别由餐饮部、康乐部为其提供服务。由此可见饭店业务的综合性。

饭店业务的综合性要求饭店各部门要协调配合，以建立一个和谐的综合性服务系统。

（三）饭店业务的波动性

饭店业务的波动性即饭店业务活动的不稳定性。饭店的业务受到多种因素的制约，其最基本的客观因素包括：一是社会政治因素，即国家的政策、社会秩序、外交关系等；二是经济因素，即商品经济的发达程度、国家经济的发展速度、人们的消费水平等；三是本地区旅游资源的吸引力及季节性影响和交通状况等。上述因素的任何变化都将直接影响到饭店的业务活动。

饭店业务的波动性要求饭店要有充分的思想准备，要随时根据外部经营环境的变化及时调整饭店的经营策略。

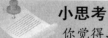

小思考
你觉得，2003年的"非典"对我国饭店业造成了哪些影响呢？

（四）饭店业务的文化性

越有文化特色的饭店对客人就越有吸引力，饭店的文化特色是饭店进行市场竞争、争取客源的优势所在，这一点已成为饭店业的共识。饭店的文化特性主要体现在有形的物质文化和无形的精神文化两个方面。有形的物质文化主要表现在建筑造型、装修设计、环境氛围、设备设施、用品物品，员工服饰，以及菜肴等物质产品；而无形的精神文化主要表现在物质文化和服务活动的思想意识，以及经营活动中的经营思想和管理文化。

饭店业务的文化性要求饭店要积极营造饭店自身特有的文化内涵和氛围，同时饭店从业人员要不断提高自身的文化素养。

 知识链接

京剧文化主题饭店——北京前门饭店

北京前门饭店是京城唯一一家京剧文化主题饭店。饭店内梨园剧场每天都有京剧演出，

连续七届获得"首都旅游紫禁城杯最佳晚间活动场所奖"。

目前，饭店的餐饮、客房全部根据京剧主题进行了改造，借用京剧戏名和情节对不同场所命名，菜品菜系、背景音乐等也都取材于京剧曲牌，使浓浓文化味儿渗透整个剧场。在梨园剧场，客人不仅可以围八仙桌、坐太师椅、品盖碗茶，还能一试粉墨录像拍照，团队客人还能根据爱好点戏。

在打造京剧文化主题方面，前门饭店结合市场需要深入挖掘京剧文化演出内涵、拓展外延，通过系统开发努力提高其附加值。为体现饭店的京剧文化主题，首先从视觉上做文章：客房设计精美雅致，或是栩栩如生的戏曲人物，或是精彩绝伦的剧照，挂饰、茶杯、茶壶，以及抱枕上都印有京剧脸谱等戏曲元素；电梯厅和走廊陈列着戏曲壁画或陶器、雕塑等装饰物；餐厅单间的名牌都以京剧著名曲牌命名，房间内饰物也以曲牌为主题，从瓷瓶、壁画，以及挂灯，无不渗透着戏曲格调。在听觉上，酒店的背景音乐、总机转接换成轻柔的戏曲背景音乐，沁人心脾，给人一种充分的视觉、听觉享受，一步入饭店便忘却了浮躁喧嚣，归于沉静安详。剧场专门为外国客人准备了英、日、法文的同声翻译。

客人在观看京剧演出之余，在展厅和展卖厅可以浏览中国京剧简史，观赏著名京剧艺术家剧照，选购具有京剧特色的戏装、脸谱、乐器字画、音像制品，还可身着戏装、勾画脸谱、摄影留念。

（五）饭店业务的情感性

饭店的服务对象是人，而人是有思维、有感情、有人性、有复杂心理的群体。饭店的服务过程就是人与人的交往与接触过程，在这个过程中，服务人员和客人之间会有交流和沟通，两者的关系就会有感情的维系，于是就产生了饭店业务的情感性。

饭店业务的情感性要求饭店在向客人提供优质服务的同时，要用正面的或潜移默化的方式加强和客人情感上的沟通和交流，使客人在情感上对饭店从不习惯到习惯，甚至产生依恋。客人在感情上产生归属感并和饭店融合在一起，这是"客人满意"的最高境界，也是饭店优质服务的最高境界。

 知识链接

情满威海卫大厦

威海卫大厦是山东威海市最早的一家四星级旅游饭店，开业10多年来，始终注意提升服务质量，打造服务品牌，经过10多年的积累、总结、提炼，逐步形成了以"情满威海卫"为代表的服务品牌，受到了中外客人的广泛赞誉，取得了良好的经济效益和社会效益。

经过10多年不懈追求和探索，大厦提出了"将小事做成精品，将细节做到极致，将服务做成超值，将重复做成精彩，将投诉做出惊喜"的工作原则。由此使员工做到"内化于心，外化于行"。

近几年，大厦管理层从一次又一次与顾客的交往中，从一个又一个顾客满意的笑容中，真正体验到情感的魔力，最终提炼出一个"情"字，把大厦的服务品牌定位为"情满威海卫"。在这个服务品牌中，还特别强调了一个"满"字。

"满"包括4层含义：

一是无论地点、岗位，只要进入大厦的客人，员工都要付出真情。

二是无论男女老幼和地位高低，只要是客人，员工都会付出真情。

三是无论大事小事，只要是客人的事情，员工都能付出真情。

四是无论一线二线，领导还是员工，只要面对客人，都必须付出真情。

大厦还积极倡导"三情服务"，就是用热情，拉近客人的心；用真情，温暖客人的心；用亲情，赢得客人的心。

（六）饭店业务的独立性和员工行为的自我制约性

饭店是一个不同于其他行业的独特行业，其劳动特点是手工劳动和脑力劳动相结合，以手工劳动为主；单体独立操作和群体协作相结合，以单体独立作业为主。这个特点说明饭店员工在工作中具有一定的独立性，可以在一定程度上支配自己的行为。

员工工作的独立性意味着员工的工作在一定程度上缺乏来自管理者的监督，这就要求饭店员工要加强对自身行为的自我制约。饭店客人来自五湖四海，客人素质参差不齐，不管情况怎样复杂，员工一旦上了岗，就必须认真扮演好工作角色，把自己的情绪调整到职业要求的标准，在工作中要管理好自己的情绪，控制好自己的行为，以专业的优质服务来赢得客人的满意和信赖。

一只苍蝇击倒一个世界冠军

EQ故事

1965年9月7日，世界台球冠军争夺赛在纽约举行。路易斯·福克斯胸有成竹，十分得意，因为他的成绩远远领先于对手，只要正常发挥，再得几分便可登上冠军宝座。

然而，正当他准备全力以赴拿下比赛时，发生了一件令他意料不到的小事：一只苍蝇落在了主球上。路易斯没有在意，挥了挥手赶走苍蝇，然后俯下身准备击球。可当他的目光落到主球上时，这只可恶的苍蝇又落到了主球上，他又挥了挥手赶跑了它，这时观众席上发出了笑声。正当路易斯俯身准备击球的时候，这只苍蝇好像故意要和他作对，又落在了主球上，这样，路易斯和苍蝇之间的周旋，惹得现场的观众笑得前仰后合。

此时，路易斯的情绪显然恶劣到了极点，当那只苍蝇又落在主球上时，路易斯终于失去了冷静和理智，愤怒地用球杆去击打苍蝇，一不小心球杆碰动了主球，裁判判他击球，他因此失去了一轮机会。这时本以为败局已定的竞争对手约翰·迪瑞见状勇气大增，信心十足，连连过关；而路易斯则在极度愤怒与失败情绪的驱使下，接连失利。最终约翰赶上并超过路易斯，获得了世界冠军。

路易斯沮丧地离开赛场，第二天早上有人在河里发现了他的尸体。他投河自杀了。

一只小小的苍蝇却击败了一个攻城略地的世界冠军！这不仅令人扼腕长叹，更令人震惊深思。

我们要做情绪的主人，不要成为情绪的奴隶。饭店业是典型的服务性行业，在我们为客人服务的过程中，会碰到各种各样的突发事情，有时会遭遇到客人的误解甚至是个别素质低下的客人的刁难。无论情况怎样复杂，我们一定要控制好自己的情绪，摆正自己的心态，以微笑来面对客人，以良好的服务来征服客人。

情商培养

任务二　熟悉饭店的类型与等级

一、饭店的类型

世界上的饭店种类繁多，根据不同的标准，可以将饭店分为不同的类型。目前，世界各地的饭店有以下几种类型。

（一）根据饭店市场及客人特点分类

1. 商务型饭店

商务型饭店也叫暂住型饭店。它主要以接待从事商务活动的客人为主，是为商务活动服务的。因此，对商务服务要求比较高，通常设有商务服务中心、各类会议厅及会议室、宴会厅等，还设有商务套房及商务楼层。商务客人的消费水平一般较高，对饭店的要求也比较高。商务型饭店一般比较豪华、舒适，各种服务设施先进齐全，交通及通信便利。客人对饭店的地理位置要求也比较高，一般饭店位于城市中心或商业中心区，方便客人从事各项事务活动。

 知识链接

亚洲最佳商务酒店——上海金茂君悦大酒店

站在上海外滩头，第一眼望去，一座直冲青天的建筑物矗立在黄浦江边，俯瞰整个上海。这座令人惊叹的建筑物便是全上海，不，应该说是全中国独一无二的金茂大厦；而坐落在金茂大厦顶部的，是号称六星级的上海金茂君悦大酒店。

融合高科技与装饰主义风格于一体的金茂大厦，是由著名的 Bilkey Llinas 设计顾问公司设计的；最具特色的便是上海金茂君悦大酒店内的中庭，一个从 56 层起共 33 层楼高镂空的中庭。当然，楼高 420.5 米，共 88 层的辉煌纪录，也让上海金茂君悦大酒店成了上海最新的地标，为上海的天际线带来了崭新的风貌。

位于金茂大厦顶部、拥有 555 间客房的上海金茂君悦大酒店，地处浦东高速发展的商业金融区小陆家嘴的中心，被吉尼斯世界纪录千禧年版评为"世界最高酒店"。小陆家嘴是上海财富的心脏，上海证券交易所、主要的金融重镇都位于这个地理位置，因此，上海金茂君悦大酒店可谓上海财富心脏的中心。

整个上海金茂君悦大酒店的设计理念是由上海 3 种不同的文化背景综合而成，将现代艺术融入中国传统文化之中。

这 3 种设计模式分别为中国传统的艺术装潢风格、世纪初受西方文化影响而形成的 ArtDeco 装饰主义，以及拥抱新世纪的摩登艺术。为了形成一种视觉上的连续，上海金茂君悦内部设计的概念也同时保持一致风格。

当你走进这里，首先映入眼帘的是位于酒店 54 楼的空中大堂，一个双层挑高的空间，透过全透明落地玻璃窗，将上海繁华的景致尽收眼底。空中大堂的每处都富有巧思，如带有 ArtDeco 风味的超大黄色水晶石壁灯；而雄壮的现代式法国石灰石石柱镶边，简直是外滩的缩影。

内部的客房豪华精致，平均面积在 40 平方米以上，面积之大可称上海之最。当然，客房也是传统中式的优雅、奢华与现代设计相结合。房内所有的家具摆设都是中国制造，床头柜以中式漆器工艺屏风添购，屏风上嵌有红底金字的唐诗，连房内冰罐都是上海窑内烧制。此外，客房内也制造了高雅尊贵的氛围，有高速的网际网路服务、两条电话线路，并且透过的无线传输技术，提供无线上网服务。

下榻于酒店的客人在紧张的工作之余，可以前往"世界最高的健身俱乐部"游泳，体验一下在天上游泳的感觉。位于酒店 57 层的绿洲健身中心是世界最高的健身俱乐部，除了健身设施外，还有温水游泳池。游泳池紧靠落地窗边，可以边游边观赏上海全景，让你有一种在云端里游泳的感觉。

酒店里的饮食当然也不遑多让，这里有 12 个餐厅及酒吧供客人随意挑选。其中九重天酒廊是"世界最高的酒吧"，可以 360° 俯瞰申城美景，在这聆听音乐、品尝美酒，让人回味无穷。

坐拥黄浦江，站在上海外滩，上海金茂君悦大酒店让上海展现出无穷的活力。

小思考

你知道"君悦"这个酒店品牌是属于哪一家饭店集团的吗？

2. 长住型饭店

长住型饭店主要接待住宿时间较长，在当地短期工作或度假的客人或家庭。长住型饭店与客人之间通常需要签订租约。其建筑布局多采用家庭式，以套房为主，配备适合客人长住的家具和电器设备，通常配备厨房设施供客人自理饮食。服务讲究家庭式气氛，亲切、周到、针对性强。

3. 度假型饭店

度假型饭店传统上以接待休闲、度假、游乐的客人为主。此类饭店多位于海滨、温泉、海岛、森林、湖岸或风景区附近，即设在自然环境优美、气候适宜的地区。开辟有各种娱乐项目、体育项目、康乐项目来吸引客人，如滑雪、骑马、狩猎、垂钓、划船、潜水、冲浪、高尔夫球、网球等活动。

 知识链接

海南三亚喜来登度假酒店

三亚喜来登度假酒店拥有得天独厚的地理位置，位于亚龙湾的中心，正对亚龙湾高尔夫球场。湛蓝的大海和银白的沙滩是海洋生物栖息繁衍的天堂和户外娱乐活动的理想之地。

酒店共有 511 间客房，包括 49 间套房，每间舒适豪华的客房均配有空调、电子保险箱、迷你吧和卫星电视，从客房可观赏到壮观的南中国海景、花木葱茏的热带花园、环礁湖泳池或 18 洞的亚龙湾高尔夫俱乐部。

酒店前的海滩绵延 350 米，康乐中心安排了一系列别具一格的娱乐活动，如摩托艇冲浪、滑水、航海、Hobie Cats、独木舟、深海捕鱼、潜水、香蕉船，还可以加入观赏日落的海上巡游。其他运动项目还有沙滩排球、足球、篮球、登山、攀岩、攀越障碍、慢跑、自行车骑行、网球等。

4. 会议型饭店

会议型饭店主要接待各种会议团体。饭店通常设在大都市和政治、文化中心，或交通方便的游览胜地，饭店要设置各种规格的会议厅、展览厅或多功能厅，并配备各种规格的会议设备，如投影仪、录放像设备、扩音设备、先进的通信、视听设备，接待国际会议的饭店还需要配备同声传译装置。会议饭店一般还要配备专门的工作人员负责组织和协调会议各项事务，提供高效率的接待服务。

5. 汽车饭店

汽车饭店主要接待驾车旅行的顾客和度假的家庭顾客，饭店通常位于主干公路和高速公路沿线上。此类饭店一般配有免费的停车场，出入方便，只提供简单的膳食住宿，住宿手续简便，服务项目不多，经济实惠。

（二）根据饭店计价方式分类

根据饭店计价方式可以分为欧式计价饭店、美式计价饭店、修正美式计价饭店、欧陆式计价饭店和百慕大计价饭店，见表1-2。

表1-2　按计价方式分类的饭店类型

饭店类型	饭店特点	说明
欧式计价饭店	房价只包括房租，不包括食品、饮料等其他费用	世界各地绝大多数饭店均属此类
美式计价饭店	房价包括房租及一日三餐的费用	目前仅出现在一些地处偏远的度假型饭店
修正美式计价饭店	房价包括房租及早餐和一顿正餐（午餐或晚餐）的费用	方便客人灵活安排日程
欧陆式计价饭店	房价包括房租及一份简单的欧陆式早餐。欧陆式早餐包括咖啡、面包和果汁	目前我国多数星级饭店采用欧陆式计价或者房租包含早餐的形式
百慕大计价饭店	房价包括房租及美式早餐的费用。美式早餐除含有欧陆式早餐的内容外，通常还包括火腿、香肠、咸肉等肉类和鸡蛋	对商务客人具有较大的吸引力

小思考

为什么百慕大计价饭店对商务客人具有较大的吸引力？

（三）根据其他标准分类

根据饭店规模大小分为大型、中型和小型饭店；根据饭店的所有制形式分为国有饭店、集体所有制饭店、合资饭店、外资饭店、饭店联合体和个体饭店（民营饭店），见表1-3。

表1-3　按其他标准分类的饭店类型

划分标准	饭店类型
根据饭店规模大小分类	大型饭店：客房数 600 间以上； 中型饭店：客房数 300～600 间； 小型饭店：客房数 300 间以下
根据饭店的所有制形式分类	国有饭店、集体所有制饭店、合资饭店、外资饭店、饭店联合体、个体饭店（民营饭店）

二、饭店的等级

不同国家和地区采用的饭店等级制度不同，用来表示级别的标志与名称也不尽相同。目前国际上采用的饭店等级制度与表示方法大致有以下几种。

1. 星级制

星级制是把饭店根据一定的标准分成的等级，分别用星号表示出来，以区别其档次的制度。比较流行的是五星级制，即把饭店分成五级，分别称作一星级、二星级、三星级、四星级与五星级饭店，用相应个数的星号来表示。星越多，等级越高，饭店的档次也越高。这种

分级制在世界上，尤其在欧洲采用得最广泛。我国也是采用这种五星级制。

不过有的国家虽然也采用星级制和用星号来表示，不过级别与表示的方法有所区别。例如，有的国家只采用四星级制而不是五星级制；有的虽采用五星级制，但前4等用星级表示，而最高一级只称作豪华级而不是用五星级来表示；还有的国家虽然也采用五星级制或四星级制，但等次排列顺序与上述五星级制相反，即星级越多，档次越低。

 知识链接

我国饭店星级评定标准的内容

一、饭店星级划分条件

饭店星级划分条件又称饭店必备条件，是饭店要达到某一个星级所必须具备的条件，它对一至五星级饭店所必须具备的硬件和应设立的服务项目做了详尽的规定。例如，一和二星级，从饭店的布局、公共信息符号图形、采暖和制冷设备及前厅、客房、餐厅、厨房、公共区域等8个方面来规定所应具备的条件。

二、设施设备评定标准

设施设备评定标准是评价饭店硬件水平的考核标准，它反映了一个饭店必备的硬件设施的好坏程度，这一项目是通过打分的形式来评价的，标准设置满分为610分。通常，一个饭店所得分数越高，说明这个饭店的硬件水平越好。评分标准对每一个星级规定了应得分数的最低线。在610分中，一星级至少应达到80分，二星级至少应达到130分，三星级至少应达到230分，四星级至少应达到330分，五星级至少应达到390分。

三、设施设备的维修保养及清洁卫生评定标准

设施设备的维修保养及清洁卫生评分属于软件考核的内容，它是评价饭店所有的设施设备维护状态和清洁卫生状况的标准。这两个项目从饭店环境和建筑物外观到前厅、客房、餐厅（酒吧）、厨房、楼梯走廊等公共场所、公共洗手间、公共娱乐及健身设施八大项来实施考核评分。评分标准规定了八大项、近200项的项目检查分数。

四、服务质量评定标准

服务质量评分是对饭店运作质量的综合评分，采取综合得分率的形式检查打分。服务质量评分共分八大项：服务人员的仪容仪表，前厅服务质量（态度、效率），客房服务质量（态度、效率、周到），餐厅（酒吧）服务质量（态度、效率、周到、规格），其他服务（态度、效率、周到、安全），酒店安全印象，饭店声誉，饭店综合服务效果。

五、客人意见评定标准

客人满意程度评分是通过发放客人意见表的形式来进行的。参加星级评定的饭店必须在星级评定期间，向客人发放统一印制的客人意见表，并定期回收。饭店回收客人意见表的数量不应低于发放数的30%，并且各星级必须达到规定的最低客人满意率，即一星级为70%、

二星级为 70%、三星级为 75%、四星级为 85%、五星级为 90%。

2．字母表示法

有些国家把饭店的等级用英文字母来表示，即 A、B、C、D、E 5 个等级，A 为最高级，E 为最低级；有的虽是 5 级却只用 4 个字母，A、B、C、D，最高级用豪华级来表示。

3．数字表示法

用数字表示饭店的等级一般采用最高级用豪华表示，继豪华之后由高到低依次为一、二、三、四。数字越大，等级越低。

小思考

你知道美国是采用哪种饭店等级制度的吗？

任务三　掌握饭店集团的优势和经营形式

饭店集团又称连锁饭店或饭店联号，是指饭店集团在本国或世界各地拥有或管理两家以上的饭店，这些饭店使用统一的店名和店标，并实行统一的经营管理模式和服务标准进行联合经营。

与单体饭店相比较，饭店集团在管理、财务、人才、技术、营销、采购等方面具有更大的优势，在 20 世纪 90 年代已经发展成为饭店经营的主导现象。进入 21 世纪以后，越来越多的单体饭店通过各种形式加入饭店集团，饭店集团化经营的趋势进一步加强。在未来的发展中，我国饭店业无疑将进入饭店集团化经营的新阶段。

一、饭店集团经营的优势

饭店集团和单体饭店相比较，具有明显的优势，主要有以下几点：

（一）管理优势

饭店集团一般都具有比单体饭店更为先进、完善的管理系统。它为所属饭店制订统一的经营管理方法和程序，为饭店的建筑设计、内部装潢和硬件设施规定严格的标准，为服务和管理订立了统一的操作规程。这些标准和规范被编写成经营手册统一发给各个所属饭店，使各个饭店的经营管理达到集团所要求的水平。同时，根据经营环境的变化，饭店集团还经常修订各种标准和程序，以应付新的竞争形势，确保饭店集团经营管理的先进性。

饭店集团对所属饭店的服务质量控制也较为严格，会定期派遣巡视人员到所属饭店去检查，监督所属饭店是否达到各项经营指标，在检查过程中对饭店经营中的问题、不合理的服务提出建议和指导。

（二）技术优势

饭店集团有能力向所属饭店提供各种技术上的服务和帮助，这些服务和帮助通常是根据所属饭店的需要有偿提供的。

例如，饭店集团能为所属饭店提供集中采购服务。一些大饭店集团专门设立负责饭店物资供应的分公司或采购总部，向所属饭店提供统一规格和标准的设备及经营用品。例如，家具、地毯、餐厅和厨房用具等，形成了比较完善的集团物资供应系统，确保所属饭店实现设施设备和经营用品的标准化、规范化。同时，集中大量购买又能获得较大价格折扣，使饭店经营成本降低。

饭店集团对所属饭店的帮助还包括饭店开发阶段或更新改造阶段所需要的可行性研究等服务上。例如，假日酒店集团有一个建筑公司，拥有自己的建筑师和内部设计专家，专门为所属饭店提供这方面的技术服务。

（三）财务优势

饭店集团和单体饭店相比较，更具有财务管理方面的优势，主要表现在两个方面：一方面，在饭店集团外部，饭店集团公司凭借实力雄厚、不动产资本庞大、融资信誉的优势，更容易得到金融机构的信任，在筹措资金方面会更加方便。能使所属饭店较容易地从金融机构或其他途径得到贷款和集资。在美国，这些以集团形势经营的连锁饭店可以得到利息较低的贷款。另一方面，在饭店集团内部，当某一家所属饭店出现财政困难时，饭店集团总部能够统一调配资金，使用储备资金帮助陷入困境的所属饭店。

（四）营销优势

饭店集团一般规模比较大，经营较为成功，在国际上享有较高的声誉。加入饭店集团就可以使用集团的名称和店标，特别是在拓展国际市场时，一个为公众所熟悉的国际饭店集团，往往更易使客人对饭店产生信赖感，更能吸引客人。

在广告方面，单体饭店通常缺乏足够的资金来开展广告宣传。而饭店集团可以集合各家饭店的资金进行世界范围的大规模广告宣传，并有能力每年派代表到世界各地参加旅游交易会、展览会，推销各个所属饭店的产品，这种联合广告能大大提高集团中每家饭店的知名度。

同时，饭店集团一般有较为先进的客房预订系统，配备高效率的电脑中心和直通订房电话，可以为集团内部每一家饭店处理客房预订业务，并在各家饭店间互相推荐客源。饭店集团在各个地区设有销售代表和销售队伍，不仅向各个饭店及时提供市场信息，还在各大市场为各个饭店招徕团队和会议业务，有利于饭店开发国际市场。

 知识链接

温德姆酒店集团一亿美金打造广告宣传片首次亮相

2015 年 5 月 13 日，全球最大的酒店集团——温德姆酒店集团宣布，投入一亿美金所打造的跨品牌广告宣传片于当天首次亮相，并以此启动全面革新、颠覆业界的温德姆奖赏计划。

温德姆奖赏计划此次与 CY & N by PI & C （People Ideas & Culture's Group Company）通力合作，特邀在热播美剧《权力的游戏》（Game of Thrones）及影片《情况失控》（Force Majeure）中的影星克里斯托弗·海维尤（Kristofer Hivju），演绎集团最新广告宣传片。该营销战略投入总额达一亿美元，并在全美流行电视台及电台、互动传媒及集团全球逾 7 500 家酒店播放。为庆祝其革新，温德姆奖赏计划同步推出夏日惊喜好礼，自 5 月 13 日起至 9 月 7 日，会员完成第一次符合资格的住宿后，即可获赠额外 3 000 点奖励积分。

"对于集团忠诚度计划的全面革新及跨品牌广告宣传片的上线，我们感到非常高兴。通过这样有趣、创新的方式向会员呈现、解读全新忠诚度计划的机制，使其快速了解如何更加便捷地赢取积分，以及兑换品牌旗下酒店的免费住宿"，温德姆酒店集团行政副总裁兼首席市场营销官 Josh Lesnick 先生说："我们通过调查后发现，89%的游客希望用积分换取免费住宿，但超过一半的游客认为大多数兑换免费住宿的所需积分遥不可及。我们正积极转变消费者对此的看法，为我们的会员谋得他们真正想要的奖赏——免费住宿。"

在"温德姆奖赏计划"魔法精灵的广告片中，一个既现代又缤纷隽永的形象应运而生，由克里斯托弗·海维尤所诠释的温德姆奖赏计划魔法精灵刻画了神奇的人物形象，在会员的旅途中神奇地出现并赠予各种会员应得的奖赏。通过创新和富有想象力的片段演绎，"温德姆奖赏计划"魔法精灵为会员带来了耳目一新的奖赏计划，也将精髓及标语——"这才是您应得的！SM"展示于公众。温德姆奖赏计划魔法精灵的形象也是集团首次在市场营销活动中加入广告角色的演绎。

 小思考

你还知道哪些饭店集团的广告宣传片呢？

（五）人才优势

饭店集团和单体饭店相比较更具有人才管理方面的优势。

首先，当集团内的某一家所属饭店缺乏人才时，集团可以在内部进行合理的人员调配，不仅解决了该饭店的人才缺乏问题，而且保证了人员的素质。

其次，在集团内部，各级管理人员定期在不同成员饭店和岗位间调动，既可以提高员工的适应能力和管理能力，又可以加强各成员饭店之间的沟通和交流，互相学习和吸取彼此的管理经验，共同进步。集团在饭店人员的调动过程中，能及时把一批有才干的人员选拔到合适的管理岗位上去，从而给集团员工更多提升的机会。

此外，饭店集团可以建立适合本集团需要的培训中心或是饭店管理学院，用于培训饭店的管理人员和新生力量，有效提高集团员工的素质。例如，假日集团在美国的孟菲斯设有一个假日旅馆大学，假日集团的经理们都要在这里进行 2～5 周的学习。

（六）采购优势

饭店集团为保证提供给客人优质的饭店产品，要求所属饭店的各种设备和原材料要符合一定的规格和标准，如中央空调、电梯设备、家具、客房用品及食品原料等，因此一般采用集团集中采购的方式。集中大批量的采购使得饭店集团比单体饭店能够获得更加优惠的价格，使得饭店集团所属饭店的经营成本大大降低，经营利润获得显著提高。

 知识链接

全球十大酒店集团见表 1-4。

表 1-4　全球十大酒店集团

酒店集团	酒店集团旗下品牌	酒店介绍
洲际酒店集团	旗下有洲际酒店、皇冠假日酒店、假日酒店、智选假日酒店、英迪格酒店等	集团总部在英国，在全球 100 多个国家和地区经营和特许经营着超过 4 700 家酒店，超过 750 000 间客房
温德姆酒店集团	旗下有温德姆酒店及度假酒店、温德姆至尊酒店精选、华美达、华美达安可、豪生、戴斯、速 8、迈达温德姆酒店、蔚景温德姆酒店、栢茂酒店、灏泮温德姆酒店、爵怡温德姆酒店等	集团总部设于美国，目前在全球拥有 7 760 家酒店，拥有 672 000 多间客房
万豪国际酒店集团	旗下有丽兹卡尔顿酒店及度假酒店、JW 万豪酒店及度假酒店、万豪酒店及度假酒店、万丽酒店及度假酒店、万怡酒店、万豪行政公寓	集团总部设于美国首都华盛顿，拥有 4 000 多家酒店，旗下高端品牌很受业界追捧。丽兹卡尔顿酒店及度假酒店的管理理念被奉作酒店管理的金科玉律
雅高国际酒店集团	旗下有索菲特、美爵、诺富特、美居、宜必思、绑缪勒、汽车旅馆等	集团总部设在法国巴黎，拥有 4 000 多家酒店

续表

酒店集团	酒店集团旗下品牌	酒店介绍
希尔顿酒店集团	旗下有康莱德、希尔顿、华尔道夫等	集团总部设在美国，拥有4 000多家酒店
精选国际酒店集团	旗下有凯瑞华晟、品质客栈、舒适客栈等	集团总部位于美国的马里兰州，业务范围从经济型消费到高消费，能够满足社会各阶层人士的需求。拥有6 600多家酒店
最佳西方酒店国际集团	只有单一品牌，是世界最大的饭店品牌	集团总部位于美国，拥有成员酒店4 000多家，是全球单一品牌最大的酒店连锁集团
喜达屋酒店集团	旗下有瑞吉、豪华精选、艾美、威斯汀、喜来登、福朋喜来登、W饭店、雅乐轩及源宿	集团总部位于美国，拥有1 100多家酒店，旗下饭店多以高档豪华著称，是全球拥有最多高端酒店品牌的酒店集团之一
卡尔森国际酒店集团	旗下有丽晶、丽笙、丽亭、丽怡和丽柏。丽晶是顶级品牌	集团总部位于美国，拥有1 700多家酒店、度假村、餐厅及游轮业务，为美国最大的私营公司之一
凯悦国际酒店集团	旗下有凯悦、君悦和柏悦，三个品牌都是五星级的	集团总部位于美国。其中凯悦为普通五星级，君悦为豪华五星级酒店，柏悦为超豪华五星级酒店

二、饭店集团的经营形式

（一）直接经营

饭店集团采用的最基本的形式是直接经营，即由饭店集团直接投资建造饭店或购买、兼并饭店，然后由饭店集团直接经营管理。在这种形式下，饭店集团既是饭店的经营者，又是拥有者。

采取直接经营形式组成的饭店集团，饭店集团总部既可以投资建造饭店，也可以通过购买现成的饭店，或购买饭店一定数量的股份控制该饭店，达到直接经营饭店的目的。

由于直接经营形式需要大量的资本，饭店所承担的风险也比较大，饭店集团一般难以通过这种形式实现快速扩张。但饭店集团通常都会拥有若干饭店的所有权并直接经营，作为集团扩张的后盾，并在此基础上采取其他各种经营形式，逐步扩大集团的规模。

（二）委托经营

委托经营也称合同经营，是饭店集团与饭店所有者签订合同，接受业主委托，根据饭店集团的经营管理规范和标准来经营管理饭店，并获取管理酬金。委托管理的特点是通过输出管理，对属下饭店进行紧密的控制和直接的经营管理。

委托经营形式的出现，主要是由于业主建造或购买了饭店，但由于不善于或不愿意自己经营饭店，于是委托饭店集团来进行经营管理，并成为饭店集团的一员。由于饭店集团只需要负责饭店的经营管理工作，无须对饭店建设进行投资，因此已成为饭店集团扩张规模的一种重要形式。

在合同期内，合同经营的饭店使用该集团的名称、标志，加入该集团的市场营销和客房预订系统。饭店集团派出包括总经理在内的各部门的主要管理人员，根据饭店集团的经营模式和操作程序，组织饭店日常经营管理活动。

（三）特许经营

特许经营是指特许经营权拥有者向被特许者提供特许经营权力，在组织、经营和管理方面提供支持，并从被特许者获得特许经营费的一种经营形式。

特许经营的核心是特许经营权的转让。特许经营权的拥有者和转让方——饭店集团将特许经营权转让给饭店业主，允许被特许的饭店使用饭店集团的名称、标志，加入集团的营销和预订网络，成为集团的成员。与此同时，饭店集团要在该饭店的可行性研究、地点选择、建筑设计、资金筹措、宣传营销、人员培训、管理方法、操作规程和服务质量等方面给予指导和帮助。饭店所有者无须出让所有权和经营管理权，在财政上保持独立，不受饭店集团的控制。

特许经营是饭店集团快速扩大规模的一种有效方式，已成为饭店集团最常见的一种扩张形式。

 知识链接

肯德基的经营策略

肯德基隶属于全球最大的餐饮集团之一——百胜餐饮集团。自 1987 年在北京前门大街开出中国大陆第一家餐厅，经过 20 多年的发展，肯德基已在中国大陆 500 多个城市开设了 4 600 家连锁餐厅，遍及中国大陆除西藏以外的所有省、市、自治区，是中国规模最大、发展最快的快餐连锁企业之一。

20 多年来，中国肯德基坚持"立足中国、融入生活"的总策略，推行"营养均衡、健康生活"的食品健康政策，积极打造"美味安全、高质快捷；营养均衡、健康生活；立足中国、创新无限"的"新快餐"。

2000 年 8 月，第一家"不从零开始"的肯德基特许加盟店正式在常州溧阳市授权转交。随着加盟商的不断发展，肯德基的加盟店占比不断提升。加盟业务将是肯德基最重要的业务板块之一。

自 2001 年开始，肯德基连续多年获得由中国连锁经营协会颁发的"优秀特许品牌"奖，并在 2006 年荣获特许行业最高荣誉——"中国特许奖"，2007—2010 年肯德基持续获得"中国特许奖蝉联品牌"称号。

小思考

麦当劳也是属于特许经营吗？

（四）租赁经营

租赁经营指饭店集团通过向饭店所有者支付一定的租金，取得饭店的经营管理权。该饭店成为饭店集团的一员，但所有权仍属于该饭店业主。

饭店集团作为饭店的经营者，通常在支付租金和经营成本后，可以获得一定的剩余利润。另外，饭店集团只需要向饭店所有者交付一定的租金，便可以取得饭店经营权，可以节省巨额的固定资产投资，有利于饭店集团迅速扩大规模。

（五）饭店组织

饭店组织是一种比较松散的饭店集团形式，是指独立的饭店业主之间通过契约的形式组织起来的饭店联合体。它们之间的联系一般只是使用共同的预订系统和为组织成员提供有限的营销服务。饭店组织各成员饭店的所有权与经营权独立，通常只需要支付给饭店组织使用预订系统和相关服务的费用。

 知识链接

我国知名酒店集团见表1-5。

表1-5 我国知名酒店集团

酒店集团	酒店集团
锦江国际酒店管理公司	六洲酒店有限公司
建国国际酒店管理有限公司	东方酒店管理有限公司
新亚酒店管理有限公司	如家和美酒店管理有限公司
康年国际酒店集团	豪生酒店管理有限公司
中旅饭店有限公司	华天国际酒店管理公司
开元旅业集团	香港中旅酒店管理有限公司

 项目小结

要有效管理饭店，先要认识饭店。本项目从整体上认识饭店开始，介绍了饭店的基础知识，包括饭店的概念、功能和业务特点，饭店的类型和等级；同时还介绍了饭店集团的优势和经营形式。通过本项目对饭店基础知识的学习，为学习饭店管理的其他内容做准备。

EQ 总结

　　我们不但要在知识上为饭店管理工作做好准备，同时也要在思想上做好充分准备。饭店是典型的服务性行业，工作环境相对复杂，也存在不尽如人意的地方，面对无法改变的环境，要成为一名合格的饭店管理者，首先要学会控制好自身情绪，尽快适应工作环境，尽快融入工作环境当中，不要被环境所打败，要努力从中找到属于自己的位置。

关键概念

饭店、饭店功能、饭店类型、饭店等级、饭店集团。

课后思考与练习

一、填空题

　　1. 在我国，对饭店的称谓有很多，有_____、_____、_____、_____、_____、_____、_____、_____等。

　　2. 饭店的传统功能有_____和_____。

　　3. 饭店业务的特点表现在_____、_____、_____、_____。

　　4. 根据饭店市场及客人特点分类，饭店可以分为_____、_____、_____、_____、_____。

　　5. 根据饭店计价方式分类，饭店可以分为_____、_____、_____、_____、_____。

　　6. 饭店的等级一般有_____、_____、_____3种表示方法。

　　7. 饭店集团最常见的一种扩张形式是_____。

　　8. 饭店集团一般拥有或管理两家以上的饭店，这些饭店使用统一的_____和_____，并实行统一的经营管理模式和服务标准进行联合经营。

　　9. _____的形式是饭店集团所采用的最基本的做法。

　　10. 特许经营的核心是_____。

二、简述题

　　1. 饭店的业务特点是什么？

　　2. 饭店集团经营具有哪些优势？

　　3. 比较委托经营和特许经营这两种饭店集团经营形式。

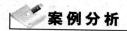

案例分析

小院饭店

小院饭店是一家简单的饭店。饭店的主要空间是客房（拥有 56 间客房）。客房的设施简单实用，有空调、卫生间，客房窗明几净。饭店里没有大餐厅，只有一个 20 座的简单小餐厅，供客人用免费早餐。饭店除了有两间工作用房外，别无其他设施。饭店有一个备有自动洗衣机的洗衣房，客人可以自己动手洗涤衣服。饭店有一个小厨房，里面备有电磁炉和微波炉，客人可以自己烹调、加热食品。饭店后面有一个院子，院子里绿树成荫，客人可以自摆桌椅，自带茶水，在此喝茶憩息，由此，该饭店被称为小院饭店。饭店的员工虽然有分工和岗位职责，但分工不分家，基本上每个员工什么工作都要做。开业以来，小院饭店的生意一直很红火。

问题：

1. 小院饭店能称为饭店吗？

2. 有人认为，饭店的本质是服务，小院饭店设施不全，大多是自助，服务很少，所以称其为饭店过于勉强。你认为是这样吗？

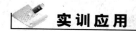

实训应用

实训名称： 调研当地三星至五星级饭店的类型及其主要特点。

实训内容： 将学生分成若干小组，各小组选举产生小组长，由小组长负责组织本次调研任务。由学生自行联系当地三星至五星级饭店进行调研，根据调研饭店取得的资料，将饭店进行分类，总结所调研饭店的主要特点，并与饭店的类型进行比照，分析饭店的特色是否明显。最后各组写出一份调研报告上交。

饭店管理概述

项目导航

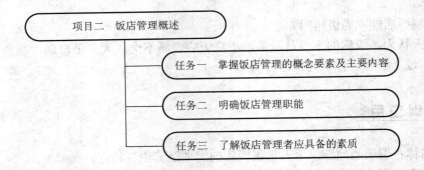

知识目标

1. 掌握饭店管理的概念和要素。
2. 了解饭店管理的主要内容。
3. 掌握饭店管理的五大职能。
4. 了解饭店管理者应具备的素质。

技能目标

1. 能够运用各种管理知识对饭店中发生的各种问题做出分析和判断，并能提出大致的解决方案。
2. 能够对饭店的决策提出自己的分析和判断。

EQ 话题

坚信最优秀的人就是自己，努力学习，不断提升自己，做到自信、宽容、坚韧、果断，你不仅会成为一名成功的饭店管理者，更会成为一名人生的赢家。

任务一 掌握饭店管理的概念要素及主要内容

饭店管理是以管理学的一般原理和理论为基础，综合运用多学科知识，与饭店具体实践相结合，从饭店本身的业务特点和管理特点出发而形成的一门独特的管理学科。虽然饭店管理理论来源于管理学的各种学说和原理，但它已形成了自己独特的管理体系和管理内容。

人们常用"饭店就是一个小社会"来形容饭店，可见饭店管理的复杂性。管理好一家饭店是一件非常具有挑战性的工作，而要做好饭店管理工作的前提就是要先掌握好饭店管理的基础知识。

一、饭店管理的概念

饭店管理属于管理的范畴，归根结底还是管理。我们首先了解有关管理的几个经典定义，见表2-1。

表2-1 管理的经典定义

作者	定义内容
法约尔	管理就是实行计划、组织、指挥、协调职能
哈罗德·孔茨	管理就是设计和保持一种良好的环境，使人能在群体里高效率地完成既定目标
杨文士	组织中的管理者通过实施管理职能，来协调他人的活动，使别人同自己一起实现既定目标的活动过程
帕梅拉·S.路易斯等	管理是切实有效地支配和协调要素，并努力达到组织目标的过程
玛丽·帕克·福莱特	管理是通过其他方式来完成工作的艺术

在对管理有了基本的认识后，可将饭店管理定义为：饭店管理是指饭店管理者在了解市场需求的前提下，为了达到饭店规定的目标，对饭店的各种资源执行决策、组织、指挥、沟通、协调、控制等管理职能，保证饭店效益的活动的总称。

二、饭店管理的五大要素

科学的饭店管理由五大要素组成，五大要素都会对饭店管理产生影响，饭店管理要想取得成功，要把握好各要素的作用强度，必须优化这五大要素，见表2-2。

表2-2 饭店管理的五大要素

五大要素	要素内容	特点
饭店管理的主体	管理者	管理主体就是管理饭店的人，在饭店管理中起着主导作用。管理主体要实施管理必须要有权威性。权威性源于两个方面：一方面是组织权威，另一方面是个人权威
饭店管理的客体	管理客体是管理的对象，主要包括人、财、物、时间、空间、信息等	在管理客体的诸多要素中，人是最重要的要素，人能驾驭客体中的其他各要素

续表

五大要素	要素内容	特点
饭店管理的目标	饭店管理的目标是获取三重效益，即经济效益、社会效益、从业者的自身效益	饭店的经济效益是饭店最根本的效益，是饭店综合效益的主干
饭店的管理职能	决策和计划职能、组织职能、指挥职能、协调职能、控制职能、沟通职能、领导职能等	在饭店管理过程中，各种管理职能往往是互相融合并共同发挥作用
饭店管理的社会背景	饭店管理的社会背景有外部和内部两方面。外部社会背景要素包括国家的大政方针、区域社会环境、行业、市场情况等；内部社会背景要素包括饭店的产权性质和产权形式、投资者的目标、饭店的关系结构等	社会背景是一种客观存在，饭店管理者不可能从根本上改变它，也许可以做局部的改进，但从根本上说，我们应该去适应社会背景

三、饭店管理的主要内容

饭店管理的主要内容如图 2-1 所示。

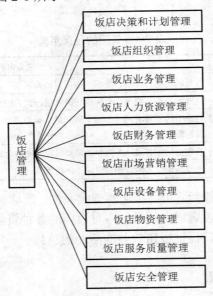

图 2-1　饭店管理的主要内容

任务二　明确饭店管理职能

　　管理学家法约尔提出管理是由计划、组织、指挥、协调、控制 5 个因素构成，即现在常说的管理五大职能。饭店管理过程中同样离不开这五大职能。饭店管理的核心就是管理者通过执行管理职能来实现饭店的经营目标。执行管理职能是饭店管理者的主要职责，饭店管理职能贯穿于饭店管理全过程。

知识链接

法约尔的管理理论

法国古典管理学家法约尔在他 1916 年出版的《工业管理与一般管理》一书中较完整地提出了他的管理理论。该理论的主要内容包括以下几个方面。

1. 管理的五大职能

法约尔认为，任何企业都有 6 种基本的活动，即技术活动、商业活动、财务活动、安全活动、会计活动、管理活动。法约尔从中简洁而完整地提出了管理的五大职能：计划、组织、指挥、协调和控制。这五大职能的理论至今仍被视为管理理论的经典。

2. 14 项管理原则

法约尔根据自己的管理经验，总结和归纳出 14 项管理原则，即实行劳动分工与协作、权力与责任要相适应、制定并维持纪律、统一指挥、统一领导、个人利益服从整体利益、人员报酬要合理、集权与分权应恰当、建立等级制度、建立并维持秩序、平等公平、人员应稳定、具有首创精神、培养团队精神。这些管理原则对后来的管理实践和管理理论的发展有着重要的影响。

一、计划职能

在所有的管理职能中，计划职能是饭店管理的首要职能，也是最基本的一项职能。计划管理涉及饭店经营管理活动的各个方面，是各项饭店管理工作的基础。其他任何管理职能都离不开计划，否则会无的放矢。

（一）计划职能的含义

计划是饭店预先确定要做什么、如何做、何时做和由谁做。饭店管理的计划职能是指饭店通过调查研究，分析预测，并进行决策，以此为基础确定未来一定时期内，饭店经营应该达到的目标，并确定实现目标所应采取的方法和措施。计划工作的核心是确定目标。

射手眼中的目标

 管理故事

父子四人去草原打猎。

父亲问儿子们："你们看到了什么？"

大儿子回答说："我看到了我们的猎枪、大草原和上面逃命的野兔。"父亲摇了摇头，否定了大儿子的观点。

老二说："父亲，我看到了您、大哥、弟弟，还有刚刚大哥说的那些。"父亲仍然摇头。

老三看着草原上的野兔,对父亲说:"我只看到了奔跑的野兔。"父亲终于露出笑容,点了点头。

做任何事情一定要有明确的目标,只有时刻瞄准目标,专注于你真正想做的事情,心无旁骛,才会达成目标。

计划能够为饭店的经营管理提供方向和目标,可以将饭店中全体员工的行动统一到实现组织目标上来;计划能够为饭店确定一个明确的行动方案,减少行动的盲目性,有效地利用现有资源,实现饭店的最佳效益;同时,计划又是检查行动的尺度,衡量成绩的标准。因此,在饭店管理中,首先要制订科学合理的计划。

饥饿的小狐狸

一只小狐狸老是找不到猎物,它对一只老狐狸抱怨说:"真是生不逢时啊!我想得好好的计谋,不知为什么,几乎总是不成功。"

老狐狸问:"你告诉我,你是在什么时候制订你的计谋的?"小狐狸说:"啥时候?都是肚子饿了的时候呗。"老狐狸笑了:"对啦,问题就在这里!饥饿和周密考虑从来走不到一块。你以后制订计谋,一定要趁肚子饱饱的时候,这样就会有好的结果了。"

这个故事告诉我们事先制订计划的重要性。只有事先制订周密的计划,才能取得成功。

(二)计划的类型

按照不同的分类标准,饭店计划可分为不同的类型,最常用的是按时间分类和按范围分类。

1. 按时间分类

按时间分类,可以将饭店计划分为长期计划、中期计划和短期计划。

1)长期计划是指饭店在较长时间(一般在3年以上)内有关饭店发展方向、规模、经济、设备、人员、技术等方面的战略性、纲领性计划。由于长期计划较长,而未来有着大量的可变因素,所以长期计划不宜过于具体,应符合"远粗近细"的计划原则。

2)中期计划是计划期在1~3年的计划。中期计划中,年度计划的制订较多。年度计划是饭店具体规定全年度和年度内各时期各部门的目标和任务的计划。它是饭店全体员工在计划年度内的行动纲领和依据,是饭店最重要的计划。

3)短期计划是计划期在一年以内的计划,如半年计划、季计划、月计划、周计划等。它是年度计划的具体化,对各种任务和具体事项要落实到部门、班组,是饭店员工实施的执行性计划，所以应尽量详细、具体、明确，具有可操作性。

2. 按范围分类

按范围分类，可以将计划分为饭店总体计划和各部门的分类计划（即部门计划）。

饭店总体计划是指确定整个饭店目标和任务的综合性计划，它包括饭店的计划目标的制订、目标的分解及其说明、计划的实施过程及其措施方法等内容。

部门计划是指饭店内各部门为实现饭店的总目标而制订的本部门在计划期内需完成的具体目标和任务的实施性计划。部门计划的制订是以饭店总目标和总体计划为指导的，它包括部门的具体目标、实施细则等内容。

（三）计划管理的流程

饭店计划管理要达到预期的效果，必须认真按照计划管理工作的流程进行执行。计划管理的一般流程如图 2-2 所示。

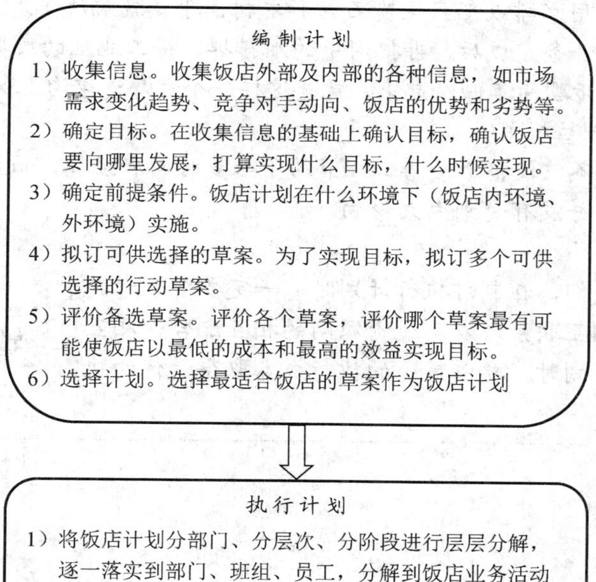

```
┌─────────────────────────────────────┐
│            编 制 计 划                │
│  1）收集信息。收集饭店外部及内部的各种信息，如市场 │
│     需求变化趋势、竞争对手动向、饭店的优势和劣势等。│
│  2）确定目标。在收集信息的基础上确认目标，确认饭店 │
│     要向哪里发展，打算实现什么目标，什么时候实现。 │
│  3）确定前提条件。饭店计划在什么环境下（饭店内环境、│
│     外环境）实施。                    │
│  4）拟订可供选择的草案。为了实现目标，拟订多个可供 │
│     选择的行动草案。                  │
│  5）评价备选草案。评价各个草案，评价哪个草案最有可 │
│     能使饭店以最低的成本和最高的效益实现目标。    │
│  6）选择计划。选择最适合饭店的草案作为饭店计划    │
└─────────────────────────────────────┘
                   ↓
┌─────────────────────────────────────┐
│            执 行 计 划                │
│  1）将饭店计划分部门、分层次、分阶段进行层层分解， │
│     逐一落实到部门、班组、员工，分解到饭店业务活动 │
│     的淡季、平季、旺季或月、周等。           │
│  2）执行计划要与经济责任制相结合，使计划落到实处   │
└─────────────────────────────────────┘
                   ↓
┌─────────────────────────────────────┐
│            控 制 计 划                │
│  1）饭店管理者通过检查计划的实施结果，将实际结果与 │
│     计划目标进行比较，找出两者之间的差异，针对差异 │
│     认真分析造成差异的原因。               │
│  2）根据差异原因修订计划                │
└─────────────────────────────────────┘
```

图 2-2 计划管理的流程

巧妙修宫殿

宋朝时，有一次皇宫发生火灾，一夜之间，大片的宫殿、楼台变成了废墟。为了修复这些宫殿，皇帝派了一位大臣主持修缮工程。

当时，要完成这项修缮工程面临三大问题：①需要把大量废墟垃圾清理掉；②要运来大批的石料和木料；③要运来大量新土。不论是运走废墟还是运来新的建筑材料或新土，都涉及大量的运输问题。如果安排不当，施工现场会杂乱无章，正常的交通和生活秩序都会受到严重影响。

这位大臣经过研究后制订了这样的施工方案：首先，从施工现场向外挖若干条大深沟，把挖出来的土作为施工需要的土备用，这就解决了新土的问题；其次，从城外将汴水引入深沟中，这样可以利用水排或船只运输石材和木材，于是就解决了木材石料的运输问题；最后，等到材料运输任务完成后，再把沟中的水排掉，将工地上的废墟垃圾填入深沟，使深沟重新变为平地。步骤简单归纳起来，就是这样一个程序：挖沟（取土）、引水入沟（水道运输）、填沟（处理垃圾）。

按照这个方案，不仅使整个修缮工程节约了很多时间和经费，而且工地井然有序，城内的交通和生活秩序并没有受到太大影响。

这个故事告诉我们，在制订执行计划时，一定要综合考虑现有资源的特点与相互联系，以实现资源间的相互配合、相互支持。另外在执行计划时，要以最小的执行成本取得最优的执行效果。

二、组织职能

饭店是一个综合性的企业，包括一系列不同类型的工作部门。为了保证饭店计划目标的实现，饭店就要通过发挥组织职能，充分有效地利用这个组织的每个职能单位、每项设备、每个员工，使其在饭店经营活动中协调一致地发挥功能和作用。

饭店管理的组织职能就是管理者对饭店组织的管理，具体来讲，饭店的组织职能包含两个含义：一是建立饭店的组织结构和组织管理系统，即确定饭店管理机构的设置、各管理层次的职能权限、人员分工及相互关系；二是合理而有效地组织和调配饭店的人、财、物、信息、时间等资源，形成接待能力，有效地开展各项业务活动。

饭店组织管理是否有效，其结果将直接影响到整个饭店的经营成果。所以，组织职能是实现计划的重要保证，是饭店管理的核心职能。

关于饭店组织管理的其他内容，将在本书项目三进行详述。

三、指挥职能

（一）指挥职能的含义

饭店管理要实现目标，需要有力的指挥职能。饭店指挥职能是指管理者凭借权力和权威，根据决策计划的要求对所属指挥对象发出指令，进行领导和调度，使之服从管理者意志，并付诸行动，齐心协力地实现饭店的预定目标的管理活动。指挥作为一种职能，首先表现为一种管理者的意志，但绝不是管理者个人意志的简单反映，而是饭店决策计划在管理者个人身上的一种表现。

指挥职能发挥得好坏取决于两个重要因素：一是饭店决策计划的合理性；二是管理者自身的素质高低。指挥职能是计划职能和组织职能的延伸和继续，计划是指挥的依据，组织是指挥的保证。

（二）指挥职能的类型

饭店管理者在执行指挥职能时，应根据自身所处的职位、周围的环境和下属的能力、特点等来选择不同的指挥方法。饭店指挥职能可分为直意指挥、启发式指挥、归纳式指挥和应急式指挥 4 种，具体见表 2-3。

表 2-3　饭店指挥职能的类型

指挥类型	含义及特点	适用范围
直意指挥	① 直意指挥是指管理者用明确的信息对下属直接下达指令并使之执行的管理方法 ② 特点是表达具体、清晰、明确，效率高。指令通常采用肯定或否定的语言，是饭店中最常用的一种指挥方式	比较而言，中、基层管理者更为常用
启发式指挥	① 启发式指挥是指管理者针对下属一些不知该如何妥善解决的问题，通过引导启发的方式让下属自我思考解决的措施，使上下级之间的思路一致后再实施指挥的管理方法 ② 管理者应注意引导下属的工作思路，发挥下属的主动性，使之对所要解决的问题进行自我思考、自我决策，最终与自己一致	高层、中层管理者最常用
归纳式指挥	① 归纳式指挥是指管理者在充分听取各方意见的基础上，进行合理决策，再下达指令的指挥方法 ② 要求管理者分析归纳能力要强，善于抓住问题的主要方面且思维清晰，使指令能够让各实际部门信服，以便执行	常为饭店高层管理者所用
应急式指挥	① 应急式指挥即管理者为解决突发问题而下达紧急指令的指挥方式。通常只求主要问题的解决，而很少顾及其他 ② 要求管理者有敏锐的观察力和很强的应变能力。下达指令既要果断又要谨慎，能及时解决问题，以防止事态扩大或贻误时机而影响饭店声誉	适用于各级管理者

小思考

你认为直意指挥有哪些优缺点呢？

四、协调职能

（一）协调职能的含义

饭店协调职能是指调整和改善管理过程中所有的人、群体组织及各环节、各要素之间的关系，使组织系统的各方面都能和谐配合、协调发展，以实现管理目标。其目的是改善饭店内外各种关系，建立良好的工作环境，使各部门或个人认识一致、步调一致，为实现饭店的计划目标而共同努力。

（二）饭店协调职能的类型

饭店协调职能包括外部协调和内部协调两大类。

1. 饭店的外部协调

通常情况下，饭店外部协调可分为饭店与客人之间的协调和饭店与社会之间的协调。

目前，饭店业市场竞争激烈，客人需求日益复杂多变，饭店与客人之间的协调主要体现在饭店应根据市场供求及竞争情况，不断地调整饭店的服务内容与项目，减少饭店与客人之间的不和谐因素，如增添服务设施、增加服务项目、提高服务质量等。最大限度地满足客人需求，使饭店与客人之间相互和谐融洽。

同时，饭店是社会的一个组成部分，与社会各界存在着各种错综复杂的关系，这种关系处理是否妥当，直接影响着饭店在社会上的地位和声誉。因此，大多数饭店都非常注重通过各种公共关系活动处理好与社会各界，特别是与银行、税务、工商、公安、消防、环保、文化卫生、新闻媒体等各方面的关系，树立饭店良好形象并获得社会各界的信任、理解和支持，使饭店业务正常、有序地进行。

小思考

饭店可通过哪些活动获得社会各界的信任与支持？

2. 饭店的内部协调

饭店内部协调主要是指饭店内部各项工作、各种人员之间的调节，一般分横向协调与纵向协调。

横向协调是指饭店内各部门之间、本部门内各环节之间的协调，如工程部与客房部的合作、前厅部的预订与接待等。横向协调要求各部门、各环节之间的信息传递要及时、迅速、准确。协调职能应达到的效果是各相关部门、各相关环节的所有人、财、物、信息等要素要配合得当、步调一致。

纵向协调是指饭店上下各级人员之间的协调。有效的纵向协调要求上级应能根据饭店目标下达正确的指令，而下级则无条件地服从和执行上级的指令要求，另外，纵向协调还应遵循等级链的原则，即上级不越级指挥，下级也不应越级向上汇报。最终，通过饭店全体员工的齐心合力，相互配合共同完成饭店的预定目标。

五、控制职能

（一）控制职能的含义

饭店控制职能是指饭店根据计划目标和预定标准，对饭店业务的运转过程进行检查、监督，发现偏差，纠正偏差，以确保目标任务完成的管理活动。

控制职能对饭店管理具有重要的作用，表现在两个方面：一是预防作用。饭店通过实施控制职能，可有效地防止差异的出现，使实际结果与计划目标之间的差异减少到最低限度。二是补救作用。控制职能的实质是对饭店业务的实际运行活动的反馈信息做出反应。这种反馈信息可以帮助管理者及时了解饭店业务工作有无偏离计划目标，一旦出现偏差，管理者可及时采取相应措施进行调节，从而避免更大的损失。

（二）控制职能的类型

饭店管理中，管理者只有采取恰当的控制方式，才能有效地对饭店的经营业务进行有效的控制。饭店的控制职能一般可分为以下 3 种类型：

1. 预先控制

预先控制又称前馈控制，是指管理者通过对饭店业务情况的观察、预测和分析，预计可能出现的问题，在其未发生前加以防止的管理活动。它的目的是在饭店业务进行前消除各种可能会造成负偏差的因素。

 **案例**

4 万元赔偿的教训

在北京的一家四星级饭店韩国烧烤餐厅，一对丹麦夫妇带着一个一岁大的婴儿正在进餐，不料婴儿突然从螺丝松动的椅子上摔下来，划破了头皮，引起客人强烈投诉。

饭店经理建议马上将婴儿送到附近的一家中外合资医院，客人不同意，坚决要求速送北京亚洲急救中心，婴儿住了一个月后出院，客人提出要求店方赔偿 7 万美元，并将此事告知中央电视台、中国消费者协会、人民日报社等数家新闻单位。后经多方协商，双方达成一致意见：饭店赔偿 4 万元人民币。

【点评】

案例中，由于饭店没有重视服务质量的预先控制，没有事先检查发现婴儿椅螺丝松动的隐患并及时加以修理，不仅给饭店带来了经济损失，同时也造成了不良的社会影响。如果管理人员和服务人员多一些防范意识，在开餐前多些预先控制和现场管理，发现问题及时解决，防患于未然，就不会发生这类事情。

预先控制主要是对业务进行前的资源投入实施有效的控制。其中，最为重要的有以下 3 方面：

1）人力投入控制。即管理者根据饭店规模及各部门的运转情况，确定所需人员的数量及素质要求，并合理地进行排班。如果在营业前检查发现人员与标准之间有差异，应在事前采取措施来纠正偏差，如增减人员数量或加强人员培训等。

2）财力投入控制。即管理者根据饭店业务经营需要，确定所需资金数额及其来源，在编制饭店预算及对未来业务活动进行预测时，估计可能发生的偏差，采取措施予以纠正。

3）物力投放控制。即管理者在业务经营活动前检查饭店所有物质资源在数量上是否满足业务需要，在质量上是否符合饭店等级要求。如发现某项没有达到，应及时采取补救措施，更换或补充相应的物质资源，确保饭店业务活动的顺利进行。

2. 现场控制

现场控制又称实时控制，是指管理者在饭店业务进行过程中的控制，是饭店管理的一种有效的管理方式。它通过管理者的现场巡视，一方面督导下属员工按服务规程进行操作，如果出现差错，及时进行纠正；另一方面根据业务活动的需要，对预先安排的人、财、物等资源进行合理的重新组合、调配；另外，还可以在现场及时处理一些突发事件，保证饭店业务活动的正常运转。

 知识链接

现场控制的技巧

一天，餐厅主管小李向餐厅经理汇报了近期工作后，他们一起来到餐厅巡视。时间还早，客人寥寥无几，小李看了看桌椅和餐具，横、竖、斜都在一条直线上，感到很满意。他又将视线转向周围站立的服务员，个个笑容可掬，站姿标准。

两人交换意见，小李得意地问："经理，你觉得餐厅的工作怎么样？"餐厅经理反问："你认为呢？我看你刚才是先把眼睛盯向餐台，然后才去看服务员，你知道吗？当我们刚走进餐厅时，有3个服务员正在聊天，见我们进来立刻散了，所以，你再去检查，他们个个都合乎标准。就这种类型的巡视，应该先看面，后看线，先看动，后看静。"小李由衷地说："经理，我真佩服你。"

3. 反馈控制

反馈控制也称为事后控制，是指管理者在饭店经营业务活动结束后，对其结果进行检查和考核。在反馈控制中，把实际工作结果与预定目标进行比较，找出两者的偏差，分析产生差异的原因，提出整改措施，以便在今后的工作中改进提高。

扁鹊的医术

管理故事

魏文王问名医扁鹊说："你们家兄弟三人都精于医术，到底哪一位最好呢？"

扁鹊答说："长兄最好，中兄次之，我最差。"

文王再问："那么为什么你最出名呢？"

扁鹊答说："我长兄治病，是治病于病情发作之前。由于一般人不知道他事先能铲除病因，所以他的名气无法传出去，只有我们家的人才知道。我中兄治病，是治病于病情初起之时。一般人以为他只能治轻微的小病，所以他的名气只及于本乡里。而我扁鹊治病，是治病于病情严重之时。一般人都看到我在经脉上穿针管来放血、在皮肤上敷药等大手术，所以以为我的医术高明，名气因此响遍全国。"

文王说："你说得好极了。"

事后控制不如事中控制，事中控制不如事前控制，等到错误的决策造成了重大的损失才寻求弥补，有时是亡羊补牢，为时已晚。

（三）执行控制职能的步骤

在饭店管理过程中，控制职能一般包括以下 4 个步骤，如图 2-3 所示。

制定控制标准
1）标准是控制的必要条件，而饭店计划是制定控制标准的依据。制定控制标准要求尽量详细、具体，以便于执行和衡量。
2）在饭店中，控制标准通常分为两类：一类是用数量来表示的各种标准，即数量标准，如营业额、成本费用等；另一类是以描述性语言表示的各种标准，即质量标准，如服务规程、卫生标准等

效果评估
1）通过检查将实际工作与预定标准进行比较，评估其实际工作效果。
2）评估时应根据考核对象的不同而采取不同的要求，如对中、高层管理者主要以饭店目标为衡量标准；而对操作层的基层员工则主要以工作量、工作时间及质量等为衡量标准

差异分析
1）分析差异产生的原因及其对未来经营业务活动的影响。
2）通常产生差异的原因包括目标或标准不合理；实际工作中的误差造成；外部环境变化的影响及各种因素的综合反映

纠正偏差
找到产生偏差的原因后，管理者应针对其不同原因采取不同的纠正偏差的方法，有效地消除偏差，达到管理目的

图 2-3 执行控制职能的步骤

饭店的 5 个主要管理职能是互相联系、互相融合、互相制约和互相补充的一个有机统一体。饭店管理就是通过执行这五大职能达到饭店预期的目标，作为饭店管理者必须要掌握并实施这些基本管理职能。

任务三　了解饭店管理者应具备的素质

饭店管理成功最根本的因素在于人，即饭店是否拥有管理素质良好的管理者和专业素质良好的基层员工。其中，饭店管理者的素质高低是饭店管理水平高低的决定性因素，它直接影响着饭店管理的成败。

一、饭店管理者的含义

在饭店中，所有的工作可分为两类：一类是由自己完成具体任务的工作，如客房服务员清理房间、餐厅服务员为客人斟酒上菜等，这类工作称为作业过程，是指具体的业务或操作。另一类是指挥他人完成具体的工作任务，如制订工作计划，设计组织机构，安排饭店的人、财、物力，指导、协调、检查下属完成各项具体工作，这类工作称为管理工作。

从事管理工作的人就是管理者，也就是利用各种资源去实现组织目标的指挥者、组织者。管理者通常有 4 个基本特征：①他们是被正式组织承认并被任命的；②有下属，他们是管理别人的人；③从事管理工作，执行管理职能；④借助别人的力量来完成既定任务，实现自己的工作目标。

　案例

我雇你是来管理的

查理是一位新上任的餐厅经理。有一天餐厅工作很忙，一名服务员对他说："没有服务员收拾桌子。""别担心。"他说道，然后自己开始收拾桌子。另一位服务员对他说："厨房的饭菜上得太慢了。""别着急，"他说，"我去后面帮他们做菜。"在他帮厨的时候，又有一名服务员过来说："已经没有洗干净的盘子摆台了。""别担心，我去洗盘子。"他说道。正当他洗盘子的时候，又有一名服务员过来说："没人收拾桌子了。"就这样周而复始，桌子、饭菜、碗碟、桌子、饭菜……

就在这当口，老板走了进来，问道："你这是干什么呢？""我在忙着洗盘子，收拾桌子，做饭菜，今晚回家之前，我还得把垃圾倒了。"这位新上任的经理自豪地说。

老板生气地喊道："我雇你是来管理的，不是来收拾桌子、刷盘子、做饭菜的！"

【点评】

在本案例中，餐厅经理查理在听到员工向他报告遇到的问题时，他都是亲自出马、自己动手，可谓忙得不可开交。但是这一切的努力工作反而遭到老板的严厉指责，因为他所做的事情并非是管理工作，他没有扮演好一个管理者的角色，没有完成好一个管理者应该完成的职责工作。

二、饭店管理者的层次

在饭店中，根据管理者的责任和权限的不同，通常分为高层管理者、中层管理者和基层管理者 3 个层次，结果呈三角形，如图 2-4 所示。

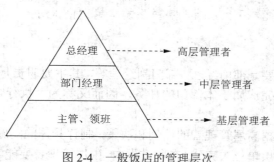

图 2-4 一般饭店的管理层次

1. 高层管理者

饭店高层管理者是饭店管理的核心层，如总经理、副总经理、总监等。其主要职责是对饭店的重大问题，如经营目标、发展方向、重大管理问题等做出决策，因而又称为"决策管理层"。

高层管理者主要的工作是对饭店进行宏观决策，确定饭店的方针、政策和目标等，考虑饭店的全局问题和战略问题。他们是对饭店管理成败负有主要责任的关键人物，一家饭店的管理水平的高低取决于饭店最高层管理者的水平。

 知识链接

三亚海棠湾凯宾斯基酒店总经理威廉·拉图尔先生

三亚海棠湾凯宾斯基酒店总经理威廉·拉图尔先生荣获由中国顶尖的财经传媒《21 世纪经济报道》与《商务旅行》联合举办的第九届"中国酒店'金枕头'奖"之"2012 年度最佳酒店经理人"。

威廉·拉图尔先生来自法国巴黎，1998 年起便进入酒店行业，饭店管理经验非常丰富。以下是部分专访摘录：

记者：您在全球不同国家和地区的高端品牌酒店担任要职，称得上是一位酒店管理专家，拥有近 20 年的国际酒店管理经验，可否与我们分享一下您的职业生涯中所遇到的挑战与机遇？

威廉·拉图尔先生：在从事国际性的职业生涯中，人员的流动不可避免，这要求管理人员各方面有很强的适应能力，以及对这个行业的敏锐嗅觉，才能胜任每一次的角色变换。我认为，当酒店总经理成功地使酒店品牌价值大大提升，那就是对于投资方来说最好的回报。挑战往往来自于在本土的大环境中建立起一个品牌概念。不论最初的条件如何困难，总有机会来改善和维持酒店的各方面情况和后备人才的储备。从根本上来说，我的目标是在支持鼓励新一批的酒店经理人员的同时，做好自己的本职工作。

记者：您是如何管理和培养酒店的服务团队，并且将品牌的精神融入服务之中的？

威廉·拉图尔先生：我们不仅以行业中最高标准的要求来训练员工，还使他们对于凯宾斯基品牌内涵的了解深入骨髓，使他们的表现能够超出客人的期望。每个人都对自己在实现团队目标中所做的努力和品牌的成功之处有着非常清晰的定义，这对我们来说是不可或缺的。我们志在培养一种能够平衡所有利害关系的卓越文化体制。

2. 中层管理者

饭店中层管理者主要是部门经理、部门副经理等，其主要职责是执行最高领导层提出的目标和重大决策，组织完成属于本部门的任务，因而又称为"执行管理层"，是饭店承上启下的中坚力量。

中层管理者通常根据高层管理者的计划和决策，制订具体的实施计划和工作任务，并将其分配给下属的各个基层单位去完成。在此过程中，中层管理者要能够了解基层单位的要求，并善于发现问题、分析问题，从而从根本上解决问题。中层管理者负责其所管辖部门的一切业务，主要目标是保证本部门正常运转。

3. 基层管理者

饭店基层管理者是指主管、领班等第一线管理人员，他们处于工作第一线，直接指挥员工的操作，因而又称为"现场操作管理层"。基层管理者需要身临现场，直接对饭店的各种资源，尤其是对员工进行管理，担负的职责中很大程度上是检查、监督和指导员工的工作，因此习惯上又把主管、领班合称为"督导管理层"。

基层管理者是管理指令的执行层。他们按照中层管理者的规定和要求管理所负责区域的具体事务，并带领下属完成中层管理者所布置的各项工作任务。基层管理者非常注重操作技能的掌握，因为其主要任务就是训练、指导下属，使之能够出色完成接待任务。

 小思考

你的长期职业生涯目标是什么？你打算如何实现这个目标？

 知识链接

中餐厅领班岗位职责

1. 层级关系

1）直接上级：中餐厅主管。

2）直接下级：中餐厅员工。

2. 任职要求

1）具有高中以上学历或同等学历，具有两年以上本岗位工作经验。

2）热爱本职工作，有较强的事业心和责任感，工作认真负责。

3）掌握一定的菜肴、食品、酒水、烹饪等方面的知识。

4）具有熟练的服务技能和技巧，能胜任餐厅各种接待服务工作。

5）身体健康、仪表端庄。

3. 岗位职责

在餐厅主管领导下，负责本班组的服务管理工作，带领服务员按照服务规范的要求向客人提供热情、周到高效的餐饮服务。

1）对餐厅主管负责，督导员工严格履行岗位职责，按时按质完成上级下达的任务。

2）协助召开每日餐前会，负责员工考勤工作，检查员工的仪容仪表及个人卫生。

3）根据营业情况给本班组服务员分配工作任务，检查本班组的对客服务工作，保证提供优质服务。

4）了解当日厨房特荐及供应情况，开餐时负责与厨房协调，保证按时出菜。

5）随时注意餐厅动态，进行现场指挥。遇有重要客人要亲自服务，以确保服务的高水准。

6）填写餐厅的"意见反馈表"和"交接班本"，以便各领班间的沟通。

7）督促服务员做好餐厅安全和清洁卫生工作，保证达到饭店的规定标准。

8）协助餐厅主管做好对服务员的考核评估及业务培训工作，以不断提高服务员的服务技能。

9）了解熟悉各种会议的布置与台型设计，掌握各种会议及宴会服务的程序，并对服务员予以督导监督。

10）妥善处理餐厅服务工作中发生的问题和客人的投诉，了解客人的各种饮食习惯并征询客人多方面意见，同客人建立良好关系，并将结果及时向餐厅主管汇报。

11）与客人和厨房保持良好的工作关系，及时向餐厅主管和厨师长反馈客人对食品、服务方面的信息，不断提高餐饮产品质量和服务质量。

12）定期检查清点餐厅设备、餐具、布草等物品并将结果及时上报主管。

13）完成餐厅主管布置的其他工作。

三、饭店管理者的素质要求

要成为一名合格的饭店管理者，必须具备以下几方面的素质。

（一）品德素质

1. 爱岗敬业

要成为一名合格的饭店管理者，首先要"爱岗"，要热爱自己的工作岗位，热爱本职工作。既然选择了饭店行业，就要做到"做一行，爱一行"，努力培养自己对所从事工作的热爱。"热爱是最好的老师"，热爱自己的工作，会觉得工作是一件快乐的事情；热爱自己的工作，会有更多的工作激情；热爱自己的工作，就是工作再苦再累也无怨无悔；热爱自己的工作，就不会去计较个人的得失，会全心全意地投入

到工作当中。

要成为一个合格的饭店管理者，必须要"敬业"，要用一种恭敬严肃的态度对待自己的工作，要忠实地履行自己的工作职责，对自己的岗位工作负责到底。无论在任何时候，都要做到勤勤恳恳、兢兢业业、忠于职守、尽职尽责。

现阶段国内饭店管理者等价交换、按酬付出的倾向普遍存在。典型的做法是给多少钱，出多少力。这些做法都与合格饭店管理者的要求相违背。爱岗敬业的工作态度是通向事业成功的必备素质。

 案例

最敬业的厕所清洁工

这个真实的故事发生在日本。

故事的主角 1983 年毕业于上智大学外国语系比较文化专业，其祖父是曾担任建设大臣的野田卯一，但她并没有依赖显赫的家世，自己谋得的第一份工作是在全日本享有盛誉的东京帝国饭店做服务生。

当她兴冲冲地跑去上班时，上司却安排她去做洗马桶的工作。当她第一次伸手进马桶刷洗时，差点当场呕吐。但饭店的上司对她要求极高，必须将马桶擦得光洁如新。她实在干不了！勉强撑过几日后，实在难以为继，于是决定辞职。

就在关键时刻，单位的一位老清洁工来到她的面前，一遍遍擦洗马桶，直到擦洗得光洁照人。擦完后，老清洁工用茶杯从马桶中舀满一杯水，连眉头都没有皱一下就端起来一饮而尽。女大学生看得目瞪口呆，而老清洁工却自豪地表示，经她清理过的马桶，是干净得连里面的水都可以喝下去的。

女大学生的内心被震撼了。她从未想到在人们眼中最肮脏的马桶，竟能刷洗到如此洁净的地步。一个小厕所，竟显现出人生最高深的哲理：无论任何工作，无论其性质和地位如何，只要你兢兢业业，全身投入，任何工作都能创造出奇迹。

于是，此后，再进入厕所时，女大学生不再引以为苦，却视为自我磨炼与提升的道场。每次清洗完马桶，她也总扪心自问："我可以从这里舀一杯水喝下去吗？"后来，女大学生多次，甚至当众，从她清洗过的马桶中舀一杯水喝下去。

凭着这简直匪夷所思的敬业精神，37 岁以前，她成为日本帝国饭店最出色的员工和晋升最快的人。

37 岁以后，她步入政坛，得到赏识，成为日本最年轻的女性内阁大臣。直到现在，这位年过半百的政治家仍活跃在日本政府高层。据说每次自我介绍时，她总还是说："我是最敬业的厕所清洁工和最忠于职守的内阁大臣！"

这个最敬业的厕所清洁工叫野田圣子。

【点评】

一个出身显赫的高材生、富家小姐对洗马桶这种一般人都不屑于做的工作都做到如此极致，这种敬业精神真的值得我们学习和思考。

敬业是迈向事业成功的第一步。

2. 不谋私利

要做事业先要做人，要管理好饭店首先要管理好自己。作为饭店管理者，一定要坚守自己的职业操守，要严格遵守饭店行业的行为规范、行为准则与行为标准，将饭店的利益放在首位，努力为饭店创造效益，努力维护饭店正当利益，不能为了个人私利损害饭店利益。一个只顾私利不讲行规、缺乏职业道德的人哪怕有再大的能力，也不会被市场所选择。

目前有些员工把私欲放在饭店利益之前，只是把饭店当作满足个人欲望的场所，假公济私，做出一些有损于饭店利益的事，这类人最终会被市场所抛弃。

 小思考

如何理解"一个只顾私利不讲行规、缺乏职业道德的人哪怕有再大的能力，也不会被市场所选择"这句话？

3. 开拓创新

饭店管理者不能满足现状，甘于守成，而应该善于思考，长于总结，多渠道了解、跟踪行业潮流和趋势，根据形势不断进行调整。要把握机会大胆进行创新，从失败中学习，从失败中总结经验教训，不断开拓进取。

当今饭店行业竞争异常激烈，顾客需求经常变化，"以变应变，以变制变，创新发展"成为我国饭店业未来发展道路上的必然选择。

目前我国饭店管理者普遍缺乏开拓创新精神，相当一部分管理者不思进取，不求有功，但求无过，满足于暂时的安逸环境，缺乏做大、做强、成就事业的精神。工作上敷衍了事，办事拖拉，效率低下，缺乏主动性和创造性。

案例

肯德基靠口味创新胜过麦当劳

麦当劳和肯德基是世界餐饮行业的两大餐饮巨头，其中麦当劳拥有3万多家门店，是世界第一餐饮巨头，而肯德基拥有1万多家门店，排名第二。可以说，在全世界范围内，麦当劳占据很大的优势。

但在中国市场，肯德基却远远胜于麦当劳，截止2014年，肯德基有4 000多家门店，而麦当劳却只有2 000家左右。肯德基在中国市场打败麦当劳的根本原因在于肯德基在中国市场的创新，紧紧围绕顾客的口味进行创新，卖顾客喜欢吃的菜品。肯德基一句"为中国而改变"揭示了它最高商业机密，为中国消费者改变，一直以消费者的口味为核心进行创新。

肯德基的菜品时时在变，从紫菜蛋花汤、芙蓉虾球、老北京鸡肉卷到巴西烤鸡翅应有尽有。每月都有主推的新品上市，好的继续保留，不受欢迎的就撤出柜台。新品的风头远远盖过了传统的鸡肉汉堡，其创新速度令人震惊。

肯德基紧紧围绕中国顾客的消费习惯进行创新。从口味上，变得更加清淡，接近成年人的习惯，毕竟成年人是挣钱与花钱的主力；从营养上，更加符合饮食需求，减少油炸食品，减少人们对油炸食品容易致癌的恐慌；从饮食特色上，更加突出地域特色，创新出很多地方风味化的食品，京味的、川味的、广式的等；从文化上，更加接近中国的传统，装饰中时常融入中国节日元素；从文化传播上，不断地传播营养、健康的理念，告知中国消费者，"肯德基为中国而改变"，让人倍感尊重与亲切。

相比之下，麦当劳就显得非常自我，一句"我就是喜欢"塑造出个性十足的口号，似乎是想让所有光顾的人不要考虑"汉堡一成不变"，"来不需要什么理由"，透出一股犟劲儿与冷傲。麦当劳似乎被它固有的成功模式束缚住了手脚，以为仅凭汉堡就可以征服中国人。

从消费人群上看，麦当劳成功地克隆了它的美国模式，在麦当劳里有大量的个性十足的、年龄在十五六岁的学生群，二十岁左右的时尚群。消费人群更加挑剔和趋向一致，这一点毫无疑问是市场策略的成功。

而肯德基就显得包容许多，什么人都有，几岁的，几十岁的，甚至六七十岁的夫妇都会有。消费人群更加宽泛，这一点毫无疑问也是市场策略的成功。

在店面位置相差无几，店面形象相差无几，装修档次相差无几，舒适程度相差无几，儿童套餐招数相差无几，产品价格、服务质量、汉堡品质都相差无几的状态下，习惯了吃中餐的中国人，为什么不选择更中国化的肯德基呢？这也是为什么肯德基在中国要比麦当劳更受欢迎的原因。

【点评】

通过种种举措，肯德基更加中国化了，让人们几乎忘记了它的"外来血统"。这就是从消费者眼中观察到的为什么肯德基生意越来越好，店面越来越多，把麦当劳远远甩在了后面的原因。肯德基改变了做汉堡和鸡块的定位观念，让看起来相同的店有了不同的内涵，是一个非常典型的围绕消费者口味进行创新的成功案例。

（二）知识素质

1. 专业知识

要成为一名合格的饭店管理者，首先必须掌握从事本行业、本岗位工作所必须学习和掌握的专业知识，否则难于承担职责，完成任务。一名合格的饭店管理者首先必须是一名专业化的管理者。

饭店专业知识主要包括现代饭店经营管理知识；饭店财务管理、人力资源管理、质量管理、品牌管理、信息管理的基本知识；饭店餐饮管理、厨房管理、客房管理、前厅管理、饭店建筑规划与设计、饭店工程设备维修管理的基本知识；现代市场营销知识等。

2. 综合知识

饭店管理者不仅要掌握专业知识，还必须掌握政治、法律、人文、社科、经济、心理学、伦理学等方面的知识，只有这样才能适应饭店业错综复杂的工作环境，才能真正成为一名优秀的管理者。

新世纪，我国饭店管理急需大批知识型、专业化、复合型的管理者，但是目前我国部分饭店管理人才的整体素质偏低，人才结构不合理。缺乏饭店管理、财务管理、工程设备管理、营销管理、人力资源管理等专业人才，复合型的管理人才更少。这既是我们的挑战，也是我们的机遇。

<h3 style="text-align:center">金子与石头</h3>

一个人整天抱怨生活对他不公平，抱怨自己的才能不被人赏识，终于这件事让上帝知道了。

上帝来到这个人的身边，捡起地上的一颗石子扔到了石堆里，说："如果石子就是你，把自己找出来。"那人找了好久也没找到。

上帝又往石堆里扔了块金子，说："如果金子就是你，把自己找出来。"结果当然是那人一眼就认出了代表自己的金子。

做石子还是做金子，选择权在自己手中。每个人都要正确认识自身，在石子堆里，金子很容易被发现，要让别人发现自己，就要努力把自己变成金子。

作为饭店从业人员，我们要不断学习，不断提升自身素质，让自己成为金光闪闪的金子。

（三）能力素质

1. 学习能力

当今的社会是学习型的社会，当今的企业也必须是学习型的企业，我们每个人也必须是学习型的主体。作为饭店管理者，如果没有学习能力，只会遭到社会的淘汰。饭店管理者一方面要善于从工作实践中学习，不断地用掌握的理论知识去验证，并指导工作实践；另一方面要善于学习和掌握新知识，不断充实和提高自己的理论水平，完善自己的知识结构。

2. 管理能力

饭店管理者从事饭店的管理工作，就必须具备决策、计划、组织、指挥、协调、领导、激励、控制等管理能力。管理者做出的决策必须是科学的、正确的，如果决策失误就会给饭店带来损失和危害。

3. 综合能力

要成为一名合格的管理者，还必须具备各种综合能力，包括分析判断能力、沟通协调能力、语言表达能力、交际能力、自我管理能力等。

（四）心理素质

心理素质是影响管理效能的一个重要因素，饭店行业是一个工作时间长，工作压力大的职业，没有良好的心理素质是很难适应饭店工作的，更加不可能成为优秀的管理者。作为一名饭店管理者，必须拥有良好的心理素质。

1. 自信

作为一名饭店管理者要相信自己，要对自己有信心，要坚信自己有能力做好工作，把饭店搞好。特别是在工作过程中遭遇到一些挫折时，千万不能因一时之挫而对自己的能力产生怀疑。要始终对自己充满信心，不断激发和挖掘自己的潜能，奋发向上，积极对待在管理过程中出现的一些暂时的困难和挫折。自信是通向成功的一种必不可少的力量。

最优秀的人就是你自己

古希腊的大哲学家苏格拉底在风烛残年之际，知道自己时日不多了，就想考验和点化一下他的那位平时看来很不错的助手。他把助手叫到床前说："我的蜡烛所剩不多了，得找另一根蜡烛接着点下去，你明白我的意思吗？"

"明白，"那位助手赶忙说，"您的思想光辉得很好地传承下去。"

"可是，"苏格拉底慢悠悠地说，"我需要一位优秀的传承者，他不但要有相当的智慧，还必须有充分的信心和非凡的勇气，这样的人选直到目前我还未见到，你能帮我寻找和发掘一位吗？"

"好的，好的，"助手很尊重地说，"我一定竭尽全力地去寻找，不辜负您的栽培和信任。"

苏格拉底笑了笑，没再说什么。那位忠诚而又勤奋的助手，不辞辛劳地通过各种渠道开始四处寻找了。可他领来了一位又一位，都被苏格拉底一一婉言谢绝了。当那位助手再次无功而返地回到苏格拉底病床前时，病入膏肓的苏格拉底硬撑着坐起来，抚着那位助手的肩膀说："真是辛苦你了，不过，你找来的那些人，其实还不如你。"说完，苏格拉底笑笑，不再说话。

半年之后，苏格拉底服毒自尽，眼看就要告别人世，最优秀的人选还是没有眉目。助手非常惭愧，泪流满面地坐在病床前，语气沉重地说："我真对不起您，令您失望了！"

"失望的是我，对不起的却是你自己。"苏格拉底说到这里，很失意地闭上眼睛，停顿了许久，才又哀怨地说："本来，最优秀的人就是你自己，只是你不敢相信你自己，才把自己给忽略了，不知道如何发掘和重用自己……"话没说完，一代哲人永远离开了他曾经深切关注着的这个世界。

那位助手非常后悔，甚至后悔、自责了后半生。

苏格拉底的助手由于对自己缺乏自信，最终错失成功的机会。作为饭店管理者，在工作中要始终对自己充满信心，要牢记先哲的至理名言："最优秀的人就是你自己！"

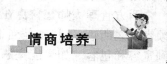

2. 坚韧

饭店工作错综复杂，在管理过程中不可避免地会遭遇到不少困难和压力，作为饭店管理者，不能稍微遇到一点阻力，就开始打退堂鼓，而是要勇敢面对，不屈不挠，坚持不懈，永不言败，永不放弃。不要轻易被困难和压力所击倒，要知难而进，百折不挠地应对各种困难和挑战，直到达到目标。

坚韧不拔的求职者

有个年轻人，肩负着全家人的生活重担却失业了。后来瘦弱矮小的他走进一家大电器厂的人事部，请求安排一份哪怕最低下的工作。

人事部负责人看到他衣着肮脏，又瘦又小，觉得很不理想，但又不能直说，就找个理由说："我们现在不缺人，你一个月后再来看看好吗？"这本是个推托，但没想到一个月后，他真的来了。负责人又推托说此刻有事，过几天再说。隔了几天，他又来了。如此反复了多次，这位负责人干脆说了实话："你这样脏兮兮的是进不了我们厂的。"于是，他回去后借了一笔钱，买了整齐的衣服穿着来了。负责人一看实在没办法，便告诉他："关于电器方面的知识你知道得太少了，我们不能要你。"两个月后，年轻人又来了，说："我已学习了不少电器方面的知识，您看我哪方面还有差距，我一项项弥补。"这位人事主管盯着他看了半天，才说："我干这行几十年了，今天头一次见到像你这样找工作的，我真佩服你的耐心和韧性。"结果他如愿以偿地进了那家工厂。

这位年轻人后来通过不断的努力，成为电器行业的非凡人物，他就是后来闻名于世的日本大企业家、松下电器公司总裁松下幸之助。

一个平凡的年轻人凭着他的耐心和韧性终于找到了心仪的工作，最后取得非凡的成功。这个故事告诉我们，要成为一名成功的饭店管理者，在面对困难时，必须具有坚韧不拔的意志，只有这样才能达成目标，取得成功。

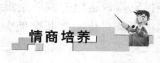

3. 宽容

作为饭店管理者，一定要有宽广的胸怀和海纳百川的气度。既要能容人之长，容得下比自己强的人，也要能容人之短，容得下别人的缺点和小差错。应该心胸开阔，宽容待人，不斤斤计较个人得失。一个嫉贤妒能、处心积虑地压制下属的管理者是难以取得事业上的成功的。

西方管理大师德鲁克在谈到企业家的修炼时说："有效的管理者在用人所长的同时，必须容人之所短。"特别是当下属出现一些小错误时，作为上级管理者不要过于苛责，应该做到宽容和包容。如果能宽恕下属的一些小错误，下属往往会加倍努力，会做得更好。

在饭店实际管理工作中，有些管理者由于心胸不够开阔，在一些小事上斤斤计较，只会一味苛责员工，严重挫伤员工积极性，甚至导致员工流失，这要引起管理者的注意。

楚庄王绝缨

战国时，楚庄王在宫中设宴招待群臣，妃子许姬亲自替群臣斟酒助兴。忽然一阵风吹进宫里，蜡烛熄灭，全场漆黑。有人趁机拉住许姬的衣袖想亲近她，许姬便顺手拔下那人的帽缨并挣脱离开，然后请庄王惩治没有帽缨的臣子。庄王却不动声色地对众人说："今天一定要尽兴，请大家都把帽缨拔掉，否则不足以尽欢！"于是众臣都拔掉帽缨，庄王再命人重新点燃蜡烛，尽欢而散。

3年后，晋国侵犯楚国，楚军中有一员大将主动请命，奋勇杀敌，大获全胜。班师回朝后，这名大将跪地禀庄王："大王，臣就是三年前那个被王妃拔掉帽缨的罪人，从那时起我就时刻准备用自己的生命来报答你的恩德。"

从楚庄王拔掉帽缨的故事可以看出，宽容是实现管理员工心智的有效方法。一名合格的饭店管理者要有宽广的胸怀。要清醒地认识到优秀的员工有时缺点也会很突出，衡量一个员工不能拿一些平常的小事情来考量，要综合分析和判断一个员工是否优

秀，要允许员工犯一些小错误，有时给员工一个改错的机会，员工就会给管理者一个惊喜。

4. 果断

作为饭店管理者，必须坚毅果断，做事有主见。这是由管理者的身份决定的。身为领导，很多事情需要你做出决定，办事果断、有决断力是领导者的基本素质，也是领导者的风范。如果一位领导做事婆婆妈妈，畏首畏尾，效率低下，在该做决定的时候迟疑不决，一拖再拖，能推则推，这样的领导是难于赢得员工的心的，不但得不到员工的钦佩，而且对饭店的发展也很不利。优柔寡断会使企业丧失很多发展的机会，使员工逐渐失去锐意进取的锐气。

林肯的故事

美国前总统林肯，在他上任后不久，有一次将6个幕僚召集在一起开会。林肯提出了一个重要法案，而幕僚们的看法并不统一，于是7个人便激烈地争论起来。

林肯在仔细听取其他6个人的意见后，仍感到自己是正确

的。在最后决策的时候，6 个幕僚一致反对林肯的意见，但林肯仍坚持己见，他说："虽然只有我一个人赞成，但我仍要宣布，这个法案通过了。"

　　林肯的故事告诉我们，作为一名饭店管理者，在决策时不但要听取众人的意见，更要坚持自己的正确判断。一个优秀的决策者在决策时必须果断，并且能有效应对来自不同意见的压力。

（五）身体素质

　　饭店业是每天 24 小时运转的行业，饭店工作是一项复杂而又繁重的劳动，管理者的管理工作既是一种脑力劳动，又是一种体力劳动。管理者每天要及时处理各种复杂纷繁的问题，经常处于超负荷的工作状态。因而，饭店管理者必须有良好的身体素质，这样才能保持充沛的工作精力，从容面对快节奏的工作，并能给人留下积极向上的印象，增强人们对领导者的信任感和信心。

四、职业经理人

　　我国的饭店业是与国际接轨较早的行业，是改革开放后引进外资最多，引进国外科学先进的管理机制及管理方法最早，聘用外籍管理人员最多的行业，也是我国各行业中产生职业经理人最早、最多、成长最为成熟的行业。然而，现有的经理人大多数为半途改行或官派型、经验型、利益型，他们缺乏国际化、集团化、市场化的运行经验，还不能称其为真正意义上的职业经理人，我国饭店职业经理人的现状并不乐观。

　　目前，我国饭店业正在寻求走集团化、品牌化、连锁化、国际化、网络化的发展道路，急需一批熟悉国际饭店业的行规、法规、操作模式，具有国际战略眼光的职业经理人队伍，因此，培养一支专业的具有高素质的经理人队伍迫在眉睫。

　　中国饭店协会制定的《中国饭店业（酒店、酒家）职业经理人资格条件》对饭店业职业经理人定义为：饭店业职业经理人是运用系统的现代饭店经营管理知识和管理经验，对饭店（或一个部门）进行经营和管理，是以经营管理饭店为职业的职业管理者。

　　饭店业职业经理人分为两个等级：饭店业职业经理人和饭店业高级职业经理人。其划分以管理知识、管理能力和良好品质为基础，以职业道德、经营业绩和创新能力为认定依据。

　　作为饭店业职业经理人，应当忠于自己热爱的事业，具有饭店业的专业知识和管理经验，懂得本行业的法律法规及国际惯例，具备担任饭店管理职位的职业能力，适应不同的饭店环境，能以一定的价格在市场中自由流动，从而获取薪酬和实现自身职业生涯的目标。

 知识链接

饭店业职业经理人的资格条件

1. 基本条件

1) 具有良好的职业道德修养，热爱饭店事业，忠诚管理职业，遵守饭店业的道德规范，确保饭店不出现违法和不道德的行为。

2）具有系统的现代饭店经营管理知识，良好的饭店管理能力，丰富的饭店管理经验，并且充分地运用在饭店管理实践中，不断提升企业在业界的形象和声誉，确保企业安全性和效率。

3）具有良好的团队精神，善于团结整个领导班子，调动大家的积极性，发挥每个员工的潜能，并通过管理层影响带动全体员工。身体健康，能独立对饭店（或部门）开展经营和管理。

2. 饭店业职业经理人的资格条件

1）具有大专以上文化程度，从事专业年限5年以上。

2）有较丰富的现代饭店经营管理知识，发表过饭店经营管理方面的文章。

3）掌握饭店财务管理、人力资源管理、质量管理、品牌管理、信息管理的基本知识及相关法律法规。

4）掌握饭店餐饮管理、厨房管理、客房管理、前厅管理、饭店建筑规划与设计、饭店工程设备维修管理的基本知识。

5）有丰富的现代市场营销知识，对饭店行业特点、市场环境、经济需求非常了解，是本专业的行家里手。

6）有丰富的饭店管理实践经验，能制定饭店管理标准和服务规范，合理有序地组织饭店经营活动。

7）有较强的创新能力，对饭店品牌或名店的形成做出过积极贡献。

8）有良好的饭店管理业绩记录，在企业担任中高级管理人员，业绩良好，受到行业的好评。

9）个人信誉良好，长期被市场接受，在员工、顾客、业主、社会等各个方面满意度比较高。

10）掌握一门外语，能运用现代化的办公工具。

 项目小结

本项目是饭店管理的基础篇。在对饭店有了全面的认识以后，就要对饭店进行管理。饭店管理是在一定的管理理论指导下，管理者执行管理职能，达到管理目标的过程。要管理好饭店，必须要对饭店管理的相关知识有全面的了解。

管理饭店首先要掌握管理的理论。本项目要求从理论上理解饭店管理的含义，要全面理解饭店管理的五大要素。同时，要明确一名合格的饭店管理者应该具备的素质。通过本项目内容的学习，为学习饭店管理的具体理论内容做准备。

EQ 总结

　　要成为一名合格的乃至优秀的饭店管理者，必须具备自信、宽容、坚韧、果断的心理素质。要坚信最优秀的人就是自己，通过努力学习，不断提高自身的情商水平，不断提升自身的综合素质，努力把自己变成一块金光闪闪的金子。

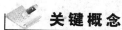

关键概念

　　饭店管理、管理职能、品德素质、心理素质。

课后思考与练习

一、填空题

　　1．饭店的三重效益分别是指_____、_____、_____。

　　2．饭店管理的主体是指_____。饭店管理客体中，最重要的要素是_____。

　　3．饭店五大管理职能是指_____、_____、_____、_____、_____。

　　4．饭店控制职能的类型可分为_____、_____、_____。

　　5．饭店高层管理者的主要职责是对饭店的重大问题做出决策，因而又称为_____。基层管理者是指主管、领班等第一线管理人员，他们处于工作第一线，直接指挥员工的操作，因而又称为_____。

二、简述题

　　1．简述饭店管理的五大要素。

　　2．饭店指挥职能有哪几种类型？

　　3．简述饭店控制职能的步骤。

案例分析

总台"留言"拒收

　　一天中午 12:00，接待员小张来接班，小王与其客套几句便匆匆忙忙地走了。

　　过了一段时间，有一位李先生来到前台要给 1202 房送东西，说客人有事外出，让把东西放到总台。小张查找一下留言登记单，没有找到 1202 房的留言。李先生非常疑惑，说不可能，都已经说好了。小张把留言登记单拿给李先生看，确实没有登记。李先生因为还有其他的事情，便与小张商量可否先放一下。但小张说，实在对不起，我们这里有规定，没有登记不能寄存。无奈之下，李先生说了一句，你也真够坚持原则的了，就离开了前台，在大厅里等候客人。他在大厅里走来走去，站也不是，蹲也不是，一副无可奈何的样子。

很长一段时间后，1202 房的客人回来了，来到总台拿他的东西。小张回复说并没有东西寄存。李先生发现 1202 房的客人回来了，急忙过来，连声抱怨："等你等得好辛苦呀，你不是说跟前台讲好了吗，怎么人家说没有留言，害我等了两个多小时。"

原来，早上 1202 房的客人外出时来到前台，告诉接待员，他要外出办事，有人来送东西先放到服务台，他晚上回来取。当班的接待员小王满口答应，却没有登记，也没有交接给接班的接待员，造成了这起劣质服务事件。

问题：

分析该饭店在管理方面存在的问题。

 实训应用

实训名称：调研饭店管理者应具备的素质。

实训内容：将学生分组，分别到当地三星至五星级的饭店进行调研，让学生直接和饭店各级管理者进行访谈，访谈内容为饭店管理者应该具备的素质。访谈结束后，各调查小组撰写调查报告，各小组分别汇报调查报告内容，汇报结束后大家共同进行讨论，最后形成一份汇总书面报告。

模块二 饭店管理主要内容

饭店组织管理

项目导航

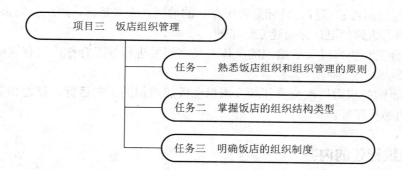

项目三 饭店组织管理

任务一 熟悉饭店组织和组织管理的原则

任务二 掌握饭店的组织结构类型

任务三 明确饭店的组织制度

知识目标

1. 熟悉饭店组织的内涵及组织原则。
2. 掌握饭店组织结构的主要类型。
3. 了解饭店的组织制度。

技能目标

1. 能够运用所学内容判断饭店的组织结构类型。
2. 能够根据给定的条件合理设计饭店的组织结构。

EQ 话题

团结协作，才能实现多赢，获得成功。

任务一　熟悉饭店组织和组织管理的原则

　　任何企业想要正常运转，都必须具有严密的组织工作。饭店业作为劳动密集型行业，人员的组织具有更重要的作用。饭店组织管理是饭店管理的一项重要管理职能。饭店组织管理是否有成效，直接影响饭店能否正常运转，以及饭店是否有良好的经营效益。

一、饭店组织

　　饭店组织是指为了实现预定的经营目标，按照某种方式，互相协作结合而成的集体。饭店是一个劳动密集型、无机器生产而又生产无形产品的经济组织。饭店组织包括以下 3 个方面：

　　1）要实现饭店经营目标。目标是组织存在的前提，失去目标，组织就失去存在的意义。饭店组织是为了达到一定目标而建立起来的。

　　2）要有分工和协作。饭店组织的全体人员之间要进行分工合作，只有这样才能完成各项饭店业务活动。

　　3）要有不同的权力层次与责任制度来保证饭店组织的正常运行。权力和责任是实现饭店组织目标的必要保证。

二、饭店组织管理的内容

　　饭店组织管理具体表现为以下几个方面：

　　1）确定饭店的管理体制，组织饭店的最高管理层，确定饭店的管理和业务指挥体系。

　　2）建立饭店的组织结构，设置饭店的各个部门、机构，划分各类层次。

　　3）明确各管理层次及相应的责任和权力，选用合适的人员进行人员配备。

　　4）合理组织和调配饭店的各种资源，组合成接待能力，经营饭店业务。

　　5）制定饭店各种规章制度，以保证饭店组织的运转，使饭店组织效能得到最大限度发挥。

　　在饭店组织管理的各项内容中，核心内容是饭店组织结构的设计和饭店制度的建设，后面将主要阐述这两部分内容。

三、饭店组织管理的原则

　　饭店的组织形式各式各样，各有所长，但不管何种组织形式和组织内容，其饭店组织管理的基本原则是一致的。

（一）服从经营目标的原则

饭店组织设计的根本目的，是为实现饭店的经营目标服务的。这是一条最基本的原则。饭店组织结构的全部设计工作必须以此作为出发点和归宿点，即饭店目标和饭店组织结构之间是目的和手段的关系；衡量组织结构设计的优劣，要以是否有利于实现饭店经营目标作为最终的标准。

从这一原则出发，当饭店的经营目标发生重大变化时，饭店组织结构必须做相应的调整和变革，以适应目标变化的需要。当饭店进行机构改革时，必须以符合饭店经营目标为出发点，该增则增，该减则减。饭店既要防止"因人设岗"现象，也要防止为了压缩人力成本而任意撤掉必要的工作岗位。

禅师插秧的启示

管理故事

一日，怀海禅师带着他的弟子在田里插秧。但是弟子们插的秧总是歪歪斜斜的，禅师所插得却很整齐，仿佛用尺子量过一般。弟子们见此情景十分疑惑，怎么自己与师父同是插秧，而整齐度有如此大的差别呢！便请教禅师如何才能把秧苗插直。

禅师回答道："非常简单，只要你们在插秧时，眼睛盯着一样东西，自然就能插直了。"听完师父的教诲，弟子们很快就插完一排秧苗，但此次所插秧苗还是呈一道弯曲的弧线。这时，弟子们更为不了解了，都在琢磨到底是什么原因。过了一会儿，禅师便问弟子们刚才是否盯住了一样东西。

"是啊，那东西就是吃草的那头牛，我们就是以它为目标的。"弟子们回答得异常干脆。

禅师听了，继而笑着说道："水牛是移动的，你们插的秧苗也跟随水牛移动，自然就弯曲了。"弟子们听后猛然醒悟，于是选了远处一棵大树作为目标，后来所插的秧苗都十分整齐。

无论做什么事情，都必须根据具体情况确立一个固定的目标，并且踏踏实实地付出，朝着确定的目标前进才能获得最大的成功。

管理心得

（二）权责对等原则

权责对等是指在一个组织中的管理者所拥有的权力应当与其所承担的责任相适应。权责对等原则的内涵包括以下几方面内容：

1）管理者拥有的权力与其承担的责任应该对等。不能拥有权力而不履行其职责，也不能只要求管理者承担责任而不予以授权。如果有责无权，会严重挫伤管理者的积极性和主动性；相反，有权无责，容易造成滥用权力，助长瞎指挥和官僚主义。

2）向管理者授权是为其履行职责所提供的必要条件。合理授权是贯彻权责对等原则的一个重要方面，必须根据管理者所承担的责任大小授足其相应权力。管理者完成任务的好坏，不仅取决于主观努力和其本身素质，而且与上级的合理授权有密切的关系。

3）要严格进行监督、检查。上级对管理者运用权力和履行职责的情况必须进行严格的监督、检查，以便掌握管理者在任职期间的真实情况。如果管理者渎职，上级应当承担两方面的责任：一是选人用人不当；二是监督检查不力。

要学会授权

二战结束后不久，欧洲盟军总司令艾森豪威尔出任哥伦比亚大学校长。副校长安排他听取有关部门汇报，考虑到系主任一级人员太多，只安排会见各学院的院长及相关学科的联合部主任，每天见两三位，每位谈半个钟头。

在听了十几个部门的汇报后，艾森豪威尔把副校长找来，不耐烦地问他总共要听多少人的汇报，副校长回答说共有63位。艾森豪威尔大惊："天啊，太多了！你知道我从前做盟军总司令，那是人类有史以来最庞大的一支军队，而我只需接见3位直接指挥的将军，他们的手下我完全不用过问，更不需接见。想不到，做一个大学的校长，竟要接见63位领导！他们谈的，我大部分不懂，又不能不细心地听他们说下去，这实在是糟蹋了他们的宝贵时间，对学校也没有好处。你订的那张日程表，是不是可以取消了呢？"

艾森豪威尔后来又当选美国总统。一次，他正在打高尔夫球，白宫送来急件要他批示，总统助理事先拟定了"赞成"与"否定"两个批示，只待他挑一个签名即可。谁知艾森豪威尔一时不能决定，便在两个批示后各签了个名，说道："请狄克（即副总统尼克松）帮我批一个吧。"然后，若无其事地去打球了。

会授权的领导者不需要指挥所有的人，只需要指挥自己授权的下属。高效管理靠授权，轻松管理要授权，授权是管理者的法宝。

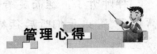
管理心得

（三）统一指挥原则

统一指挥原则是组织管理的一个基本原则，包括3方面的含义：第一，从最高管理层到最低管理层的命令应保持一致，各种指令之间不应有矛盾冲突；第二，饭店的任何指令不管经过多少级别，都应逐级下达，指挥者只能向直接下属下达而不能越级指挥；第三，饭店每个员工只有一个顶头上级，他只听命于这位顶头上级，只接受和服从这位上级指挥。如果两个或者两个以上领导人同时对同一个下级或同一件事行使权力，就会出现混乱局面。

统一指挥原则能有效防止出现"多头指挥"的混乱状况，保证组织的正常运转和执行效率。

 案例

李经理做得对吗

A餐厅晚上有一个大型包餐，领班小黄已经事先安排好了各位服务员的工作任务。餐厅经理李经理晚上到餐厅巡视，发现餐厅的大厅包餐客人还来得很少，服务员都很轻松。而厅房的客人却基本上到齐，服务员非常忙碌。于是李经理当机立断，立刻安排大厅的部分服务员到厅房帮忙，缓解一下厅房的接待压力。

问：李经理的做法对吗？

【点评】

在平常的饭店管理工作中，有时我们会碰到案例中的这种现象。李经理的做法对吗？从李经理的初衷愿望来看，是合理的。但从管理学的角度来看，李经理的做法是错误的。他违反了统一指挥原则，会造成员工处于"多头指挥"的状态，令员工无所适从，最终导致管理上的混乱。

（四）分工协作原则

分工协作原则是指组织内部既要分工明确，又要互相沟通、协作，以达成共同的目标。

分工就是按照提高管理的专业化程度和工作效率的要求，把组织的任务和目标分成各个层次、各个部门及各个人的任务和目标，明确各个层次、各个部门乃至各个员工应该做的工作及完成工作的手段、方式和方法。而协作是指明确部门与部门之间及部门内部的协调关系与配合方法。

分工是指明确具体的工作范围和职责，应该把主要的工作重心放在这项工作上。而协作是整体范围内相互帮助、支持对方工作来完成工作。在某项事情上做到相互帮助、相互支持，显示整体效能的一种方法。分工和协作是相辅相成的，只有分工没有协作，分工就失去意义；而没有分工就谈不上协作。

饭店工作量大，业务复杂，只有进行分工协作才能保证各项专业管理工作的顺利开展，达到组织的整体目标。

天堂与地狱

EQ故事

一位行善的基督徒，临终时想看天堂与地狱究竟有何差异。于是天使就先带他到地狱去参观。到了地狱，在他们面前出现一张很大的餐桌，桌上摆满了丰盛的佳肴。过了一会儿，用餐的时间到了，只见一群骨瘦如柴的恶鬼鱼贯入座。每个人手上拿着一双长十几尺的筷子。可是由于筷子实在是太长了，最后每个人都夹得到，吃不到。

到了天堂，同样的情景，同样的满桌佳肴，每个人同样用一双长十几尺的长筷子。不同的是，围着餐桌吃饭的可爱的人们，他们也用同样的筷子夹菜，不同的是，他们喂对面的人吃菜，而对方也喂他吃，因此每个人都吃得很愉快。

天堂与地狱，其实只是一念之差。

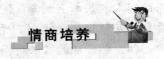

一个团队里，如果成员没有团队协作意识，各行其是，缺乏合作精神，那么团队的目标将永远无法实现，只有大家密切配合，团结协作，才能使团队焕发出生机和活力，才能最终达成组织的目标。

（五）有效的管理跨度与层次原则

管理跨度也叫管理幅度，是指一名管理者能够直接而有效地管理下属的人数。一般而言，上级直接管理的下级人数多，称为管理幅度大或管理跨度宽；反之，则称为管理幅度小或管理跨度窄。

由于受个人精力、知识、经验条件的限制，一名管理者的有效管理跨度是有一定限度的。有效的管理跨度因人而异，没有一个固定值，取决于多种因素，要根据管理人员的能力、员工的素质、饭店的规模、饭店的经营环境、饭店内各部门的业务情况等方面来确定的。一般的规律是高层管理者的管理跨度小于中层管理者的管理跨度，而中层管理者的管理跨度又小于基层管理者的管理跨度。

这一原则要求在进行组织设计时，管理者的管理跨度应控制在一定水平，以保证管理工作的有效性。有效的管理跨度一般建议总经理的管理跨度为3，副总经理的管理跨度为4，部门经理的管理跨度为6，主管的管理跨度为6，领班的管理跨度为12。以上数据只是建议，具体的组织跨度要根据饭店内部各相关因素而定。

管理层次也叫组织层次，是指组织内部从最高一级管理组织到最低一级管理组织的各个组织等级。管理层次从表面上看，只是组织结构的层次数量，但实质上反映的是组织内部纵向分工关系，各个层次将担负不同的管理职能。

管理层次受到组织规模和管理幅度的影响。一般来说，管理层次与组织规模成正比：组织规模越大，成员越多，层次越复杂。在组织规模已定的条件下，管理层次与管理跨度成反比；管理跨度大，管理层次就小；管理跨度小，管理层次就大。

（六）弹性原则

饭店组织的客观环境是不断变化的，管理的目标、措施也经常发生变化。这就要求组织机构应有较大的弹性，要有很强的适应性和灵活性，以及时适应饭店外部环境和内部条件千变万化的形势。一旦内外部环境出现较大变化时，组织要及时做出必要的调整和改革，以适应内外部环境的变化，有效地达到组织目标，保持组织的相对稳定性。

任务二　掌握饭店的组织结构类型

一、饭店各部分的划分

饭店各部分的划分是根据饭店的组织原则和饭店的业务特点进行切块和分层。

（一）饭店的所有者

饭店的所有者是指饭店的投资者，它拥有饭店的所有权，对产权有最终决策权，并以所有者的身份监督并约束经营者的经营管理行为。在市场经济条件下，任何企业的组织领导体制都是由投资结构决定的，饭店所有权的形式不同，饭店的组织领导体制也不同。

（二）饭店内部各部门的划分

饭店有多种业务内容，根据业务内容的不同把饭店业务分成不同部门。一般饭店部门可分为前台部门和后台部门，具体分类见表3-1。

表3-1　饭店内部部门划分

部门分类	含义	具体分部门
前台部门	指处于一线为客人提供面对面服务的部门	包括前厅部、客房部、餐饮部、康乐部、商品部、营销部、公关部等
后台部门	指处于二线不直接和客人接触，间接向客人提供服务的部门	包括人事部、财务部、工程部、保安部、采供部、办公室等

小练习

调查当地某家星级饭店，了解该饭店的内部部门构成。

（三）其他机构的设置

饭店除业务的前后台部门设置外，根据我国的实际国情，部分饭店，特别是国有饭店，一般还设置有其他机构。一是党组织的领导机构，它要对饭店的正常运行、经营决策、实现组织目标起监督保证作用；二是工会、共青团、妇女组织机构。工会是职工代表大会的常设机构，起到监督饭店的活动，维护职工利益的作用。共青团、妇女组织是饭店的群众组织，根据组织的章程在饭店中发挥积极的作用。

二、饭店的组织结构类型

（一）直线制组织结构

直线制是历史上最早出现的一种简单的组织结构形式，其特点是饭店从最高层到最底层，按自上而下建立起来的垂直系统进行管理。一个下属部门只能接受一个上级部门的命令，上下形成一个垂直管理系统，一般不设职能部门。其结构如图3-1所示。

图3-1　直线制组织结构

其优点包括：第一，结构简单，决策迅速；第二，职责清楚，权限明确；第三，权力集中，指挥统一，提高组织效率。

其缺点包括：第一，由于没有实行专业分工，各级管理工作非常繁杂，管理者容易陷于日常行政事务之中，不利于管理者集中精力做好重要事情；第二，由于管理职权都集中在一个人身上，因此要求管理者必须具有全面的知识和能力，对管理者的要求过高；第三，由于集权过多，缺乏横向的协调和配合，一旦饭店经营规模扩大或产生复杂问题，就会出现不适应状况。

这种组织结构形式适合规模较小、业务较单纯、员工人数不多的饭店。

（二）职能制组织结构

职能制是将管理工作按职能进行分解，分别由不同的职能管理人员或部门实施，执行者同时接受几个职能管理人员（部门）领导。饭店企业一般不太采用这种结构形式。其结构如图3-2所示。

其优点包括：管理职能分工化，专业化，可以充分发挥专业人员的作用，加强了各部门的业务监督和专业性指导。

其缺点包括：一个下级受多个上级的领导，常常出现多头指挥，使执行部门无所适从。

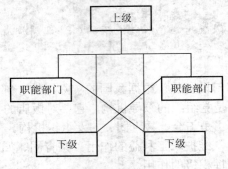

图3-2　职能制组织结构

（三）直线—职能制组织结构

直线—职能制是目前我国饭店普遍采用的一种组织结构形式。这种组织结构形式是综合直线制和职能制两种类型组织特点而形成的。

直线—职能制组织结构将饭店所有部门分为两大类：一类是业务部门（也称直线部门），业务部门按直线层级的形式进行组织，实行垂直指挥，如饭店的前厅部、客房部、餐饮部、娱乐部、工程部均属于业务部门；另一类是职能部门，职能部门按分工和专业化的原则执行某一类管理职能，如饭店的办公室、人事部、财务部、保安部等均属职能部门。职能部门和各业务部门实行横向联系，以自身的职能管理为各部门服务。饭店的业务由业务部门负责，其管理者在自己的职责范围内拥有对业务的决策权和指挥权。职能部门只能对业务部门提供建议和相关管理职能的业务指导，不能指挥和命令业务部门。直线制和职能制的结合就形成了直线职能制的组织结构。其结构如图3-3所示。

其优点包括：第一，既保持了直线制集中统一指挥的优点，又吸取了职能制发挥专业管理的长处；第二，职能部门协助上级指挥，可以大大减少上级的指挥工作量，便于集中精力去抓大事。

其缺点包括：第一，各职能部门之间缺乏横向沟通，协作和配合较差；第二，在业务指导上，直线领导与职能部门会出现一定的矛盾冲突。

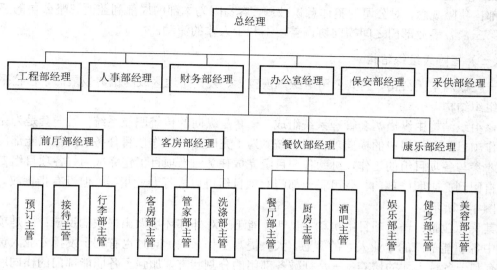

图 3-3　直线—职能制组织结构

（四）事业部制组织结构

事业部制组织结构是企业发展到有多个主产品时的一种组织形式。其特点是在总公司领导下，按产品或地区分别设立若干个事业部，每个事业部生产特定的产品。各事业部分散经营，在经营管理上拥有自主权和独立权，实行独立核算。其结构如图 3-4 所示。

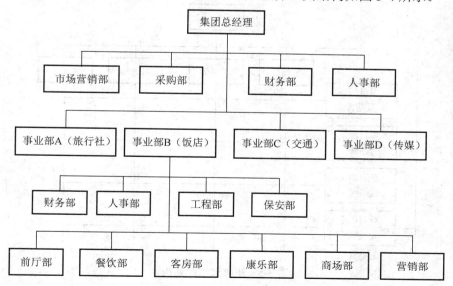

图 3-4　事业部制组织结构

其优点包括：第一，有利于调动各事业部的积极性和主动性；第二，有利于高层管理人员摆脱日常行政事务，集中精力抓好饭店的经营发展战略和重大经营决策；第三，有利于培养独立的、全面的经营管理人才。

其缺点包括：第一，职能管理机构重叠，导致管理费用增加；第二，各事业部之间容易形成部门狭隘观念，对公司的整体意识减弱，容易因为本部的局部利益而忽略公司的整体利益；第三，各事业部门之间横向协调差，不利于人才的流动。

（五）矩阵式组织结构

一些饭店集团公司，当其公司组织规模较大、公司跨地区或跨国界发展时，往往采用矩阵型组织结构。

该组织结构由纵横两套管理系统组成。一套是纵向的传统职能系统，另一套是为完成某个工作项目而专门组成的横向项目组系统。为了完成某一工作项目任务，由各职能部门派专业人才参与各项目组的工作，协助各项目组完成任务。当项目工作完成后，各项目组专业人才各自回到原来职能部门。公司职能部门对项目组可以进行专业指导，但没有指挥权。其结构如图3-5所示。

其优点包括：一是项目组机动、灵活，能迅速对外部环境做出最快的反应；二是项目组能集中各职能部门的专业人才的智慧，大大提高工作效率。同时也有利于发挥专业人员的潜力，有利于各种人才的培养；三是打破各部门的分割状态，加强了各职能部门的横向联系和信息交流。

其缺点包括：一是项目组成员来自不同部门，项目完成后，项目小组即告解散，人员又回到原部门，易产生临时观念，会导致人心不稳；二是由于实行纵向、横向双层领导，处理不当的话，容易出现扯皮现象，造成管理混乱；三是组织关系较为复杂，对项目组负责人的要求较高。

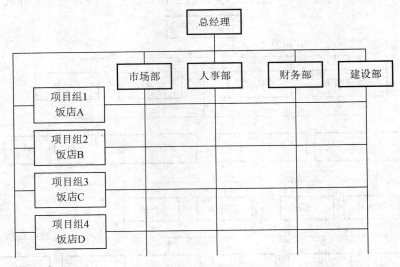

图3-5 矩阵式组织结构

 知识链接

饭店组织结构的层次

饭店组织结构的层次划分，通常采用的是一种四级管理体制，又称为梯形管理体制，具体分成决策层、管理层、执行层和操作层。

1）决策层。决策层是饭店的最高管理层，其工作重点是制定饭店的经营方针和长期的发展战略，确定和开拓饭店的客源市场，并对饭店的管理手段、服务质量标准等重大业务问题做出决策。

2）管理层。由饭店中担任各部门的经理、副经理、经理助理等构成。其主要职责是按照决策层做出的经营管理决策，具体负责本部门的日常业务运转和经营管理活动。

3）执行层。由饭店中担任基层管理工作的人员所组成，如主管、领班等。其主要职责是执行部门下达的工作任务，指导操作层的员工完成具体工作。

4）操作层。其包括饭店的服务人员和其他的职能部门工作的基层员工。

任务三 明确饭店的组织制度

饭店要正常运转，必须依赖于一整套科学、严密的组织管理制度，才能保证饭店组织目标的实现。利用制度来管理饭店是饭店现代化管理的重要方法。

一、饭店制度的内涵

饭店制度是以文字条例形式要求饭店员工共同遵守的办事规程或行动准则。要了解饭店制度，可以从制度的"六性"来全面认识饭店制度的内涵。制度的"六性"包括以下几个方面。

1. 制度的目标性

饭店制定制度是为了实现饭店目标，所有的饭店制度都必须为饭店目标服务，服从饭店目标的需要，应和饭店目标相一致。

2. 制度的规范性

制度要起到规范员工行为的作用，其本身就必须要规范。饭店制度的制定既要以法律为依据，又要遵循饭店的运行规律和业务特点，此外还要能广泛吸收国内外的先进范例和经验，只有这样，才能起到应有的规范作用。

3. 制度的同一性

制度的同一性是指制度反映了饭店投资方、管理方、员工方等各方面的共同要求和目标。三方都希望饭店组织有个有章可循的运行秩序，这就要靠组织制度来保证，制度是由各方共同要求而达成的共同的行为规范的协议。

4. 制度的强制性和公平性

制度是由正式组织明文规定的，它有强制的力量，要求组织成员都必须遵守，组织成员违反制度就会受到组织的处罚。同样，组织具有公平性，组织成员在制度面前人人平等，谁都没有凌驾于制度之上的权利。

知识链接

热 炉 效 应

"热炉效应"(hot stove rule)是指组织中任何人触犯规章制度都要受到处罚。它是由于触摸热炉与实行惩罚之间有许多相似之处而得名。

"热炉"形象地阐述了惩处原则。

1）热炉火红，不用手去摸也知道炉子是热的，是会灼伤人的——警告性原则。领导者要经常对下属进行规章制度教育，以警告或劝诫不要触犯规章制度，否则会受到惩处。

2）每当你碰到热炉，肯定会被火灼伤——一致性原则。只要触犯规章制度，就一定会受到惩处。

3）当你碰到热炉时，立即就被灼伤——即时性原则。惩处必须在错误行为发生后立即进行，决不能拖泥带水，决不能有时间差，以便达到及时改正错误行为的目的。

4）不管是谁碰到热炉，都会被灼伤——公平性原则。不论是企业领导还是下属，只要触犯企业的规章制度，都要受到惩处。在企业规章制度面前人人平等。

5. 制度的灵活性

制度有其严肃性，但也应该有一定的灵活性。饭店制度在保证规范的大前提下，可在具体作业上灵活处理。这个灵活有个前提：不违反饭店基本制度，不会给饭店带来混乱，能满足客人要求，不损害饭店、其他客人、员工利益。

※》 **案例**

开房的抉择

一天晚上23:00多，一位饭店常客刘总找到值班经理曹经理，说他的一位客户喝多了，需要在饭店开个房间，但是身上没有带证件，希望曹经理能帮忙想想办法。

根据规定，客人住店必须要出示有效身份证明，并且要做详细的登记。但是目前客人的状况，确实需要住店，这可怎么办？

曹经理想了一下，了解了情况，对刘总说："您是我们的老客户了，信誉可以保障，您只要作为担保人就可以了。"刘总爽快地答应了。曹经理马上通知客房部先给客人开个房间，又找了行李员把喝醉的客人扶上楼，然后和刘总一起到前台补办入住手续。

【点评】

本案例中，曹经理在不违反饭店基本规章制度的前提下灵活处理，既维护了饭店利益，又维护了客人的利益。他的做法值得饭店从业人员的思考和学习。

6. 制度的发展性

饭店制度是饭店运行规律的反映，要随着饭店的发展而不断发展。随着社会的发展，市场的变化，饭店的发展也发生变化，饭店制度也应进行调整和改革。

二、饭店制度的意义

制度对饭店来说具有重要的意义，主要表现在以下几个方面。

1. 制度是组织的统一意志

饭店组织为了达到饭店目标，就要有组织的统一意志。饭店制度是饭店组织统一意志的反映，有了饭店制度，才能保证饭店全体成员统一行动、步调一致前进。组织的统一意志由制度予以保证。

2. 制度是规范的保证

俗话说"没有规矩不成方圆"，规矩就是规章制度。饭店制度规定了饭店全体成员的行为规范，告诉员工哪种行为是对，哪种行为是错，应该怎样做才能达到规范。饭店制度是员工行为规范的准则，没有饭店制度，员工就失去行为的判断准则。

3. 制度是自我制约的依据

饭店制度的确立，可以在一定程度上对人性中不良的一面进行制约。员工可以对照制度对自己的行为进行反思，对自己的行为不断进行自我约束。通过饭店制度的约束力，慢慢让员工培养起一种良好的行为规范习惯。没有饭店制度，员工就失去进行自我制约的准则和依据。

分　粥

管理故事

有 7 个人曾经住在一起，每天分一大桶粥。要命的是，粥每天都是不够的。一开始，他们抓阄决定谁来分粥，每天轮一个。每周下来，他们只有一天是饱的，就是自己分粥的那一天。

后来他们开始推选出一个道德高尚的人出来分粥。强权就会产生腐败，大家开始挖空心思去讨好他，贿赂他，搞得整个小团体乌烟瘴气。

然后大家开始组成 3 人的分粥委员会及 4 人的评选委员会，互相攻击扯皮下来，粥吃到嘴里全是凉的。

最后想出来一个方法：轮流分粥，但分粥的人要等其他人都挑完后拿剩下的最后一碗。为了不让自己吃到最少的，每人都尽量分得平均，就算不平均，也只能认了。大家快快乐乐，和和气气，日子越过越好。

同样是 7 个人，不同的分配制度，导致出现不同的结果。如何制定一套完善的制度，是每个管理者需要考虑的问题。

管理心得

三、饭店制度体系

饭店制度体系可分为四大部分，如图 3-6 所示。

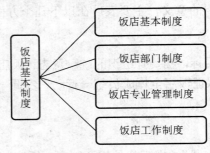

图 3-6　饭店制度体系

（一）饭店基本制度

1. 饭店管理方案

饭店管理方案也叫饭店管理方针、饭店管理大纲。饭店管理方案是根据饭店管理的原理和本饭店的特点，对饭店及各部门管理的理念、思想、原则、内容、方法所做的规定。饭店管理方案是饭店实际管理工作的依据，是管理活动的指南，是饭店管理的纲领性文件。

饭店管理方案从形式上讲可以多种多样，但管理方案的基本内容有两大部分：一部分是饭店整体管理方案，提出饭店整体管理的思想和方法；另一部分是各部门的管理方案。

 知识链接

开封市开来酒店的经营管理方案

酒店战略：卓越为本、塑造品牌。

酒店精神：团结、务实、高效、敬业。

经营宗旨：客人至上，信誉第一。

服务公式：$100-1>0$。

服务价值：至善至美一家人。

管理宗旨：以人为本，员工第一。

经营理念：（H-C-M）。

H：家庭式（温馨、亲切、随意）；

C：俱乐部（高层次、高享受、会员制）；

M：博物馆（文化、艺术氛围、高雅、品位）。

管理理念：严、细、实、快。

酒店口号：创造感动，缔造如家生活。

员工服务誓词：我身为开来酒店的一员，我要投入全身心的热情，用心服务，以客为尊，以店为家，超越自我，创造感动，缔造品牌。

我们坚信——品质就是生命！

我们坚信——行动改变命运！

我们坚信——坚持才能胜利！

我们坚信——团结就是力量！

服务宗旨：全心全意为员工服务，不讲条件为顾客服务，员工是酒店的财富，顾客永远是对的。

微笑理念：微笑是架起友谊的桥梁；微笑是滋润心田的雨露；微笑是走向世界的天使；微笑是通向全球的快速航班，微笑是全球通用的语言，微笑是人与人沟通的第一方式，微笑是善意内涵。

酒店目标：努力打造开封市酒店业典范，争创酒店经营管理新高，引领现代数字化酒店管理潮流，塑造绿色酒店经营品牌。

2. 经济责任制

饭店经济责任制是以提高饭店经济效益和社会效益为目标，按照责、权、利相结合的原则，将饭店承担的经济责任加以分解，落实到每个部门和员工的一种经营管理制度。饭店经济责任制是饭店组织管理中的一项重要的基本制度，能有效地调动各部门和员工的工作积极性。

饭店经济责任制的主要内容包括：①首先确定组织目标，分解计划指标并把它落实到各部门及班级，提出各部门及班级的经济责任；②为保证完成经济责任，饭店要给部门及班级授权并创造必要条件，将收益与效益挂钩，明确没有完成、完成、超额完成计划指标的经济利益分配方法；③对完成经济责任的考核，要提出考核时间、考核项目、考核方法，根据考核的成绩兑现分配，从饭店到个人层层落实经济责任制的分配方案。

饭店经济责任制具体落实到不同的管理层次活动当中，分别体现为饭店经济责任制；业务部门经济责任制；职能部门经济责任制；班级经济责任制。

小思考

为什么经济责任制能有效地调动各部门和员工的工作积极性？

3. 岗位责任制

饭店岗位责任制是以岗位为单位，具体规定饭店内各不同工作岗位的工作职责、工作内容、工作范围、作业标准、工作权限、工作量等的责任制度。饭店岗位责任制是保证饭店优质服务的前提，是不断提高饭店服务质量的依据。饭店的岗位责任制是饭店各项规章制度的核心，强调岗位、个人、责任三者的统一。它能使每一位员工都明白自己所在岗位要完成的工作及做好本职工作的要求。

知识链接

某饭店餐饮部经理岗位职责

1. 层级关系

1) 直接上级：总经理。

2）直接下级：餐饮部副经理。

2. 任职要求

1）具有大专以上的学历，受过系统的餐饮管理培训，有 8 年以上的餐饮管理经历。

2）具有丰富的餐饮服务、成本控制、烹饪技术、设施设备维护、市场营销、食品营养卫生等餐饮专业知识。

3）有强烈的事业心和责任感，忠于企业，工作认真，讲究效率，坚持原则，不谋私利，处事公正，知人善任。

4）具有较强的组织管理能力，能科学地制订各项餐饮计划，有效地控制餐饮成本，合理地安排工作，能督导各种餐饮服务规范和菜肴质量标准的执行，具有较强的口头表达能力和撰写业务报告的能力。

5）身体健康，精力充沛。

3. 岗位职责

全面负责制订并实施餐饮部工作计划和经营预算，督导餐饮部日常运转管理，确保为客人提供优质高效的餐饮服务并进行成本控制。

1）负责制订餐饮部营销计划、长短期经营预算，带领全体员工积极完成和超额完成经营指标。

2）主持建立和完善餐饮部的各项规章制度及服务程序与标准，并督导实施。

3）定期深入各部门听取汇报并检查工作情况，控制餐饮部各项收支，制定餐饮价格，监督采购和盘点工作，进行有效的成本控制。

4）检查管理人员的工作情况和餐厅服务规范及各项规章制度的执行情况，发现问题及时采取措施，出色地完成各项工作，进行有效的成本控制。

5）定期同餐饮部副经理、行政总厨研究新菜点，推出新菜单并有针对性地进行各项促销活动。

6）负责下属部门负责人的任用及其管理工作的日常督导，定期对下属进行绩效评估。

7）组织和实施餐饮部员工的服务技术和烹饪技术培训工作，提高员工素质，为饭店树立良好的形象和声誉。

8）建立良好的对客关系，主动征求客人对餐饮的意见和建议，积极认真地处理客人的投诉，保证最大限度地满足客人的餐饮需求，提高餐饮服务质量。

9）重视安全和饮食卫生工作，认真贯彻实施"食品卫生法"，开展经常性的安全保卫、防火教育，确保客人安全和餐厅、厨房及库房的安全。

10）做好餐饮部与其他各部门之间的沟通、协调和配合工作。

11）参加每日总经理工作例会，主持每日餐饮部例会，保证饭店的工作指令得到有效的执行。

12）完成总经理交给的其他工作。

4. 员工手册

饭店员工手册是饭店的"基本法"，是饭店使用最广泛的制度条文。它规定了饭店每一位员工应该遵守的纪律和行为规则，以及相应的权利和可以享受的待遇。每一家饭店的员工手册内容都有自己的特点。

一般来说，员工手册包括：①序言；②总则；③组织管理；④劳动及人事规定，包括招聘和录用、培训、晋升、离职、辞退、工作时间、工作餐、工资待遇、退休待遇等内容；⑤职工福利，包括医疗保健、病事假、有薪假期和其他请假制度，以及膳食、津贴、宿舍、学习等其他福利；⑥店章店规，提出员工须知，包括劳动纪律、考勤制度、安保检查、有关工作证、工作名牌、工作服的使用规定，以及有关仪表仪容、个人卫生等方面的要求；⑦安全守则；⑧奖惩规定；⑨其他内容；⑩签署人。

 知识链接

饭店《员工手册》

不同饭店的《员工手册》内容都有自己的特点。

麦当劳员工手册包括认识公司及其工作环境、餐厅人事制度、行为规范、考勤制度、员工报酬和福利、你的工作、餐厅沟通、奖惩制度、餐厅安全制度、食品卫生、结束语等11项内容。

海底捞员工手册包括海底捞概况、海底捞大事记、海底捞用工制度、海底捞行为规范、海底捞员工福利、海底捞店内守则、海底捞优秀员工考核标准、海底捞劳模评定标准、海底捞功勋评定标准、海底捞一级和二级员工评定标准等10项内容。

广州白天鹅宾馆员工手册包括总则、严于职守、工作态度、仪容仪表、服从领导、上下班打卡、证件及名牌、工作制度、员工衣柜、遗失物品处理手续、个人资料、处理投诉、爱护公物与维护环境卫生、保密等14项内容。

日本大仓饭店集团管理的上海花园酒店员工手册包括总则、人事、服务、工龄、工资、退休金及补偿金、庆吊慰问金、安全与卫生、教育、劳保福利及灾难补偿、表彰、惩罚等12项内容。

（二）部门制度

部门制度是指饭店各部门根据部门业务的特点和运行规律为规范部门行为而制定的制度。部门制度的制定一方面要依据饭店的基本制度，另一方面要紧扣部门的业务特点。各部门制度主要包括以下几方面。

1. 业务运行责任制度

这类制度是为保证业务运转而制定的。这类制度主要包括业务情况和业务活动记录统计制度、业务流程制度、排班替班交接班制度、服务质量考评制度、卫生制度、表单填写制度、信息传输制度、例行事件处理制度等。

2. 设备设施管理制度

每个部门都有设备设施，各部门所配置的设备设施各不相同，对设备设施的管理要求也不一样。各部门要在设备部门的统一指导下，根据设备部门提出的要求和各自设备的特点制定设备设施管理制度。

3. 服务质量管理制度

每个部门服务质量的内容不尽相同，服务质量管理制度也有较大差异。每个部门要根据各自的特点和饭店的决策制定本部门服务质量标准。

4. 部门纪律

部门纪律是根据部门业务特点而制定的，各部门员工应共同遵守的基本行为规范，如客房部员工纪律、餐饮部员工纪律等。

 知识链接

某饭店客房部员工纪律规范

1）按时上下班，严格执行考勤制度和有关管理制度。工作时间不得擅自离开岗位，不得迟到、早退，下班后未经允许不得重新进入工作区，不得在店内逗留。若需对值班时间做出调整或更改，必须提前一天得到本班组督导和当值主管的批准，否则按旷工论处，连续3天旷工以自动辞退处理。

2）上下班必须着工作制服，自行检查仪容仪表，注意扣好纽扣，拉链应拉紧，领结（带）、工号章佩戴要符合要求，不要穿破损的袜子和工鞋。

3）工作时间不得打私人电话，不得陪亲友到酒店工作区域参观，非紧急情况外线电话一律不予转接，不得佩带私人传呼机或移动电话。

4）在工作岗位上不准吃东西，不准睡觉、抽烟、喝酒、阅读书报，不准唱歌、听收音机。

5）不准与客人争辩，不准用粗言秽语对待客人与同事，不得讥讽或嘲笑客人，不允许存在不理睬客人的怠慢行为，不得在公共场合与人争辩或大声喧哗。

6）与客人和同事交谈要使用敬语，对客服务要微笑，做到迎客要有问候声、说话要有称呼声、离别要有致谢声、工作出现差错和失误要有道歉声。

7）站、坐、行走姿势要端正，男员工头发不遮盖耳部，女员工头发不披肩，不准佩戴首饰，日常做到"五勤"。

8）做任何事情要讲效率，常规服务必须做到3分钟内完成，当日事当日完成，确实不能完成的必须有书面交班。

9）服从上级工作安排，不顶撞上级，不得无故拖延、拒绝或终止上级安排的工作，若遇疑难或不满可按正常程序逐级投诉，紧急和特殊情况可以越级投诉。

10）不可随意更改部门的工作程序和规范，对工作程序和规范有看法或修改建议应向上反映。

11）严格执行钥匙、传呼机签领和交接手续，对因交接签领手续不全或人为疏忽造成的丢失负安全和赔偿的责任。

12）未经批准不得擅自取用酒店内任何物品作为私用，否则以盗窃论处，如引致酒店的财物损坏或流失，将按财物价值10倍赔偿并严厉处分。

13）如犯有盗窃财物行为，无论其偷盗财物属酒店或住客还是酒店员工，无论被盗财物贵贱，均会被立即开除，并交公安机关查办。

14）凡客人遗留物品，不论价值高低务必全数交还客人，如客人已离店应按规范交当值主管处理。隐瞒私藏遗留物品者视情况给予严重违例或开除处理，情节严重者交公安机关查办。

15）在酒店内拾获任何财物应立即送交当值主管，并由其转交有关部门，拾金不昧者予以嘉奖，隐瞒私藏者按盗窃行为论处。

16）员工不准携带背包、手提包等私人物品上岗。

17）未经酒店管理部门批准，不得向外透露、传播或提供酒店内部资料，酒店的一切有关文件、档案和资料不得交给无关人员，如有查询统一由总经理办公室经办。

5．物品管理制度

物品管理制度主要包括物品分类管理制度、物品领用使用制度、物品保管责任制度、物品质量制度、物品成本核算制度、物品库存盘点制度、重要物品专人保管制度等。

6．劳动考核制度

劳动考核制度主要包括考勤制度、任务分配和工作安排制度、作业检查制度、劳动考核和工作原始记录制度、奖金分配制度、部门违规处理制度等。

7．部门财务制度

部门财务制度是与饭店财务制度相配套的制度，主要包括各部门收银及现金管理制度、信用消费制度、支付制度、资金审批制度、营业外收支制度、流动资金部门管理制度等。

以上仅是部门制度的主要方面。一般来说，部门制度还会更多、更具体。部门制度的多少和具体程度由各饭店根据决策而定。

（三）专业管理制度

专业管理制度是因饭店专业管理需要而由各职能部门制定的制度。该类制度在全饭店通用，要求全饭店员工遵照执行。专业管理制度主要包括以下几个方面。

1．行政性制度

行政性制度是对饭店的行政事务所规定的一些制度。其主要包括行政办公制度、行文制度、报告制度、发文制度、行政档案制度、与行政主管部门联系制度、保密制度、内部接待制度等。

2．人事制度

人事制度主要包括招工招聘制度、人员录用使用制度、人员培训制度、人事管理制度、劳动工资制度、奖惩制度、技术职称考评制度、福利制度、晋升制度等。

知识链接

某餐厅员工工资奖金制度

1. 工资奖金分配的基本原则

1）按劳分配的原则。

2）效率优先、兼顾公平的原则。

3）员工工资增长、餐厅经营发展和效益提高相适应的原则。

4）工资奖金核算方案的继承性和相对稳定性的原则。

2. 工资奖金的核算

1）员工工资奖金核算以餐厅月末考勤登记人数和考勤情况为计算依据。

2）员工工资奖金由基准工资、出勤奖惩、加班补助、考勤处罚、效益奖金、优秀员工奖、延迟发放7部分组成。

① 员工月基准工资为员工合同规定金额。

② 出勤奖惩根据出勤情况计算：员工每月休假4天的，不进行奖惩；休假天数超过4天的，每超过1天，扣减1天日基准工资（日基准工资＝月基准工资/27）；休假天数少于4天的，每少休1天，奖励1天日基准工资。

③ 加班补助计算：员工每月满勤上班后加班的，加班补助＝日基准工资/8×1.5×加班小时；员工每月没有满勤上班后加班的，加班补助＝日基准工资/8×加班小时。

④ 考勤处罚分迟到罚款和上班未打卡罚款：迟到10分钟以内罚款10元，超出10分钟以上每分钟加罚1元；每月忘记打卡超过2次的，超过次数按10元/次进行处罚。

⑤ 效益奖金：餐厅主营业务收入每月超过60万元的，加发50元/人效益奖金，主营业务收入每月超过60万元后，每超过10万元再加发10元/人效益奖金，奖金上不封顶。

⑥ 优秀员工奖：对每月评选出来的优秀员工嘉奖100元。

⑦ 延迟发放：餐厅主营业务收入每月少于45万元的，全体员工每人暂扣5%月基准工资，延期3个月发放。

3）员工违反餐厅其他制度应负经济责任，根据各部门赔偿处罚决定从员工应发工资中扣除。

3. 工资奖金发放流程

1）每月1日各部门上交上月考勤记录和赔偿处罚决定到财务部。

2）财务部6号前核算好员工薪金，通知各部门主管进行复核，根据复核结果生成上月员工薪金发放表报餐厅主要领导审核。

3）财务部16日前根据核定员工薪金发放表发放员工薪金。

小思考

你认为上面的餐厅员工工资奖金制度合理吗？如果你认为有不合理的地方，请指出来并说明理由。

3. 安全保卫制度

安全保卫制度有四大类：一是与公安、安全、消防、防疫等部门配合的各种制度；二是饭店的内保制度；三是消防安全制度；四是交通安全制度。安全保卫制度是一个制度系列，在部门制度中也应包含与部门安全保卫有关的制度和条文。

4. 财务制度

饭店的财务制度较多、较复杂。财务制度根据财政部门对旅游财务会计的规定、饭店的决策、本饭店的实际情况分门别类地制定。

（四）饭店工作制度

饭店工作制度是涉及全饭店的一些行政工作所制定的制度，有些饭店也把这些制度并入行政制度中。饭店工作制度主要包括以下几个方面。

1. 会议制度

会议制度主要包括早会、店务会议、办公会议、年会、职工代表大会、部门业务会议、班前会、党团组织生活等会议制度等。

2. 饭店总结制度

这是饭店按时对经营情况做总结的制度，主要包括年总结、半年总结、月总结、重要接待任务的总结等。

3. 决策和制订计划制度

决策和计划是一个科学的严肃的过程，主要内容包括该制度决策者、决策权限、决策程序、决策结果表述、决策实施责任等。

4. 质量监督制度

这是对饭店服务质量进行检查监督的管理制度。该类制度要规定监督执行机构和执行者、监督体系、监督内容、监督范围、监督方法、监督结果处理等。

四、饭店制度的执行

饭店制定制度的目的是为了执行制度，使制度作为管理的一部分而为组织目标服务。饭店制定制度固然不容易，但执行制度难度更大。

为了有效地执行饭店制度，饭店要做好以下几方面的工作：

1. 坚持制度意识和纪律观念教育

人的意识决定人的行为。饭店制度的执行要靠员工的自觉性，而员工的自觉性来源于其意识观念。因此，饭店要通过各种形式向员工灌输规范意识和制度观念，使员工对纪律制度有一个深刻全面的认识，树立纪律制度意识，自觉遵守饭店制度，自觉规范自己的行为，这样饭店制度的执行才有可靠的保证。

2. 营造优秀的企业文化

饭店企业文化可以塑造全体员工的价值观念、共同信念和行为准则，通过在饭店内营造优秀的企业文化，能使员工在正气的熏陶中不断得到优化和激励，使饭店形成一种浓厚的自觉执行制度的氛围。

3. 实行严格的考核和奖惩制度

饭店在执行制度过程中要有检查监督，这是保证制度实施的重要组织手段。考核必须公正，要以客观公正的态度对待每一个人和每一件事。要根据考核结果进行相应的奖惩，科学合理的奖惩制度有利于制度得到更好的执行。

 项目小结

只有通过组织，饭店的各生产要素才能组合成接待能力，饭店的管理指挥系统和业务作业系统才能正常运行，组织管理是饭店管理的一项重要内容。通过本项目的学习，可以了解饭店组织的常见原则，掌握饭店组织结构的几种主要类型，全面了解饭店的组织制度，为日后进行组织管理打下良好的基础。

EQ 总结

饭店是一个整体，是一个团队，要成功地管理饭店，必须认识到团队合作的重要性。只有团结一致，互相协作，发挥集体的力量，才能最终取得成功。要成为一名成功的饭店管理者，必须要认识到这一点。

 关键概念

饭店组织、饭店组织结构、饭店组织制度。

 课后思考与练习

一、判断题

1. 管理跨度一般的规律是高层管理者的管理跨度小于中层管理者的管理跨度，而中层管理者的管理跨度又小于基层管理者的管理跨度。　　　　　　　　　　　（　　）

2. 在组织规模已定的条件下，管理层次与管理跨度成正比。　　　　　　　　（　　）

3. 饭店的前厅部、客房部、餐饮部、娱乐部、销售部、公关部、财务部、采供部均属于饭店的前台部门。

4．职能制组织结构的缺点是常常出现多头指挥，而使执行部门无所适从。 （   ）

5．直线—职能制是目前我国饭店普遍采用的一种组织结构形式。 （   ）

6．当公司组织规模较大、公司下属系统跨地区或跨国界发展时，往往采用事业部制组织结构。 （   ）

二、简述题

1．饭店组织管理的原则有哪些？

2．饭店统一指挥原则包括哪些内容？

3．直线制组织结构有哪些优点和缺点？

4．简述饭店的直线—职能制组织结构。

 案例分析

李新是饭店的保安员。一天，李新在大堂岗值夜班。午夜后，一位中年客人艰难地来到大堂。李新忙上前去扶住了他。据客人说，他腹痛如绞、浑身疲软，快撑不住了，急着要叫辆出租车去医院。见此状，李新立即用对讲机请总机急召120急救。不一会儿120急救车到了，随车医生坚持要求有人陪同病人一起去医院。在李新的帮助下，经检查客人得了急性阑尾炎，需马上手术。李新帮助客人办完手续后把客人交给了医院，急忙回饭店上班。李新因此离岗1小时40分钟。第二天，保安部经理了解了该事情全过程后，同时向人事部送交了两份材料：一份是保安部按制度对李新擅自离岗所开的处罚单，一份是保安部提请人事部对李新忘我助人的精神予以嘉奖的报告。

问题：

1．李新的行为是否适当？

2．保安部经理的行为是否适当？

 实训应用

实训名称：调研当地三星至五星级饭店的组织结构类型。

实训内容：将学生分成若干小组，分别调查当地三星级、四星级、五星级饭店的组织情况，根据饭店提供的资料，画出每家饭店的组织结构图，将它们进行比较，并分析各家饭店组织结构的特点。

饭店营销管理

项目导航

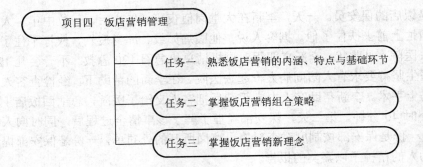

项目四 饭店营销管理

任务一 熟悉饭店营销的内涵、特点与基础环节

任务二 掌握饭店营销组合策略

任务三 掌握饭店营销新理念

知识目标

1. 明确饭店营销与推销的区别，正确理解饭店营销的内涵。
2. 掌握饭店营销活动的特点。
3. 熟悉饭店营销活动的基础环节。
4. 掌握饭店营销组合策略。
5. 掌握饭店营销新理念。

技能目标

1. 能够根据饭店的经营特点为饭店设计营销组合策略方案。
2. 能够运用饭店营销新理念设计饭店营销策略方案。

EQ 话题

用积极的心态去面对困境，面对一切，面对人生，这是成功的关键。

任务一　熟悉饭店营销的内涵、特点与基础环节

饭店营销管理是现代饭店管理的一项重要内容，饭店营销管理的好坏直接影响饭店的生存与发展。

一、饭店营销的内涵

一提到饭店营销，很多人会联想到推销，认为营销就是推销，就是饭店向客人推销产品，做些宣传工作而已。例如，饭店推出了美食周活动，营销人员的任务就是设计几张广告，四处加以张贴；或是在报纸上刊登一则广告，将信息传递给公众就可以了；或是采用"买二送一"的方式刺激公众购买。其实，这些只是营销的一部分。

推销活动是饭店以现有的产品作为工作的起点，研究怎样利用广告、公关，实物展示等手段来增加产品销售量，在增加销售量的基础上实现饭店的目标。

市场营销是饭店以顾客需要为中心，在提供饭店产品之前，先研究目标顾客的需要是什么，然后根据顾客的需要来设计产品，再通过一系列的促销活动让客人知晓并吸引他们购买，在顾客购买的基础上，饭店获取利润，实现经营目标。可见，推销只是营销活动的其中一个环节，营销远远比推销丰富。两者之间的区别见表4-1。

表 4-1　营销与推销的区别

项目	推销	营销
活动的起点	现在的产品或服务	客人的需求
使用的方式	广告、公关、实物展示等手段	产品、价格、销售渠道、促销等整体营销组合策略
实现目标的基础	增加销售量	增加客人的满意程度
信息反馈	不提供	提供
思路	企业将现有产品通过进行各类促销活动来提高销售量，获取利润	企业根据市场上顾客的需要生产产品，通过整合营销，提高顾客满意度来提高销售量，获取利润

综上所述，饭店营销活动是指饭店产品出售给客人以前所有活动的总和及饭店产品走向市场后为造就满意的客人而开展的活动的总和。饭店营销活动是一个贯穿饭店发展全过程的活动。饭店市场营销的全过程如图4-1所示。

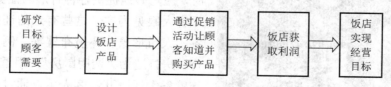

图 4-1　饭店市场营销全过程

案例

把梳子卖给和尚

这是一个经典的营销故事,讲的是四个推销员接受任务,到庙里向和尚推销梳子。

第一个推销员空手而归,说到了庙里,和尚说没有头发不需要梳子,所以一把也没有推销掉。

第二个推销员说,他到了庙里就对和尚说,头皮经常梳梳,不仅止痒,还可以活络血脉,有益健康,这样就推销了十多把。

第三个推销员回来说,他到庙里跟和尚讲,香客们烧香磕头结束以后,头发沾满香灰,在庙堂前面放一些梳子,方便香客梳梳头,他们感到这个庙关心体恤香客,下次还会再来,这一来就销了几百把。

第四个推销员说,他到庙里跟方丈讲,庙里经常接受他人的捐赠,得有所回报,买梳子送给他们是最合适的礼品。在每把梳子上写上寺庙的名字,再写上"积善梳",第一可以保佑平安健康,其次可以作为捐赠行善的纪念品。多购买一些作为礼品储备在庙里,谁来了就送,保证香火更兴旺。结果这个推销员销掉了好几千把梳子,而且带回了订单。

【点评】

这个营销故事告诉我们营销技巧的重要性。

二、饭店营销活动的特点

饭店营销活动的特点明显受其产品特点的影响。饭店在进行营销活动时要针对其特点采取相应的对策。

(一)饭店产品的无形性给饭店的营销活动带来相应的脆弱性

饭店产品是一种典型的服务产品,无形性是其本质特点,即客人在首次购买饭店产品之前无法触及或感受到它们,这就给饭店的营销活动带来了很大的难度。有形产品的销售往往可以借助产品的有形展示来达到"让事实说话"的目的,提高宣传的可靠性,从而吸引客人购买。而无形的服务如何取信于公众则成为饭店营销活动的难点也是重点之一。

针对这个特点,饭店在营销"无形的服务"时,应巧妙地提供各种有形的证据来吸引客人,让客人眼见为实。这些有形的证据包括设施设备、人员形象、环境布置等。例如,有的饭店将厨房打造为"透明厨房",用透明玻璃将厨房与就餐大厅隔开,客人可以通过玻璃橱窗清楚地看到餐饮食品的加工过程,形成公开透明的餐饮服务环境。这样可以增加客人的现场感,增加餐厅工作的透明度,让客人吃得放心。

两个推销员

这是营销界人尽皆知的一个寓言故事：两家鞋业制造公司分别派出了一个业务员去开拓市场，一个叫杰克逊，一个叫板井。在同一天，他们两个人来到了南太平洋的一个岛国，到达当日，他们就发现这个岛地处热带，岛上居民一年四季都光着脚，从国王到贫民、从僧侣到贵妇，竟然无人穿鞋子。

当晚，杰克逊向国内总部老板拍了一封电报："上帝呀，这里的人从不穿鞋子，有谁还会买鞋子？我明天就回去。"第二天，他就回国了。

板井也向国内公司总部拍了一封电报："太好了！这里的人都不穿鞋，市场潜力巨大，我决定把家搬来，在此长期驻扎下去！请速寄100双鞋来。"

等适合岛上居民穿的软塑料凉鞋寄到岛上，这个推销员已与岛上的居民混熟了，他把99双凉鞋送给了岛上有名望的人和一些年轻人，自己留下了一双穿。因为这种鞋不怕进水，又可保护脚不受蚊虫叮咬和石块戳伤，岛上居民穿上之后都觉得很舒服，不愿再脱下来。时机已到，推销员马上从公司运来大批鞋子，很快销售一空。

一年后，岛上居民全部穿上了鞋子。

许多人常常抱怨难以开拓新市场，其实新市场就在你的面前，只不过看你怎样发现这个市场而已。

许多人常常抱怨无法取得成功，其实成功的机会就在你的面前，只不过看你怎样用积极的心态去面对它。成功者与失败者的差别在于成功者习惯用积极的心态去面对人生，用积极的思考、乐观的精神去支配和控制自己的人生；而失败者则用消极的心态去面对人生，他们的悲观与失望最终让他们走向了失败。

（二）饭店产品的不可储存性增添了饭店营销活动的艰巨性

饭店产品具有不可储存性。例如，客房产品，如果某天销售不出去，当天的效用就会失去，即使过后的每一天都顺利出售，也永远无法弥补这一天的损失。因此，饭店要在恰当的时间里提供恰当的产品，提高产品的时间效用，尽量实现产品的使用价值而减少损失率。

饭店在开展营销活动时可通过以下对策来减少饭店产品的报废率。

1）采用量时销售的方式。一些饭店将饭店产品化整为零，进行"量时销售"，如现在越来越多的饭店推出"钟点房"，既满足了目标顾客的需求，又提高了客房的利用率。

2）采用分时计价的方式。即在不同的时间段采用不同的价格，当需求旺时，采用"高峰价格"，既可抵制过度需求，又可提高利润；当需求淡时，采用"低谷价格"来刺激需求。

3）采用不同的计量单位。例如，饭店卡拉OK厅一般采用按时计价，餐厅菜肴分大、中、小盘等。

4）增加饭店的服务方式。例如，当餐厅人手不足时，饭店可以开辟客人自助项目，用客人的自助服务来替代员工的劳动；当饭店设施饱和，无法接纳更多客人时，可以开辟外卖服务；当客人不方便前来购买时，可提供送餐服务。通过增加这些服务方式，可以有效扩大饭店产品的销售量。

 **案例**

海底捞的半份菜

一般去过餐厅消费的客人都清楚，用餐人数过少的话很难点菜，特别是当只有一两个人用餐的时候更是麻烦，因为餐厅的一份菜肴的分量基本上都是按三四人的分量配给的。客人少的话，往往无法品尝到不同菜肴的口味，因为点太多的菜会造成浪费。

但在海底捞火锅店，客人却没有这种烦恼，因为餐厅允许客人可以点半份菜。餐厅经理解释说："这样客人就可以点多几份菜，省钱还吃得实惠。"

【点评】

海底捞火锅店能从一个不知名的小火锅店起步，发展成为现在拥有近两万名员工的中国品牌餐饮企业，人性化的经营服务方式及灵活的营销策略是其成功的一个秘诀。

（三）饭店产品的不可运输性使得营销活动丧失了一定的灵活性

饭店的产品是固定在饭店内的，其产品只能在饭店内进行交换，客人消费饭店产品的方式只能在饭店内就地进行。这就给营销活动增添了一定的难度。例如，某一连锁饭店有过剩的客房产品，但不能将它们运输到另一个地方供本连锁集团的另一成员饭店使用，这就使得饭店失去了很多好的销售机会。

（四）饭店产品大规模生产和销售的限制性减少了饭店营销活动的规模效应

饭店产品不可储存性、不可运输性等特点，决定了它不能像实物产品一样可以集中生产、集中销售。为了解决这个问题，饭店在营销时最好通过建立饭店联号、实行连锁经营、组建饭店联盟、进行团队促销等方式，统一服务标准、服务程序、服务风格，来达到饭店产品的规模生产和规模销售。

（五）饭店产品消费的随意性使得营销活动必须着眼于刺激客人的消费欲望

旅游不像柴米油盐那样属于生活必需品，它是人们生活水平提高后产生的一种休闲活动，是一种非必需品。因此，饭店产品的消费具有很大的随意性，在消费能力许可的条件下，容易受客人的情感、兴趣、动机等心理因素的影响。例如，同样是到外面餐厅用餐，客人可以选择吃中餐，也可以选择吃西餐；可以选择到这家餐厅用餐，也可以选择到另一家餐厅用餐；可以选择吃得丰盛，也可以选择吃得简单。这就要求饭店应灵活掌握客人的消费心理，进行有针对性的促销，以激发客人更多的消费行为。

知识链接

常见的餐饮消费心理

人的心理就是一门学问，餐饮业如何从客人的心理效应上去找寻延续餐饮业生命周期的途径，其道路还很漫长。要赢得市场，必须赢得消费者。企业经营者应深入到市场中去认真研究消费者的消费需求，对自己提供的菜肴和服务进行细分，从而满足不同层次消费者的需求。只有这样，餐厅才会真正得到广大顾客的青睐。

（1）便利型消费者

便利型消费者较注重服务场所和服务方式的便利，反对繁文缛节。这类型顾客希望在接受服务时能方便、迅速、快捷，并讲求一定的质量。这种类型的顾客，大多时间观念强，具有时间的紧迫感，最怕的是排队、等候或服务员漫不经心，不讲效率。因此，对于这类顾客，在餐厅经营中要处处以方便顾客为宗旨，提供便利、快捷、高效的服务。这就要求餐厅在网点建设、服务方式上要做到便利顾客。例如，餐厅经营中设快餐、外卖、带料加工等服务项目。

（2）求廉型消费者

求廉型消费者十分注重饮食消费价格的低廉，这种类型的顾客都具有"精打细算"的节俭心理，十分注重菜肴和服务收费的价格，对质量不过分苛求。这就要求餐饮企业在菜品及服务上要分开档次，各档次要配套合理，以中、低档的服务项目去满足求廉型顾客的需求。例如，在餐厅经营中，分别配置有高、中、低档菜肴，满足人们不同档次、不同价格的需要。

（3）享受型消费者

享受型消费者多注意物质生活的享受，注重环境、服务的档次，对价格不太关心。这种类型的顾客一般都具有一定的社会地位或经济实力，追求享受型消费以显示自己的地位或经济实力，这些人是高档菜肴和高档服务的消费者。为满足享受型消费者需求，餐厅不仅要提供高水平的设备和高质量的菜肴，还要提供全面优质的服务。

（4）求新型消费者

求新型消费者注重菜品或服务的新颖、刺激，这类顾客以青年人为主，不过分计较价格的高低。餐厅菜点的新奇，餐厅服务的标新立异、与众不同等都对这类消费者具有莫大的吸引力。所以有不少餐厅经营者挖空心思去制作新奇，或在菜品上追求创新，或在服务上力求与众不同，正是为了迎合人们求变、求新、求奇的消费心理。

（5）健康型消费者

健康型消费者注重食物的营养保健作用，这种类型的顾客希望通过食物的营养食疗达到营养保健的目的，对于菜品的口味及服务不太在意。回归自然，追求健康和无污染的绿色食品是这类消费者的主流。为了满足这类消费者的需求，餐厅不但应在菜肴的营养保健上下功夫，开发符合营养保健的菜品，还应在服务上加大营养保健知识的普及力度，使健康服务从里做到外。

（6）信誉型消费者

信誉型消费者非常注重企业信誉，以求得良好的心理感受。人们在消费时，都希望餐厅能提供质价相称，具有风味的菜品，提供清洁、完善、舒适、愉快的环境，以获得满意、愉快的心理感受。可以说，一家餐厅经营的成功或失败完全取决于顾客对它的印象。因此，信誉是经商或服务之本，服务质量更是餐厅的生命线。要赢得顾客就必须建立企业信誉，以良好的口碑吸引客人。

小思考
你觉得自己属于哪一类消费者？你的消费需求是什么呢？

（六）饭店产品的非专利性要求饭店营销应具有独特性和新颖性

饭店产品具有非专利性，唯一能申请专利的只有名称和标志，这决定了饭店不能为自己的客房装饰、菜肴糕点、服务方式等申请专利。因此，一旦饭店在菜式创新、客房布置等方面摸索出较成功的经验，很容易被诸多竞争对手模仿，饭店难以保持竞争优势。因此，饭店营销要具有创新意识，营销策略要独特、新颖。

三、饭店营销活动基础环节

饭店营销是一个庞大的工作体系。饭店在开展营销活动时，应进行基础环节的分析，饭店营销活动的基础环节包括 4 个方面，如图 4-2 所示。

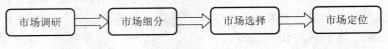

图 4-2　饭店营销活动基础环节

（一）市场调研

饭店营销活动以满足客人的需要为中心，因此，进行饭店的营销活动要对市场进行调查研究，了解客人的需要，并据此设计适销对路的饭店产品来满足客人的需要。市场调研是开展营销活动的起点。市场调研包括分析饭店的宏观环境和微观环境两方面，如图 4-3 所示。

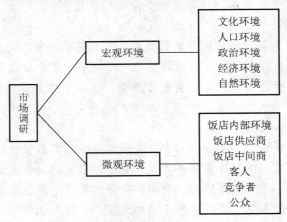

图 4-3　饭店市场营销调研内容

（二）市场细分

饭店面对的是一个庞大的市场，而这个市场是由不同消费需求的消费者所组成，任何饭店都不可能同时满足所有客人千差万别的需求。因此，饭店必须进行市场细分，集中自身优势，充分满足所选定的客源市场的特定需求，使得本饭店在一定的市场上获得最大限度的市场占有率，并以尽可能小的代价，追求尽可能高的收益。

饭店市场细分是指饭店根据消费者之间需求的差异性和类似性，把一个整体市场划分为若干个不同的消费者群体（即若干个不同的子市场），并从中选择一个或多个子市场作为饭店的目标市场的活动过程。

饭店在进行市场细分时，应有效选择不同的细分标准。一般而言，市场细分的标准有以下几种，见表 4-2。

表 4-2　饭店的市场细分标准

细分标准分类	细分标准内容
地理环境	在不同的地理环境下，人们的消费观念及消费偏好、消费口味是完全不同的
经济因素	不同的收入阶层，在消费方式、消费额度、消费偏好上是不同的
客人的心理及社会因素	客人的生活方式、价值观念、年龄、受教育程度，以及所从事的职业特点，都会使客人的消费习惯带上明显的个人色彩
客人的购买行为	客人的购买行为是指客人购买时追求的利益取向，购买方式，购买动机，购买次数，对价格、服务或广告的敏感程度，对饭店产品的信赖程度，购买中的决定因素等
客人消费目的	客人购买饭店产品的目的往往是不同的，有观光游览、度假、商务等

知识链接

北京万爱情侣酒店

2011 年，我国首家情侣酒店——万爱酒店在北京开业。万爱酒店专为对爱最用心、最浪漫、最激情、最时尚的情侣而准备。其目标客源来自庆祝特殊日子（生日、节日、认识 N 日等）的情侣、来京旅行结婚的夫妇、来京商务旅游的情侣、庆祝结婚纪念日的夫妇、享受浪漫、享受激情的情侣等。

万爱酒店设有客房几十间，所有客房都以"爱"为主题，具有不同风格，追求极致浪漫、唯美，精致时尚、温馨舒适。酒店除了满足客人便捷、舒适的住宿需求外，更是通过独特的设计和服务为客人留下难忘的浪漫、甜蜜、温馨、激情的体验。也正是因为如此，"万爱情侣酒店"从诞生之日起便受到了市场的强烈欢迎，在周末和节假日，常常是一房难求。

万爱情侣酒店是服务于时尚情侣的一种新型主题概念酒店，是对现有酒店产品和服务模式的创新，是酒店行业一个新的细分市场，准确的市场定位是其取得成功的前提。

（三）市场选择

市场选择的最终目的是确定饭店所要占领的目标市场。饭店应在综合评估各细分市场的基础上，选择目标市场，并借助"定制化"的营销组合策略实现占领市场的目的，如图 4-4 所示。

图 4-4　目标市场选择的过程

1. 评估细分市场

饭店在选择目标市场时，首先必须从以下几个方面对各个细分市场进行分析。

1）客人分析。客人是饭店的衣食父母，饭店营销的中心就是客人。因此，饭店需要了解客人的现有数量、潜在数量、年龄结构、受教育程度、收入水平、民族、生活方式、消费心理、购买习惯等。

2）竞争者分析。饭店在分析竞争者时，主要了解竞争对手的数量、成本优劣势、环境优劣势、饮膳优劣势、经营政策和特色服务、主要客人群、地域分布等。

3）市场机会与营销机会分析。市场机会是一种尚未满足或尚未完全满足的机会，它是一种客观存在。但是，并非所有的市场机会都能转化为饭店的营销机会。饭店营销机会是饭店资源与市场机会的有机结合，只有具备相应的条件，市场机会才能成为饭店的营销机会。

2. 选择目标市场

选择目标市场是有条件的，这些条件见表 4-3。

表 4-3　选择目标市场的条件

选择目标市场的条件	条件的含义
可进入性	可进入性也即接近性，是指通过广告活动和其他促销活动，饭店可开拓、占领这个目标市场
可衡量性	可衡量性是指目标市场能够用某种数量指标和数量单位来衡量，如市场需求量、客人的购买能力等
充足性	充足性是指目标市场必须有一定的规模值得去开发和经营，并能为饭店带来可观的利润
可行动性	可行动性是指饭店应具备吸引这类市场的能力，包括服务人员的服务能力、设施设备、地理位置等综合接待能力
稳定性	稳定性是指在一定时间内，所选定的细分市场的差异性能保持相对不变

3. 选择目标市场的营销策略

目标市场营销策略是饭店为占领所选定的细分市场而推出的营销组合策略。常用的目标市场营销策略有 3 种。

1）无差异目标市场营销策略。这种策略也叫整体目标市场营销策略，是指饭店把所有细分市场都视为其营销目标，根据这一市场上绝大多数人的需求，设计出一套单一的营销策略，即单一的产品、单一的价格、单一的销售渠道和单一的促销方式。

2）差异目标市场营销策略。这种策略是指饭店针对不同的细分市场制定出不同的营销组合策略，多方位、全方位地开展有针对性的营销活动，同时占领所选定的几个目标市场。

3）集中目标市场营销策略。这种策略是指饭店将资源集中起来于一个最具有潜力且最能适应饭店资源组合现状的细分市场，目的是在这一细分市场上取得绝对优势，实现小市场、大份额的目的。

（四）市场定位

准确的市场定位是饭店立足市场的重要前提。市场定位是指饭店以目标客人的需求为出发点，塑造出本饭店产品与众不同的、与竞争者有显著差异的形象，并把这种形象生动地传递给顾客，从而使该产品在市场上确定适当的位置。

市场定位成功与否，取决于饭店能否正确认清、选择自身的相对竞争优势。具体而言，饭店可从以下几方面寻求和营造差异化竞争优势。

1）产品差异化。产品差异化是饭店获取竞争优势的重要途径，饭店要在满足客人基本需要的前提下，为客人提供独特的产品，建立起稳定的目标市场。

2）服务差异化。作为服务行业，服务是饭店创造差异的丰富源泉。饭店在为客人提供标准化、规范化服务的基础上，应注重针对不同的客人提供针对性、特殊性、个性化、情感性的服务。

3）环境差异化。环境差异化是指饭店通过造就一种与众不同的物理环境来吸引客人的关注和偏好，直接体现差异。

 知识链接

水上酒店——马尔代夫第六感拉姆度假村

马尔代夫第六感拉姆度假村是地处印度洋的僻静的拉姆环礁上唯一的度假村。岛屿有着独特的自然美景、白色粉末的细沙、繁茂的热带植物和水晶般清澈透明的水质。建在海滩上，和礁湖的绿色水面上的度假村别墅从方方面面展示了自然友好型与奢华型的完美结合。

第六感拉姆度假村内有100套海滩别墅、水上别墅和水上别墅套房。别墅或坐落于被青翠繁茂丛林围绕的海滩，或建于清澈湛蓝的礁湖之上。别墅的精心设计最大程度地融汇了岛屿的自然美景，实现绝对的私密性、舒适性和奢华性。别墅的建造均采用本地可再生材料，同时每个细节都考虑到客人的舒适性，真实地体现了环保理念。

马尔代夫第六感拉姆度假村以其独一无二的自然环境吸引了无数的世界各地游客。

4）品牌差异化。品牌差异化是以客人的满意度、忠诚度和饭店的知名度、美誉度为核心的竞争，在品牌竞争日趋激烈的时代背景下，饭店要增强品牌意识，构建起独特、鲜明的品牌形象。

5）价格差异化。价格是饭店营销最活跃的因素之一，在营销中大有文章可做，饭店要根据产品的市场定位、饭店的实力、产品生命周期等因素，确定相应的价格策略。

6）售后服务差异化。售后服务是市场营销中必不可少的一个基本概念，饭店应通过售后服务来突出差异，如建立 VIP 回访制度、投诉客人跟踪调查制度等。

小思考

海底捞火锅店主要以哪种差异化来营造竞争优势的呢?

知识链接

我国经济型饭店的领导品牌——如家

20 世纪 90 年代中期以后,随着改革开放的深入,国民收入的普遍提高,政府假期制度的改革,国内大众旅游发展迅猛,商务活动日益增多。

在当时的中国酒店行业内,基本上只有两种类型的酒店可供客户选择,一种是硬件设施好但价格昂贵的星级酒店;另一种是价格低廉但硬件设施很差的招待所和小旅馆。对于一般游客和一般商务人员来说,这两种选择都不是最好的。高星级酒店价格太贵,而招待所又档次太低,在二者之间出现了一个很大的市场空间。如家经济型酒店正好填补了这一市场空白。

2002 年 6 月,新型经济型连锁酒店——如家酒店连锁公司成立。自成立以来,公司一直

处于高速发展的状态。2003 年,如家酒店连锁公司被中国旅游饭店业协会评为"中国饭店业集团 20 强",2004 年底被评为"中国经济型连锁酒店市场消费者最满意最喜爱品牌",2006 年如家在美国纳斯达克上市。多年来如家多次获得中国金枕头奖"中国最佳经济型连锁酒店品牌"殊荣。目前如家在全国 330 个城市拥有 2 500 家酒店,是我国最大的经济型酒店集团。

如家能在竞争激烈的市场中获得成功的根源在于其准确的市场定位和与众不同的差异化服务。

如家准确的"经济型"定位,填补了饭店市场的空白,高效迎合了一般游客和一般商务人员的需求,在中国传统酒店业市场内切分出"经济型"这块巨大的蛋糕。

如家经济型酒店以客房为核心产品,以"住宿"为关注焦点,把所有资源集中于住宿服务的价值提升上。如家经济型酒店与其他星级酒店最大的不同点在于,传统的星级酒店提供从住宿、餐饮到娱乐、商务、会议等系列的服务和产品体系,而如家只关注客户的"住宿",不追求硬件的豪华和场面的气派,把所有的精力和重心都放在"住宿"服务上,去除了其他非必需的服务,大幅度削减了成本,房价经济实惠。酒店以价位适中、清洁卫生、快捷舒适满足了目标客户的需要。

小思考

经济型饭店和普通星级饭店有什么不同呢?

任务二　掌握饭店营销组合策略

饭店营销组合策略就是饭店对自己可控制的各种营销因素进行分析,本着扬长避短的原

则进行优化组合和综合运用，使各个因素协调配合，发挥整体功效，最终实现营销目标。

对饭店而言，可控制的因素主要有 4 类，即饭店的产品（Product）、价格（Price）、营销渠道（Place）、促销方式（Promotion），也就是通常所说的 4P。营销组合策略就是产品策略、价格策略、营销渠道策略、促销方式策略的有机组合与搭配。

一、产品策略

饭店企业依靠适销对路的产品来获得生存发展的资本。如果产品品质低劣、落后，产品效用单一、低下，就会被顾客无情地"拒之门外"。因此，产品策略是关系到饭店生死存亡的关键，是饭店营销组合策略中最基本的策略。

（一）饭店产品的含义

饭店产品是指饭店企业向客人提供的所有的有形产品和无形服务的使用价值的总和。它是有形产品和无形服务的有机结合，在这个结合体中，无形服务是饭店产品的主体，有形产品是无形服务的依托。而一般的实物产品，无形服务只是有形产品的一种辅助物，这是饭店产品与其他产品的根本区别。

（二）产品组合

客人所消费的产品不是由哪个单一的部门或个人能够全部提供的。客人需要的不是单个的产品，而是多种产品的组合。而且，客人的需要又是千差万别的，这就要求饭店提供不同的产品组合供不同的客人选择。也就是说，饭店要针对不同的客人，开发出不同的产品组合。

饭店可以从产品的广度、长度、深度和密度 4 个方面进行产品组合，以形成不同的饭店产品系列。

1. 产品组合的广度

产品组合的广度是指饭店所拥有的产品线的数量，即饭店经营的分类产品的数量，如客房服务、前厅服务、餐饮服务、康乐服务等。产品线多，说明产品组合的广度较宽。

2. 产品组合的长度

产品组合的长度是指饭店的每一个分类产品中所包含的不同服务项目的数量，如康乐产品包含 KTV、台球、保龄球、桑拿、网球、健身等服务项目。

3. 产品组合的深度

产品组合的深度是指每一个服务项目中能提供不同服务品种的数量，如 KTV 服务中能提供哪些 MTV 作品、有没有茶水服务和夜宵服务等。

4. 产品组合的密度

产品组合的密度是指每个产品线上的产品在使用功能、生产条件、销售渠道或其他方面的关联程度。

饭店可以通过扩充或缩减产品组合的广度、长度和深度，来提高或降低产品组合的密度。从这些角度出发，调整产品组合，可以使饭店产品更具竞争力。

例如，扩大产品组合的广度，增加饭店产品生产线，搞多元化经营，就能扩大饭店的销售领域，增加饭店的经济效益，有利于分散饭店的营销风险，做到"东方不亮西方亮"；增加饭店产品的深度，就是增加饭店服务内容，有利于饭店企业挖掘潜力，增加服务品种，满足顾客多样化的需求。

（三）新产品的开发

饭店产品都要经历一个由进入市场到被淘汰的生命周期。这就要求饭店在发展过程中，要依据产品生命周期的变化，及时调整产品组合，并不断开发新产品，满足人们不断变化的需要。开发新产品是饭店具有活力和竞争力的表现，是饭店适应市场营销环境变化的一种策略。饭店只有不断开发新产品，才能在激烈的市场竞争中获胜。

新产品不等于全新产品，它是指在技术、功能、结构、规格、实物、服务等方面与老产品有显著差异的产品，是与新技术、新理念、新潮流、新需求、新设计相联系的产品。

如一间客房，改进了房间内的设施设备，就成为新产品；但是不改进设施设备，但改变了房间内的文化氛围，也是一种新产品。只要这种产品是客人以前没有接触的、没有尝试过的，但是客人又喜欢去接触、喜欢去尝试的产品，都是新产品。它包括以下3类。

1. 全新型新产品

采用新原理、新结构、新技术、新材料研制而成的全新产品，技术含量最高，是过去人们未曾想到的产品，如商务房、商务楼层、客房的综合布线系统等。

2. 改进型新产品

采用各种技术，对现有的产品在性能、结构等方面加以改进，提高其质量，以求得规格、式样等的多样化，它是在原有产品的基础上发展而来的，如各种改良的传统菜式。

3. 仿制型新产品

市场上已经存在，饭店企业通过模仿而生产出来的产品，如卡拉OK在日本早已存在，但对中国市场而言，就作为模仿的新产品引进。

 知识链接

顺风肥牛火锅店的餐具创新

顺风肥牛火锅店从餐具入手进行创新，把传统的火锅大锅换成一人一个小锅。一人一锅的新型涮法一推出就受到了顾客的追捧。靠着独创的"小锅"概念，顺风肥牛火锅店把连锁店开到了80家。

锅变小了，市场更加火了，这是为什么呢？

1. 小锅卫生

使用小锅比大锅更加卫生。传统大锅采用中式传统的围餐，大家一起使用同一个锅涮菜。而小锅类似于西式的分食制，一人用一个锅，从卫生角度来看，更符合现代人的要求。

2. 小锅省钱

使用小锅比大锅成本相对较低。原因在于，几乎没有顾客在吃饱的情况下，还让自己面前的小锅在沸煮。而使用大锅时，因顾客边喝酒边就餐，顾客没离开前的锅底一直处于沸煮状态。

3. 小锅个性

想吃什么就涮什么，不吃就关了火，看着别人忙。不像大锅那样不停地在咕嘟，捞什么都困难。如果想煮得久一些，结果可能很快就被同伴捞走了。爱吃的未必吃到，不爱吃的也都混在里面。最后锅里一定有半锅谁也不想吃的剩在那里。

4. 消费可高可低

锅都是一样的，消费高些就选择一些高档海鲜或高档肉类，消费低的可选择青菜、豆腐、丸子及常见的肉类，依据消费能力与个人口味而定，巧妙地解决了花钱多少与面子的矛盾关系。

二、价格策略

价格是饭店营销组合中最活跃的因素，也是最敏感的因素。产品价格是否合理对饭店的经营影响极大，会直接影响需求量和饭店的利润。

（一）饭店产品定价的影响因素

饭店产品价格的制定受到多方面因素的制约和影响。主要因素如下：

1. 产品成本

成本是产品定价的主要依据，从长远看，饭店产品的销售价格必须高于生产成本和经营费用。饭店产品的成本决定饭店定价价格的下限。

2. 市场需求状况

价格是调节需求的有力手段之一。较高的价格会减少一定的需求量；而较低的价格则会引起需求量的反弹。因此，产品在定价时必须考虑需求的约束。

3. 市场竞争状况

竞争因素决定产品价格在其上限和下限的落点。竞争激烈的条件下，饭店的产品又处于下风，定价时价格应趋向下限；竞争较少，或是产品在市场上占优势，定价时可靠近上限。同时，还应考虑同类产品在市场上的定价情况。

4. 饭店营销目标

不同时期，饭店有不同的营销目标。如有的是为了扩大销售量，提高市场占有率；有的是为了击败竞争对手，站稳脚跟；有的是先打开知名度再扩大美誉度。不同的营销目标会影响饭店产品的定价高低。

5. 政策因素

这是影响产品定价的一个政治因素。国家对某些产品规定了最高限价，对某些产品则规定了最低保护价。饭店在定价时应首先服从国家的价格政策，在这个大范围内参照其他因素定价。

6. 饭店产品因素

一般情况下，饭店产品质量的高低和价格成正比，即优质优价。此外，产品的生命周期、品牌、知名度等都会影响饭店产品的价格。

7. 通货膨胀

当饭店所在的地区发生通货膨胀时，饭店企业的各项成本均会呈现不同程度的上扬趋势，迫使企业相应地提高价格，保证饭店不至于亏损。

总之，影响饭店定价的因素是多方面的，并且各因素也是互相作用的。饭店企业要贯彻灵活机动的原则进行定价。当然，这并不意味着价格变得越快越好。

（二）定价策略

定价策略是饭店企业进行价格决策的基本措施和技巧。一般来说，饭店企业常用的定价策略包括新产品定价策略、心理定价策略和折扣定价策略。

1. 新产品定价策略

新产品进入市场能否有效地打开销路，价格起着关键的作用。常用的新产品定价策略有3种方法，见表4-4。

表4-4　饭店新产品定价策略

新产品定价策略	内容
撇脂定价策略	撇脂定价策略又称高价策略，即产品以高价进入市场，在短时间内获取高额利润。采用这种定价方法，要求饭店提供的产品具有无与伦比的优质性或独特性
渗透定价策略	渗透定价策略指产品进入市场时以较低的价格吸引消费者，从而很快打开市场，有"薄利多销"的效果。许多新开业的饭店都是以这种方式打开市场
满意定价策略	满意定价策略又称平价销售策略，它吸取撇脂定价和渗透定价的优点，选取一种比较适中的价格，既能保证企业获取一定的初期利润，又能被广大顾客所接受

2. 心理定价策略

心理定价策略是指根据顾客的心理特点，以顾客的心理因素作为饭店的定价依据，制定出进行合理的价格，巧妙刺激顾客的消费欲望。常用的心理定价策略见表4-5。

表4-5　心理定价策略

心理定价策略	内容
尾数定价策略	尾数定价策略又称非整数定价策略，指饭店针对顾客的求廉心理，在产品定价时制定一个低于但又非常接近某一个整数、以零头数结尾的非整数价格，让顾客产生价格不算太高的错觉，如29元、199元

续表

心理定价策略	内容
整数定价策略	针对顾客求名、求方便的心理，将产品价格有意定为整数，以这种价格来反映产品较高的质量，使得顾客在购买产品的时候产生"一分钱一分货"的想法。这种定价策略主要是针对饭店的高档产品，如豪华套房、总统套房等
分级定价策略	分级定价策略指饭店根据产品的质量、构成、价值等因素，将产品分成几个等级，不同等级的产品价格有所区别，从而使顾客感到产品按质论价、货真价实，如套房可分为普通套房、豪华套房、总统套房等
吉祥数定价策略	针对人们对数字的迷信和禁忌心理而采取的一种定价策略。例如，喜欢选择含有 6 或 8 的吉祥数作为饭店产品的价格，避免使用 4 等忌讳数字
声望定价策略	针对顾客"价高质必优"的心理，对在顾客心目中享有一定声望、具有较高信誉的产品制定比市场同类产品高的价格。一方面提高产品形象，另一方面满足某些顾客对地位和自我价值的欲望。采用这种定价策略要注意产品的价格必须与产品质量相吻合

 知识链接

奇妙的尾数

心理学家研究表明，价格尾数的微小差别能够明显影响消费者的购买行为。

5 元以下商品，末尾数为"9"最受欢迎；5 元以上商品，末尾数为"9""5"效果最佳；100 元以上商品，末尾数为"98""99"最为畅销。

3．折扣定价策略

折扣定价是指饭店对产品价格做出一定的让步，直接或间接降低价格，以扩大销量。折扣定价策略主要有以下几种，见表 4-6。

表 4-6　折扣定价策略

折扣定价策略	内容
数量折扣策略	数量折扣策略指饭店根据顾客购买数量的多少给予不同的价格折扣。一般购买量越多，折扣也越大，以鼓励顾客增加购买量。这是饭店对大量购买产品的顾客给予的一种减价优惠
季节折扣策略	季节折扣策略指饭店为刺激淡季市场销售，对在淡季购买产品的顾客给予的一种折扣优惠。饭店产品的不可储存性迫使饭店想方设法去刺激淡季需求，折扣是一种最有效、最直接的办法
功能折扣策略	功能折扣策略指饭店根据各类中间商在产品分销过程中所担负的不同职责，给予不同的价格折扣
现金折扣策略	现金折扣策略指对在规定的时间内提前付款或用现金付款的顾客所给予的一种价格折扣。其目的在于鼓励顾客尽早付款，加速饭店资金周转。这主要是针对饭店产品批发商实行的一种折扣
时间折扣策略	时间折扣策略指饭店根据不同的时间段客流量的变化，拟订不同的价格
有效的整体折扣策略	有效的整体折扣策略指将饭店的一系列产品组合成每个整体进行"打包"后销售，并给予较大的整体折扣。客人所获得的折扣优惠比单项购买要优惠得多

以上 6 种折扣是即期折扣，即客人在购买饭店的产品时立即获得的优惠。此外，还有一种延期优惠，指客人在购买了饭店的产品以后，进行二次购买时，才能享受饭店提供的优惠。这样的优惠包括以下几个方面。

1）价值返还。即向客人提供一种附加价值，但这种附加价值只能在以后享受，如饭店向在本店举办婚宴的客人赠送周年纪念消费券或小孩满月券，这些消费券不能即时消费。

2）连续购买优惠。客人在购买饭店的产品以后，可以获得饭店给予客人的优惠券，客人在下次购买饭店产品时，可以利用优惠券获得价格上的优惠。

3）代理佣金。这种主要是针对中间商的价格折扣。如在年初，饭店和中间商以书面形式商定：如果双方商定的目标在年底实现了，饭店即把佣金支付给中间商，若没有实现，佣金就不予兑现。

折扣定价是饭店常采用的较有效的价格策略，由于折扣策略会使饭店产品的销售价格下降，因此，饭店的经营管理人员必须在事前仔细研究应采用哪些做法，并做出计划安排，只有在降价增销所增加的营业收入高于所需的直接成本时，才是可行的。

 知识链接

杰克·特劳特的折扣戒律

1）若很多人都提供折扣优惠，你就不应该再提供。

2）在制定折扣战略时要有创意。

3）你应该用折扣策略来清理存货或增加业务量。

4）你应该对这项交易在时间上做出限制。

5）你必须确保最终顾客得到这种交易。

6）在成熟的市场采用这种策略。

7）尽可能早地停止这种折扣优惠。

三、营销渠道策略

营销渠道又称为分销渠道，是指饭店产品由生产者向消费者转移的过程中所经过的途径，它包括所有有关的组织或个人。

在市场经济条件下，市场的容量很大、很广，大部分饭店产品必须依靠一定的销售路线，才能将产品转移到客人手中。它既是饭店产品商品化的必由之路，也是连接产品和客人的中介。不同的营销渠道，决定着营销活动的质量和效果。

（一）营销渠道的种类

饭店产品的营销渠道主要包括直接营销渠道和间接营销渠道两类。

1. 直接营销渠道

直接营销渠道又称无渠道营销，是指饭店不通过任何中间商直接向客人销售产品，客人则直接向饭店购买所需的产品。通过开展内部促销活动，越来越多的饭店产品开始实现直接营销。

2. 间接营销渠道

随着旅游市场进一步国际化，饭店客人开始出现全球化趋势，要吸引分散在世界各地的客人，单靠直接营销渠道已是不可能的，直接营销渠道在这些分散的客人面前显得越来越脆弱。很多饭店开始借助批发商、零售商、代理商等营销机构和个人在营销信息上的优势开展营销活动。这种借助中间商将饭店产品转移到最终消费者手中的途径就是间接营销渠道。

由于中间商介入的数量不同，间接营销渠道有不同的长度和宽度。营销渠道的长度是指产品从饭店到客人这一过程中所流经的中间商的数量。中间商的数量越多，说明营销渠道越长。营销渠道的宽度是指在这些环节中所涉及的同类中间商的数量。同类中间商的数量越多，说明营销渠道越宽。

（二）选择营销渠道的影响因素

饭店要在经营上取得成功，就必须正确选择产品的营销渠道。选择何种营销渠道，应综合考虑以下因素。

1. 产品因素

产品因素是选择营销渠道首先必须考虑的因素。高档产品，由于购买者较少，并且多为回头客，宜采用直接营销渠道。相反，一些大众化的产品，由于市场面较广，消费者较多，宜采用间接营销渠道。这样容易在较大的空间内吸引、争取广泛的客源。同时还要考虑该产品种性质，如果是新产品，由于知名度较低，在争取中间商时往往要花费较大的"口舌"，宜采用直接的营销渠道。

2. 饭店自身因素

饭店的资金实力、营销管理能力等都是应该考虑的因素。饭店的资金实力越雄厚，市场控制能力就越强，愿意与之合作的中间商就越多，饭店选择销售渠道的灵活性就越大。相反，饭店在渠道选择时就会受到限制。另外，饭店的营销能力较强，就可以自行组织营销队伍来打开市场。反之，如果缺乏营销管理方面的经验，就只能依靠中间商来开展营销。

3. 营销对象因素

营销对象的人数、分布情况、购买习惯等都会影响饭店企业的营销渠道的选择。一般来说，如果饭店的营销对象数量大、分布广，饭店宜采用间接营销渠道，反之则采用直接营销渠道。

4. 竞争对手因素

饭店营销渠道的选择也会受到竞争对手的影响。既可以采取与竞争对手相似的渠道，也可以避开竞争对手使用的渠道，要根据饭店的实际情况全面考虑。

5. 外部环境因素

政治、经济、自然等因素也会影响饭店营销渠道的选择。

（三）饭店营销渠道策略

饭店营销渠道策略是饭店开拓市场，实现营销目标的重要策略之一。常用的饭店营销渠道策略有以下几种。

1. 广泛营销渠道策略

广泛营销渠道策略是指饭店使用尽可能多的中间商销售其产品，使销售渠道尽可能加宽。它的优点是销售量大，但由于有大量的中间商，可能会使产品销售成本上升，对中间商的控制也可能会比较困难。

2. 选择性营销渠道策略

选择性营销渠道策略是指饭店在在市场上选择少数经过精心挑选的、合适的中间商来宣传推销其产品。这种策略的优点包括：一是可以节省费用开支，提高营销的效率；二是饭店通过优选中间商，可维护企业和产品的声誉，对市场加以控制；三是由于中间商的数量较少，饭店和中间商可以配合得更加默契，从而建立起密切的业务合作关系。

3. 独家营销渠道策略

独家营销渠道策略是指在特定的市场区域只选择一家中间商经销其产品。分销双方一般签订有书面协议，规定在这个地区内饭店只对选定的中间商提供产品，而中间商也不能再经营其他饭店的产品。

独家营销渠道的优点包括：一是双方能够密切配合和协作；二是手续简化，交易成本低；三是容易控制渠道；四是有利于提高产品与服务的形象，得到更多的利润。但是它也有一些不足：一是营销面窄，可能失去更多的顾客，引起销售额下降；二是过分依赖单一的中间商，市场风险加大；三是难以找到愿意合作又合适的中间商。

四、促销策略

俗话说"酒香还需勤吆喝"，面对激烈的市场竞争，饭店不仅要能生产出适销对路的好产品，还要能通过各种途径进行促销，吸引客人前来购买。

（一）促销和促销策略

促销是指饭店将有关饭店或产品的信息，通过各种宣传、吸引和说服的方式，传递给目标消费者，促使其了解并信赖产品所蕴涵的丰富效用，引导他们购买，达到扩大销售的目的。

营销人员有必要对各种不同的促销活动进行有机的组合以形成促销计划。各种不同促销活动的有机组合就构成了饭店的促销策略。

（二）促销策略的内容

促销就是营销的沟通过程，促销策略的内容包括信息沟通的全过程，具体内容如图 4-5 所示。

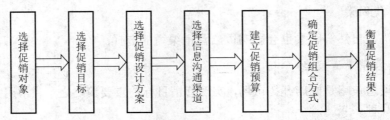

图 4-5　促销策略的内容

（三）常见促销手段

市场营销的四大策略中，促销的手段最为丰富。常见的促销手段有广告、公共关系、人员推销和营业推广等，见表4-7。

表4-7　常见促销手段

促销手段	含义	优缺点
广告	广告指组织为了某种特定的需要，通过一定形式的媒体，公开而广泛地向公众传递信息的宣传手段，如电视广告	① 优点：传播面广；渗透力强；可反复出现同一信息；公众性和艺术性好。 ② 缺点：成本高；信息有限；购买滞后
公共关系	公共关系指组织为改善与社会公众的关系，促进公众对组织的认识、理解及支持，达到树立良好组织形象、促进商品销售的目的的一系列公共活动，如公益活动	① 优点：可获得信任；树立良好形象和声誉。 ② 缺点：见效慢；要求高
人员推销	人员推销指企业派出推销人员深入消费者进行直接的宣传介绍活动，以推销商品，扩大销售	① 优点：方式灵活，针对性强；及时促成交易；易促进与顾客的感情；信息反馈及时直接。 ② 缺点：成本高；对人员素质要求高
营业推广	营业推广是企业为促进消费者购买而采取的除广告、公关和人员推销之外的所有企业营销活动的总称。是一种适宜于短期推销的促销方法，如抽奖促销	① 优点：刺激性强，吸引力大。 ② 缺点：有效期短；影响面较小

小思考

常见的广告媒体除了电视广告还有哪些呢？

知识链接

饭店经典广告语

昔日帝王宫；今朝贵宾楼

——北京贵宾楼饭店

东方美食，奇妙感受四季饭店

——四季饭店

香格里拉——您平步青云的必然选择！

——香格里拉大酒店

与紫禁城为邻

——北京台湾饭店

广州中国大酒店，一切以您为中心

——广州中国大酒店

荣华酒家，家外之家！

——荣华酒店

繁星点缀的江畔，火树银花鲤鱼门！

——鲤鱼门酒店

享受川香粤味风情，领略中华文化之最！

——川香粤大酒店

万般皆下品，唯有"海鲜"高！

——正元海鲜酒楼

任务三　掌握饭店营销新理念

随着饭店市场的日益成熟，竞争日趋国际化、全球化，一批全新的营销理念和营销技巧应运而生。这些营销理念和营销技巧丰富了饭店营销管理的内容，推动饭店营销活动走上了一条全新道路。

一、绿色营销

绿色营销是一种新型营销理念。绿色营销理念认为，企业在营销活动中，要顺应时代可持续发展战略的要求，注重地球生态环境保护，促进经济与生态环境协调发展，以实现企业利益、消费者利益、社会利益及生态环境利益的协调统一。

绿色营销理念认为，饭店企业的服务对象不仅仅是单一的客人，还包括整个社会、整个环境。饭店企业在营销活动中，不应以短期的、狭隘的利润作为行为向导，而应具备强烈的社会意识和环保意识。

绿色营销的出现，是营销活动的进步，是饭店营销理念的新亮点，是饭店实现可持续发展的根本途径。

（一）绿色营销的含义

绿色营销是指饭店企业在生产经营过程中，将企业自身利益、消费者利益和环境保护利益三者统一起来，从产品的设计、生产、销售、废弃物的处理方式，直至产品消费过程中制定的有利于环境保护的市场营销组合策略。

绿色营销理念的宗旨是保护生态环境，防治污染，节约资源，充分利用并回收再生资源，以利于社会。

绿色营销理念在饭店行业掀起了一股高潮，各地纷纷出现了创建"绿色饭店"的活动，即饭店在建筑材料、物料用品等方面，尽量使用污染小、可再生的物资，减少垃圾、污水及各种浪费，在饭店内部树立关心环境、关心社会的"责任人"形象。

 知识链接

绿 色 饭 店

绿色饭店是在饭店建设和经营管理过程中，坚持以节约资源、保护环境为理念，以节能降耗和促进环境和谐为经营管理行动，为消费者创造更加安全、健康服务的饭店。

绿色饭店的"绿色"，其含义包括 3 个方面。

1）提供的服务本身是绿色的。即要为顾客提供舒适、安全，符合人体健康要求的绿色客房和绿色餐饮等。

2）服务过程中使用的物品是绿色。要求用于服务的所有物品是安全、环保的。

3）经营管理过程中注重保护生态和资源的合理利用。

绿色饭店有三大标准。

1）安全：消防安全、治安安全和食品安全。

2）健康：提供给消费者有益于健康的服务和享受。

3）环保：①减少和避免浪费，实现资源利用的最大化；②在饭店建设和运行过程中，把对环境的影响和破坏降低到最小；③将饭店的物资消耗和能源消耗降到最低。

我国绿色饭店以银杏叶作为标识。根据饭店在安全、健康、保护环境等方面程度的不同，绿色饭店分为 A 级至 AAAAA 级。

绿色饭店的标识图案外形为 C，代表中国 China，C 形用银杏叶围成，银杏树是世界上最古老的树种，有"植物界的活化石"之称，代表着生生不息的绿色与生命，中间 H 代表着酒店 hotel。

（二）绿色营销管理活动

绿色营销管理是一项系统工程，要有效地开展绿色营销管理活动，要做好以下几方面工作：

1. 培养绿色营销观念

饭店要通过"绿色培训"工作，培养员工的绿色营销观念。从饭店的高层管理人员到基层普通员工都要进行培训，应让饭店各级员工意识到饭店并非是一家无污染的企业。饭店制造了庞大的"生活垃圾"，饭店存在着惊人的浪费：每天倒掉大量的食物；水电空耗；棉织品一天一换甚至两换；牙膏、洗发水、淋浴液、香皂等消耗品尚未用完就倒掉；好好的牙刷用一次就扔了等。要向员工反复强调开展绿色饭店的意义，以"社会整体利益至上"的观念代替原先"经济效益至上"的观念，加强员工的社会责任感，在全体员工中树立起绿色营销观念。

同时，饭店还应该加强对外部公众的培训，主要侧重于让公众理解绿色营销的意义，谋求公众的合作。例如，可在客房内放置一张"绿卡"，提醒客人为了减少对环境的污染，请客人将不需要更换的毛巾等放回原处，请客人自觉减少浪费行为等。

 知识链接

香港香格里拉酒店的"绿色培训"

香港香格里拉酒店为了成功创建"绿色饭店"，以不间断的培训来克服饭店在推行"绿色饭店"活动中一切可能遇到的阻力。

饭店进行培训的第一步就是向员工说明推进"绿色计划"的作用和意义。在此基础上，

再进行"绿色能力"训练。通过这个阶段的培训，教会员工更多关于环境管理系统的知识和如何提高效率的方式方法。

新员工入店，首先人手分发一份绿色饭店宣传资料，结合员工手册进行培训。同时，饭店还对各部门领导进行最佳实施办法和环境政策的培训。

通过一系列的培训活动，饭店成功地在全体员工中树立起"绿色饭店"的观念，为创建"绿色饭店"打下坚实的基础。

2. 成立相应的组织体系

饭店进行绿色营销管理活动，开展创建绿色饭店活动，要求有相应的组织体系加以保障。为切实推行绿色营销活动，饭店应在管理机构上做相应的调整。饭店可视实际情况增设相关部门。例如，可增设环境管理部门及生态专职经理、"绿色委员会"等。

 知识链接

香港香格里拉酒店的"绿色委员会"

香港的香格里拉酒店专门成立"绿色委员会"，系统化进行可持续发展的实践。

绿色委员会的任务是制订饭店在创建绿色饭店方面的目标和计划，培训饭店内部专职的督察员，并监督各项制度的落实情况。绿色委员会每月召开一次会议，进行工作回顾和展望。如果达到了目标，那么委员会将制订更新、更高的目标，在绿色之路上继续迈进。饭店还专门设立 3 位"EMS 经理"，担任饭店内部专职的环境监督员。

3. 建立和健全有关制度

绿色营销活动的落实有赖于一套完整的规章制度。规章制度作为高压线首先规范了员工的行为。饭店应将各种相关制度融入饭店基本制度中，使之成为员工日常行为规范之一，突出绿色营销的重要性。

在绿色制度的建立上，出发点应广，要从战略的、整体的高度来研究制度的适用性、可行性和制度的影响面。

 知识链接

香港香格里拉酒店的环境管理系统手册

香港香格里拉酒店在 1993 年的时候就根据绿色营销观念，建立了详尽的环境管理系统（EMS）手册，向社会公开承诺：第一，不断改善环境；第二，防止污染；第三，遵守饭店已确认的环境规章制度和其他要求。其中摸索出了可用于整个饭店操作的 100 多种"最佳实践方针"，并在能源使用、水电消耗、资源节约、废液和固体垃圾的限制和处理等方面制定了详细的制度和处理要求。

为了便于落实，该饭店还制定了环境管理系统程序和操作程序。系统程序由环境面貌、环境训练、通信、EMS 文件控制、监控的测量及环境系统监督组成，它是指在正常操作、非正常操作和可能发生的紧急情况下制订的目标。操作程序则为各部门提供了环保技术，包括在打扫客房、洗衣、厨房、办公室、餐厅、服务管理和环保物品购买方面的宝贵经验。

4. 加强废物的处理和控制

这是创建绿色饭店的最直接的实际行动。饭店可从以下 4R 入手，加强废物的处理与控制。

1）Reducing（减量）。减少一次性消耗品的利用，减少废物和垃圾的产生。例如，有的饭店将淋浴液和洗发水放在大瓶的倒挂式的玻璃瓶中，减少这些液体外包装的使用数量；有的饭店专门提供半份菜量，防止浪费食物。

2）Reusing（再使用）。做好物品的二次循环利用。例如，有的饭店将用剩的肥皂头集中起来，用作洗涤、清洁拖把；有的饭店办公室将复印过的纸张反过来再使用等。

3）Replacing（替代）。以多次可回收利用的物品来代替一次性物品。例如，有的饭店用布袋或藤篮代替原先的塑料洗衣袋；用消毒筷代替一次性筷子等。

4）Recycling（循环使用）。加强不能重复使用物品和能源的循环再生利用，做好各项回收工作，使其重新变成可使用的资源。例如，有的饭店将破损的大床单改制成小孩床单、枕套或吸尘器袋等；将破旧的毛巾用来当抹布等。

小思考
你知道绿色营销的"5R"管理原则是指什么吗？

知识链接

苏州科技城源宿酒店荣获"中国最值得期待绿色环保酒店"

在 2015 年 4 月 22 日世界地球日来临之际，喜达屋酒店及度假酒店国际集团旗下在亚太地区的首家源宿酒店——苏州科技城源宿酒店在 2015 亚洲酒店论坛年会暨第十届中国酒店星光奖颁奖典礼中荣获"中国最值得期待绿色环保酒店"奖项。在世界地球日当天，苏州科技城源宿酒店也将发起首届源宿地球日活动，弘扬绿色意识，呼吁酒店所有英才关爱地球，珍惜地球资源，转变生活方式，提高资源利用效益，用自己的行动来保护我们生存的家园。

苏州科技城源宿酒店将于 2015 年 5 月盛大开业，标志着绿色品牌源宿酒店进入亚太地区。自 2008 年品牌发布以来，源宿就一直致力于让旗下所有酒店符合 LEED（Leadership in Energy and Environmental Design，高性能建筑能源与环境设计）认证标准，是首个专注于此的国际酒店品牌。

作为"绿色"酒店品牌，苏州科技城源宿酒店在整体设计中应用了多项绿色生态技术和设施，预计这些绿色应用会使酒店在将来的运营中最大节能率达 65%。建筑主体采用 8 字形设计使酒店主要区域的 90%面积有自然采光，使得整个室内天然采光最大化。屋顶绿化面积超过 1 500 平方米，使酒店可绿化面积比例为 51.5%。最大限度采用环保材料，如房间使用可回收材料制成的地毯，印刷品也均采用回收材料。在改善室内空气质量方面，采用低挥发性有机化合物的环保涂料和抗菌地毯垫。同时，酒店也将会成为完全无烟酒店。酒店客房配有伊莱克斯节能之星厨具，采用低流量的水龙头、紧凑型 LED 灯泡和节能电器。客房以过滤直饮水系统代替瓶装用水、在公共区域设置环保回收箱，按金属、塑料、玻璃、纸张、硬纸板进行更细致的垃圾分类处理，传递绿色生活概念。

此外，在饭店健身中心设有动能充电健身设备、室内泳池用盐碱水代替氯气、向客人免费提供自行车租借服务和电动车充电站来鼓励客人绿色出行。这种措施尽显饭店的可持续发展的环保理念。

二、内部营销

内部营销理论与传统营销理论的不同之处在于扩大了营销活动的适用范围，提出了"内部客人"和"内部市场"的概念。它认为饭店作为以服务为主体产品的企业，为了实现传统意义上的经营目标（即开拓市场，满足客人的需要，实现饭店的收益），必须首先把饭店内部看作是一个内部市场，将饭店的员工看做是饭店的内部客人，必须先于外部营销活动做好内部营销活动，重视服务的提供者和服务质量的决定者——员工。

内部营销理论认为员工在饭店整个运转体系中起着举足轻重的作用：满意的员工能提供客人满意的产品，从而为饭店造就满意的客人；满意的客人会频繁地光顾饭店，为饭店带来更多的新客人，增加饭店的经济收益；收益良好的饭店会给员工更多的利益，从而增加员工的满意度；满意的员工又会更加尽心为饭店提供出色的产品，赢得更多的满意客人……这种良性循环大大地提高了饭店的竞争力。

饭店的内部营销是指将员工当做"顾客"，向员工提供令其满意的服务，从而激发员工的工作热情，增强员工的对外营销意识，促使他们提高服务质量。

饭店可从以下几方面开展内部营销活动。

1. 尊重员工

任何人都有被尊重的需要。尊重员工的内核是贯彻人与人之间的平等相处原则。例如，在管理员工时，要用启发、诱导来代替命令、强制，用信任、鼓励来代替监督、惩罚，用柔性的、感情色彩浓厚的语言来代替刚性的、衙门式的语言。

2. 了解员工

饭店要像对待外部客人那样，时刻重视收集来自员工方面的信息，如员工的困难、意见、建议、呼声、反映的焦点等，并及时采取措施予以解决。

3. 关心员工

对待员工，应以心换心，以心交心，员工称心了，工作起来才会尽心。饭店要从细处入手，小处着眼，真心实意为员工办实事。要通过工作挫折有安慰、生日有礼品、生病有问候、灾难有捐助等，从工作上和生活上关心员工，使员工时时感到温暖，处处得到关心。

4. 发展员工

饭店的发展必须依靠员工，而员工的发展需要饭店提供良好的成长环境和条件。饭店企业要为员工创造一个能够施展才华，实现自我价值的舞台。同时，通过培训进修、工作轮换等方式让员工获得发展的机会，让员工不断提升自我。随着能力的提升，员工会激发出更大的潜能为饭店做贡献。

5. 激励员工

饭店应针对不同员工的特点，通过采取各种激励措施，满足员工的不同需要，调动员工工作的主动性和积极性，发挥出他们的主观能动性，从而为饭店创造出良好的经济效益。

 案例

只有开心的员工才有满意的客人

选择广州中国大酒店作为采访对象，不是因为五星级酒店的显赫，而是因为听说他们有个"感谢员工周"。梁玉洁说，酒店总经理在每年都会挑选一个项目，然后完全照足要求去提供服务。例如，若是选择了客房服务，他同样会穿上制服，进行换床铺、打扫房间等的工作，主要是为了亲身体验员工的感受，目的是在制定政策时能够设身处地地为员工考虑。

由于酒店是人力密集型企业，所以对人员稳定要求比较高，否则员工总是流动，光是培训费就让人吃不消。"我们酒店的企业文化是：'有开心的员工才有满意的客人'。所以在制定福利的方式方法上十分注意。"郑小玲经理说。

酒店在员工培训方面很有吸引力，他们会把一部分有潜质的员工送到北京、上海等地培训，而到瑞士、美国等地的一流酒店学习也是常有的事。此外，酒店还和华南师范大学建立

了合作关系，鼓励员工深造，攻下大专和大本的学历，80%的学习费用也由酒店负责。这些培训措施不仅能使员工开阔视野，为他们拓展更宽的发展空间，避免产生路越走越窄的恐慌，就算对企业而言，也是一件好事，毕竟员工素质提高了也有利于企业的发展。

"其次，我们在医疗保健方面也下足了功夫。除了严格遵守各项法定福利外，还想办法多替员工免除后顾之忧。在目前的状况下，这就很有吸引力。例如，有个员工得了白血病，酒店前后替她报销了 60 万元，现在这个同事痊愈了，还在岗位上工作呢。除此以外，酒店还有个很个性化的医疗福利，就是成立了一个'员工大病医疗互助基金'。每个月从每个人的工资里扣 1 元钱放到这个基金里，这样一年下来，1 800 多名员工就有 2 万多元的基数，然

后酒店和工会方面每年再各补 2 万元，那么一年就有 6 万多元，如果员工有大病住院，就能从这个基金里申请到最高 2 000 元的资助。这种措施，不仅对得病的同事是莫大的帮助，对其他人也有一种很强的精神慰藉。"

酒店除了"感谢员工周"，还有"家庭日"和"运动日"等活动。每个月的"家庭日"那天，酒店会开辟专区让员工带孩子来玩，感受一下五星级酒店的服务，让孩子觉得爸爸妈妈的公司很好，这样他们也会更支持父母的工作。

对于有特殊情况的员工，酒店有额外的照顾，例如，夏天会为在室外工作的同事煮些竹蔗水、红萝卜水消暑去火；而对刚生完孩子的女员工，也会炖些汤滋补身体。

在中国大酒店工作了数十年的梁玉洁和郑小玲都觉得在这里工作很开心。郑小玲更是自豪地说："我们员工的流失率一直很低，基本保持在 1.1%～1.2%。最近有个新五星级酒店在广州落成，有个同行打电话给我说，你们那边的人走得多吗？我说，不多，一年会走十来个吧。她很羡慕地说：我们一个月就已走掉那么多了……"

【点评】

客人的服务是由员工所提供的，如果员工不开心，那么势必会直接影响到员工的服务质量，进而影响到客人的满意度。只有员工开心了，工作才会尽心，才会有满意的客人。作为饭店管理者，要努力创造开心的员工，这样才能收获满意的客人。

三、关系营销

关系营销理论被西方理论界誉为"对传统营销理论的一次革命"。关系营销认为营销活动是一个企业与消费者、竞争者、供应商、分销商、政府机构及其他公众发生互动作用的过程，企业关系营销的核心是正确处理与这些个人和组织的关系，建立和发展与他们之间的良好关系，这是关系到企业关系营销成功与否的关键。关系营销的核心内容是企业与消费者的关系营销。

饭店关系营销是指饭店企业通过建立、发展与营销活动发生互动作用的相关者之间的长期良好关系，并充分利用各种形式的关系来开展营销活动。饭店关系营销的核心是饭店与客人之间的关系营销。

传统的营销理论将营销活动的重点放在吸引更多的新客源上，即饭店开展营销活动是为饭店争取尽量多的新客，刺激、诱导他们购买饭店的产品，这次交易活动完成后，饭店的营销活动也就结束了。这种理论突出的是双方交易行为的金钱色彩而忽略了双方之间的感情色彩，被称为患了"营销近视症"。而关系营销理论将营销的重心转移到如何吸引更多的客人重复购买饭店产品。它的核心从简单的交易转变成和客人建立长期的交易关系，培养客人对酒店的忠诚，即努力培养忠诚客人，为饭店带来长久的效益。

关系营销活动要求饭店在日常的经营管理过程中，切实做好各项服务工作，与客人建立起良好的关系，培养忠诚顾客。一般来说，饭店可从以下几方面培养忠诚顾客。

1. 以客人为中心，为客人提供个性化服务

培养忠诚顾客，首先要创造满意的顾客。饭店要以客人为中心，全面深入地了解客人的需要，时时刻刻为客人着想，满足客人需要，让客人获得满意的消费体验，进而培养起饭店

的忠诚顾客。

　　饭店员工在服务中要用心倾听、细心服务，认真感受客人的一举一动，捕捉机会，通过各种渠道尽可能多地收集客人的信息，建立起完善的客户数据库。利用客户数据库的有效信息，准确掌握客人在消费过程中的各种需要，为客人提供量身制作的个性化服务，有效提高客人的满意度，培养起客人对饭店的忠诚。

 **案例**

一杯胡萝卜汁的神奇效应

　　一位天南海北跑生意的商人讲过这样一个故事：10年前，他入住香港丽晶酒店时，碰巧遇到该酒店的总经理。闲聊中，总经理问他最喜欢喝什么饮料，他说是胡萝卜汁。

　　大约6个月后，他再次入住丽晶酒店时，在房间的冰箱里意外地发现了一大杯胡萝卜汁。他说："10年来，无论我什么时候入住丽晶，房间冰箱里总有为我准备好的胡萝卜汁。最近一次旅行中，飞机还没有在香港启德机场降落，我就想到了冰箱里等着我的那杯胡萝卜汁，顿时很有幸福感。10年间，尽管丽晶的房价涨了3倍多，我还是住这家酒店，就因为这杯胡萝卜汁！"

【点评】

　　丽晶酒店凭着一杯胡萝卜汁培养出一位忠诚客户，这就是个性化服务的魅力。而丽晶酒店提供个性化服务的背后靠的是酒店的客户数据库，客户数据库全面详细地记录每一位客人的资料，这是为客人提供个性化服务的基础。

　　2. 加强与客人之间的沟通

　　饭店应加强与客人之间的沟通。可通过设计顾客意见征询表、建立顾客意见箱、配备专职搜集客人意见的岗位和人员等，了解客人的想法，倾听客人的意见，采纳客人的合理建议，加强双方的双向交流，以赢取客人的长期信任和忠诚。

　　3. 正确处理顾客投诉

　　任何饭店在服务过程中都不可避免地会出现顾客的投诉。投诉如果处理不当，会造成大量客人的流失。因此，饭店要处理好顾客投诉工作。饭店在面对客人的投诉时，要以一种平和、积极的心态来面对和处理。要迅速进行处理，及时采取相应措施进行补救，使客人的问题得到及时解决，恢复客人对饭店的信任。将"不满意"的客人转化为"满意"的客人，使客人成为回头客。

　　4. 开展有利于培养忠诚顾客的活动

　　饭店和客人要经常联系，要做到永远不要忘记顾客，也不要被顾客忘记。饭店可通过拜访客人、在节假日问候客人、送客人生日礼物、邀请客人参加饭店举办的联谊会或座谈会等活动，拉近与客人之间的距离，和客人保持良好的关系，和客人建立起朋友式的关系，从而培养起客人对饭店的忠诚。

 **案例**

泰国东方饭店的成功秘诀

泰国的东方饭店堪称亚洲饭店之最，几乎天天客满，不提前一个月预订是很难有入住机会的。这家饭店成功的秘诀是什么呢？答案很清楚，靠的是他们的客户关系管理。

他们的客户服务到底好到什么程度呢？我们来看一个经典案例，故事如下：

企业家 A 先生到泰国出差，下榻于东方饭店，这是他第二次入住该饭店。

次日早上，A 先生走出房门准备去餐厅，楼层服务生恭敬地问道："A 先生，您是要用早餐吗？" A 先生很奇怪，反问："你怎么知道我姓 A？" 服务生回答："我们饭店规定，晚上要背熟所有客人的姓名。"

这令 A 先生大吃一惊，尽管他频繁往返于世界各地，也入住过无数高级酒店，但这种情况还是第一次碰到。

A 先生愉快地乘电梯下至餐厅所在楼层，刚出电梯，餐厅服务生忙迎上前："A 先生，里面请。"

A 先生十分疑惑，又问道："你怎知道我姓 A？" 服务生微笑答道："我刚接到楼层服务电话，说您已经下楼了。"

A 先生走进餐厅，服务小姐殷勤地问："A 先生还要老位子吗？" A 先生的惊诧再度升级，心中暗忖："上一次在这里吃饭已经是一年前的事了，难道这里的服务小姐依然记得？" 服务小姐主动解释："我刚刚查过记录，您去年 6 月 9 日在靠近第二个窗口的位子上用过早餐。" A 先生听后有些激动了，忙说："老位子！对，老位子！" 于是服务小姐接着问："老菜单？一个三明治，一杯咖啡，一个鸡蛋？" 此时，A 先生已经极为感动，赶紧说："老菜单，就要老菜单！"

一顿早餐，给 A 先生留下了终身难忘的印象。

此后三年多，A 先生因业务调整没再去泰国，可是在 A 先生生日的时候，突然收到了一封东方饭店发来的生日贺卡：亲爱的 A 先生，您已经三年没有来过我们这里了，我们全体人员都非常想念您，希望能再次见到您。今天是您的生日，祝您生日愉快。

A 先生当时激动得热泪盈眶，发誓如果再去泰国，绝对不会到任何其他的饭店，一定要住在东方饭店，而且要说服所有朋友也像他一样选择。

【点评】

由于东方饭店非常重视培养忠实的客户，并且建立了一套完善的客户关系管理体系，使客户入住后可以得到无微不至的人性化服务。迄今为止，世界各国的 20 多万人曾经入住过那里，用他们的话说，只要每天有 1/10 的老顾客光顾饭店就会永远客满。这就是东方饭店的成功秘诀。

小思考

泰国东方饭店是如何培养忠诚顾客的？请总结一下。

四、主题营销

21 世纪是体验经济的时代，强调消费者的体验，倡导消费过程中的美好感受。随着消费者日渐趋于成熟和理性的需求，传统的营销方式已经很难满足他们个性化的需要，于是一种新的营销方式应运而生，它就是主题营销。主题营销是指饭店企业在组织策划各种营销活动时，根据消费时尚、饭店特色、时令季节、客源需求、社会热点等因素，选定一个特定主题，然后围绕这一主题来创造出一种特定环境和经营气氛，从而引起社会公众和目标市场消费群体的集中关注，并令其产生购买行为，从而扩大饭店产品销售，提升饭店形象。

知识链接

主题饭店之都——拉斯维加斯

美国拉斯维加斯是世界著名的博彩之城，同时又是主题饭店之都。在拉斯维加斯，各具特色的主题饭店林立。

拉斯维加斯著名的主题饭店包括金字塔酒店（Luxor）、米高梅大酒店（MGM Grand）、海市蜃楼酒店（Mirage）、金银岛酒店（Treasure Island）、凯撒宫酒店（Caesars Palace）、百乐宫酒店（Bellagio）、纽约酒店（New York New York）、威尼斯人酒店（Venetian）、亚瑟神剑酒店（Excalibru）等。

（一）主题营销的特点

1. 文化性

文化是主题营销的源泉和根本，是饭店的竞争力所在。主题应当是富有文化内涵的商业卖点，蕴涵丰富的文化特色。一个好的主题，不仅是饭店本身所具有的企业文化的高度凝结，也是传统文化、现代文化的凝聚。它能使传统文化、现代文化和饭店的精神气质相得益彰，同时又进一步形成不断的文化创新。

酒店文化越来越受到客人的追捧，创建独具特色的酒店文化成为塑造酒店品牌的一部分。主题营销的主题最好是与饭店所在地的地域特征、文化特征紧密联系的内容。

2. 差异性

差异性是所有营销活动都必须具有的特点，主题营销更是如此。主题营销强调差异，通过塑造一种与众不同的主题形象，使本饭店的产品和服务区别于竞争对手，优于竞争对手，以在顾客心目中树立起不可替代的地位。差异的优势越明显，饭店在竞争中的优势就越多，成功的机会也就越大。

饭店在确立差异化主题时，必须从客人的立场出发，调查分析客人的需求，再确定主题。饭店所选定的主题切忌重复和随大流。饭店还要善于正确分析自身的优势和劣势，发挥本饭店各种资源的综合优势，扬长避短，形成其他饭店一时难以模仿的主题，使本饭店的主题具有较长时期的稳定性，从而逐步形成垄断优势。

地域的、历史的、文化的差异都可成为主题的源泉。

3．特色性

与传统营销理念相比较，主题营销力求在各个方面创新，突破千店一面的传统格局，弘扬饭店的个性与特色。这样不但能够吸引少部分猎奇的顾客，还能够吸引很多对生活有较高品位的顾客。体味特色、感受氛围是他们购买酒店产品和服务的重要动机。

（二）主题营销的运用

1．主题饭店

主题饭店是饭店主题营销中饭店完全主题化的一种方式，是整个饭店以某一特定的主题，来体现饭店建筑风格和装饰艺术，以及特定的文化氛围，让顾客获得富有个性化的文化感受，同时将服务项目融入主题，以个性化的服务取代一般化的服务，让顾客获得快乐、知识和刺激。历史、文化、城市、自然、神话故事等都可成为饭店借以发挥的主题。

 知识链接

拉斯维加斯金字塔酒店

美国拉斯维加斯金字塔酒店（Luxor）也许是世界上最宏伟和神秘的酒店。酒店内一座楼高 30 层的黑色玻璃金字塔和两座有阶梯的金字塔楼是古埃及艺术和现代科技的结晶，是拉斯维加斯最具创造力和想象力的建筑艺术杰作，令酒店在拉斯维加斯无与伦比。

Luxor 这个字的意思是"宫殿"的意思。酒店于 1993 年秋开始建造，以古埃及文明为主题设计。外观设计成大金字塔及人面狮身像，酒店房间就在金字塔里面。酒店房间的设计也以古埃及风格为主，住宿的旅客以专用小艇渡过小尼罗河后，送到客房。

金字塔酒店外观就像金字塔，中空的内部有很多的建筑，黑色金字塔内部是一个中空的建筑，房间建在金字塔的外壁之中，房间呈 30°向上延伸至金字塔塔顶。由于造型的特殊，在金字塔的四个角落设置的电梯，其造型亦是前所未见的,电梯呈 30°斜角上升,称之为 Evalator。酒店的安全措施良好，要想上楼，需要通过一楼安全人员的检验。

从酒店房间里向外看，可俯视赌城的主街道和周围的群山；房门开向金字塔内部，可俯视大厅内的景观。所有房间摆放了古埃及风格的木制雕刻家具，房间装潢十足，埃及的味道是赌城最有特色的。

酒店金字塔的内部为中空的设计，建有主题游乐园，称之为金字塔的秘密，分为"过去""现在""未来"3个主题。"过去"是飞行模拟器；"现在"是观看3D的立体电影；"未来"则是以一个7层楼高的银幕来欣赏超大银幕动感电影。

2. 主题客房

主题客房是饭店主题营销中饭店部分主题化的一种方式。主题客房是通过空间、平面布局、光线、色彩、陈设与装饰等诸多要素，运用各种艺术手法来设计与烘托某种独特的文化氛围，突出某种主题的客房。

长期以来，我国的客房呈现一种千篇一律的标准模式，因此，在主题客房的设置上，应摆脱原先"大一统"模式，开发各类具有个性主题色彩的客房，以满足不同客人的偏好。客房主题的选择基本素材有地域、历史、民族、时代、文学艺术、科技等。

 知识链接

北京温特莱酒店的女性客房

北京温特莱酒店的女性客房从2003年起建立，作为酒店最早推出的特色客房，深得女性客人青睐。

女性客房的床上用品布置得美观温馨，酒红色的床单、被罩、床幔，红色的靠枕、碎花的窗帘都是专门为女性设计的花色。桌子上摆放了香包，使房间拥有清新的空气。台灯区别于其他客房，增加了红色的装饰绸，柔和的灯光显得房间更加温馨。房间墙角放着一只长颈的大花瓶，里面插着专门用海洋植物编织出来的红艳艳的"海洋花"，很别致，洋溢着热情。

房间内有专门为女性客人配备的日常生活用品，如女性专用的卫生洗浴液、沐浴粉、浴盐及妇洗器等。还有女性特殊用品，如女性内衣烘干机、护舒宝、女性内裤、丝袜、T恤、遮阳帽等。

女性客房的推出，丰富了酒店特色客房服务的内容，同时得到了入住女性客房客人的赞扬。

3. 主题餐厅

主题餐厅是指以一个或多个主题为标志，并围绕主题来营造餐饮环境气氛，提供特色餐饮服务的场所。它的最大特点是赋予一般餐厅某种主题，围绕既定的主题来营造餐厅的经营气氛，餐厅内所有的产品、服务、色彩、造型及活动都为主题服务，使主题成为顾客容易识别餐厅的特征和产生消费行为的刺激物。

主题餐厅以其鲜明的主题特色和浓厚的文化内涵吸引了众多的顾客，为饭店创造了一个新的经济增长点。

 知识链接

世界首家 Hello Kitty 主题中餐馆落户香港

2015年5月，世界首家 Hello Kitty 中式点心餐馆——Hello Kitty 中菜轩在香港开业。

餐馆从吊灯、窗框、餐桌、餐椅、碗盏杯碟、筷子架到各色点心，无不使用 Hello Kitty 的形象。奶黄包、虾饺、马拉糕到干炒牛河、糯米饭等都被做成 Hello Kitty 的模样，咕噜肉、苹果鸡饭等都采用苹果入料，因为 Hello Kitty 与苹果有不解之缘。

餐馆生意非常火爆，顾客在开店前两小时就排起了长队。

小思考

我国还有很多其他主题的主题餐厅，请列举几家。

4. 主题活动

主题活动是指饭店通过设定鲜明的主题，围绕这一主题开展的各种营销活动，以此作为饭店赢取市场的关键。

饭店企业在策划经营型的主题活动时，应不断研究消费需求以挖掘"对路"的新卖点。这种主题活动成败的关键在于能否恰到好处地选择主题并做好相应的文章。

 知识链接

杭州之江度假村的热气球婚礼

2006 年 5 月黄金周期间，杭州之江度假村创造性地引入热气球，成为酒店一大亮点。在 7 月 8 日，酒店策划并承办了杭州首次热气球婚礼，这样的婚礼，摆脱了传统婚礼复杂的程序，符合当代年轻人的心理。

此次热气球婚礼的成功举办引起了包括新华社在内的众多媒体的注意。杭州所有主流媒体几乎都报道了此次婚礼，一次活动就吸引了不少注意的目光，酒店因此获得了不菲的品牌效益。

五、网络营销

网络营销产生于 20 世纪 90 年代，进入 21 世纪，随着信息技术的飞速发展，互联网的日益普及，网民数量的急剧扩增，网络营销的发展一日千里。与传统的营销方式相比较，网络营销具有传播范围广、速度快、无时间地域限制、成本低、互动性强、反馈快、多媒体传送形象生动等特点，因而有着传统营销方式无法比拟的巨大竞争优势。在国内网民规模达到 6 亿人之多，互联网普及率将近 50% 的网络时代背景下，网络营销已经成为企业营销的主流模式，是企业实现长远发展的必然选择。网络营销已经成为互联网时代最具发展潜力的领域。

饭店网络营销是指饭店利用国际互联网的信息沟通渠道，推销饭店产品的一种市场销售方式。

（一）饭店网络营销途径

目前饭店主要有以下几种网络营销途径。

1. 全球分销系统

全球分销系统又叫 GDS 预订系统（Global Distribution System），是全球 60 多万家旅游代理商用于预订旅游业务（包括饭店客房）的电脑系统。饭店可以通过加入 GDS 全球分销系统进行网络营销。加入了 GDS 系统等于直接与全球 50 万家旅行社签订了订房合作协议，有利于提高饭店在全球的知名度，提高客源的质量和数量，增加饭店的收入。

2. 饭店中央预订系统

饭店集团营销网络化的核心战略之一就是建立中央预订系统（Central Reservation System，CRS）。它是指饭店集团所采用的，由集团成员共享的预订网络。它是饭店集团利用中央数据库管理旗下所有饭店的房源、房价、促销等信息，并通过同其他各旅游分销系统，如全球分销系统和互联网分销商连接，客人如需要预订该集团内任何一家饭店的客房，可以通过该集团的任何一家饭店进行网上预订。国际上一些著名的饭店集团，如巴斯酒店集团的 Holidex 预订系统、雅高集团的 Accor 订房系统、希尔顿的 Hiltron 中央预订系统，都属于这类系统。

3. 专业旅游网站

目前，我国大多数单体饭店一般是通过互联网分销商等分销型专业旅游网站的方式向大众提供预订服务。互联网分销商系统是现阶段中小型饭店应用最广泛的预订系统，国内以携程网、艺龙网等专业旅游网站为代表。我国中小型饭店的数量很大，且都是单体运行，它们的信息化服务能力有限，专业旅游网站为它们的网络订房和信息化服务提供了一个很好的服务平台。

近几年，随着互联网的快速发展，网民数量的突飞猛进，我国的专业旅游网站得到了快速发展，已经成为重要的营销渠道。

 知识链接

我国十大旅游网站

2015 年，我国最新的十大旅游网站包括：①携程旅行网；②去哪儿网；③蚂蜂网；④途牛旅游网；⑤欣欣旅游网；⑥艺龙旅行网；⑦酷迅旅游网；⑧驴妈妈旅游网；⑨乐途旅游网；⑩穷游网。

4. 团购网站

饭店团购作为一种新兴的电子商务模式，是指通过团购网站集合足够数量的顾客，顾客便可以以优惠价格购买饭店产品，饭店薄利多销，买家得到优惠，节省金钱，而团购网站则从饭店收取佣金。

饭店组织团购，一来能够凭借优惠的价格吸引大量的客源；二来采取预先支付的形式，客人到店率非常高，能够有效地提高饭店的客房入住率及餐厅的销售量；三来有利于饭店将团购用户变成自己的忠实用户，因此团购已经成为饭店一种有效的网络营销模式。

近年来，我国团购市场发展迅猛，涌现出很多知名的大型团购网站，如美团网、糯米网、大众点评团、拉手网、窝窝团等。饭店应选择这些知名度高的大型团购网站进行合作，增加饭店知名度，快速提升经营业绩。

小思考
你在团购网站预订过吗？你觉得这种网络预订方式有何长处和不足之处？

5. 热门网络平台

微信、微博、知名论坛等这些时下非常火爆的网络平台已成为饭店进行网络营销的重要平台。利用这些网络平台进行营销优势非常明显，具有影响力广、参与人数庞大、成本低、操作简单、传播速度快等优点。以微信为例，截至 2015 年第一季度末，微信每月活跃用户已达到 5.49 亿人，用户覆盖 200 多个国家、超过 20 种语言。在这种背景下，微信营销、微博营销等网络营销方式已成为当前最流行、最常见的网络营销方式，已经成为一种不可阻挡的发展趋势。

 知识链接

海底捞火锅——每日微信预订 100 万

作为国内最具口碑的餐饮连锁服务机构，海底捞是较早试水 O2O 营销的餐饮连锁服务企业之一，凭借在微博、点评网站等互联网平台的口碑，海底捞迅速聚焦起了大量忠实粉丝。

加强客户关系管理一直是海底捞的追求，特别是移动互联网时代，新技术手段层出不穷，对经营者而言如何选择更好的管理方式是他们需要思考的问题。

首先，创意活动吸引，你一关注海底捞火锅的微信，就会收到一条关于发送图片可以在海底捞门店等位区现场免费制作打印美图照片的消息，是不是瞬间就有吸引力？

其次，自助服务全，通过微信可实现预订座位、送餐上门甚至可以去商城选购底料，你想要外卖简单输入送货信息，你就坐等美食送到嘴边吧！当然，其设计的菜品图案也是看着就有流口水的欲望。

最后，线下优质的服务配合，同时享受"微信价"，怎么能没有吸引力？

据悉，海底捞每日通过微信预订量高达 100 万。

6. 饭店官方网站

饭店建立自己的网站，等于在互联网上为饭店打开一个窗口。建设良好的饭店官方网站可以发挥对外宣传、信息检索、电子商务、企业服务、网络营销等功能。例如，饭店可以在网站页面上，用图、文、声、像等多媒体形式对饭店的产品、服务及设施设备进行全面细致的介绍，全方位地展示饭店；可以通过网站的客户留言，及时了解客户的需要和意见，更好地为客人提供服务；可以通过在线预订系统接受客人的在线预订，方便客人进行预订。

目前，我国大部分饭店的官方网站建设不尽人意。很多饭店的官方网站主页设计单调，一般都只是几幅图片和千篇一律的文字介绍，饭店和客人之间的互动性差，饭店在线预订功能形同虚设，未能真正发挥饭店官方网站的真正功能和作用。

小思考

你觉得七天连锁酒店的官方网站建设得如何？订房方便吗？有哪些需要改进的？

（二）饭店网络营销发展策略

1. 加强与专业旅游网站、团购网站的合作

无论是专业旅游网站，还是团购网站，近些年，这类网站的发展势头非常迅猛，已经成为企业重要的营销渠道。饭店应根据本身实际情况，加强与这类网站的合作，拓宽自身的营销渠道。在合作中，双方应本着平等互利、共同发展的原则，达到共赢的局面。

2. 充分利用热门网络平台

在微信营销、微博营销等网络营销方式引领营销潮流的背景下，饭店应顺应时代潮流，紧跟营销新动向，充分利用这些网络平台做好网络营销工作。饭店可以通过在微博建立饭店官方微博、在微信上设立饭店公众号等方式大力进行饭店宣传，大搞促销活动，加强与顾客之间的互动沟通，提高消费者的消费欲望；可以通过微信进行在线预订和在线支付，丰富预订渠道，方便顾客支付；可以利用知名论坛进行广告宣传，提高饭店知名度。

知识链接

维也纳酒店——微信 1 年订房 1 个亿

作为全国中档连锁酒店第一品牌，维也纳酒店微信最初就看到了服务号强大的智能服务接口，并果断升级为服务号，申请并使用微信各大高级接口开发功能服务客户。移动端更多注重的是客户体验，维也纳通过自定义菜单的深度优化和闭环管理思维，不断地提升平台的客户体验，有效激活了平台会员的消费黏性和活跃度。

[官方微信]　　[官方手机APP]

手机APP、微信预订立减20元

首先，预订系统的开发，与 PC 官网进行打通实现微信预订，通过"微信预订立减20元"差异待遇进行流量引导和转化。

其次，每日签到的闭环设计，娱乐和让利的双重驱动，让维也纳的会员留在微信平台上，并得到愉快和实惠。

微信的自助服务使维也纳订房各环节实现信息一体化和智能化，有效提高客户体验和平台消费黏性。

目前维也纳通过微信日均订房超过 1 000 间，结合维也纳服务号的关注量来讲，这一转化率目前在业内也是位居前茅的。

小思考

如家连锁酒店的微信订房程序是怎样的？与维也纳酒店相同吗？

3. 完善饭店官方网站建设

完善饭店官方网站建设，主要要做好以下 3 方面的工作：一是要优化饭店官方网站的页面设计。网站的页面设计一定要有足够的吸引力，这样才能诱使潜在客人来关注饭店的各种信息。例如，对饭店的介绍，可以采用立体的三维空间"模拟饭店"来代替常见的平面图片介绍，让客人可以更直观地感受到饭店的内部环境和设施设备。二是要加强与客人之间的互动，要提供在线咨询，对客人的留言要尽快及时回复。三是要完善各项网站功能，特别是在线预订功能，要让客人能够快速、顺畅地完成在线预订。

4. 努力开拓饭店官方网站的网络营销

目前大部分饭店的网络预订并不是通过饭店官方网站获得，而是通过专业旅游网站等第三方网站获得的，第三方网络平台成为饭店进行网络营销的主要阵地。这就意味着饭店必须支付相关佣金给第三方网站，这样势必造成饭店开支上涨，利润下降。

从可持续发展角度来看，饭店应该尽量减少对第三方网络平台的依赖，努力提高官方网站的网络预订量。饭店可采取激励措施来鼓励客人到饭店的官方网站进行预订。例如，饭店承诺对在官方网站进行预订的客人给予送果盘、饮料等奖励措施，吸引更多的客人到饭店官方网站进行预订，减少对第三方网站的依赖，从而降低饭店开支，提高饭店收益。

项目小结

营销活动是连接饭店与市场的桥梁，营销活动的成败直接影响饭店经营的成败。本项目介绍了饭店营销活动的基本特点、操作要点、营销组合策略及最新的营销理念。通过本项目的学习，为我们掌握饭店营销知识，提高饭店营销能力打下基础。

EQ 总结

在工作中，在饭店管理过程中，经常会碰到很多困难和挫折，这是不可避免的。当我们面临困境时，不要悲观，不要消极，一定要用积极的心态、乐观的精神去面对它。只有这样，才能克服困难，取得成功。

关键概念

饭店营销、营销策略、营销新理念。

课后思考与练习

一、填空题

1．饭店营销活动的基础环节包括_____、_____、_____、_____。

2．饭店可以从产品的_____、_____、_____、_____ 4 个方面进行产品组合，以形成不同的饭店产品系列。

3．饭店新产品定价策略有_____、_____、_____。

4．饭店营销组合策略的 4P 分别是指_____、_____、_____、_____。

5．主题营销的特点体现在_____、_____、_____ 3 个方面。

6．内部营销将_____看做是饭店的内部客人。

7．常见的促销手段有_____、_____、_____和_____等。

二、判断题

1．营销等于推销，其目的是向客人推销饭店各项产品和服务。（　　）

2．新产品是饭店借助于先进设施设备开发出来的各类全新产品。（　　）

3．饭店产品的无形性使得饭店的营销活动带上了相应的脆弱性。（　　）

4．关系营销认为营销活动是一个企业与消费者、竞争者、供应商、分销商、政府机构及其他公众发生互动作用的过程，关系营销的核心是正确处理与这些个人和组织的关系，建立和发展与他们之间的良好关系。（　　）

5．撇脂定价法指产品以低于预期的价格进入市场，以期获得"薄利多销"的效果。（　　）

6．绿色营销理念鼓励饭店企业在发展过程中承担起关爱环境的责任。（　　）

三、简述题

1．营销和推销的区别是什么？

2．饭店营销活动有何特点？

3．饭店新产品的内涵是什么？

案例分析

万豪酒店集团的营销管理

万豪酒店（Marriott）是与希尔顿、香格里拉等齐名的酒店巨子之一，总部位于美国。现在，其业务已经遍及世界各地。

八仙过海，各显神通，不同的企业有不同的成功之道。就酒店业而言，上述企业在品牌及市场细分上就各有特色：希尔顿、香格里拉等这样单一品牌公司通常将内部质量和服务标准延伸到许多细分市场上；而万豪则偏向于使用多品牌策略来满足不同细分市场的需求，人们（尤其是美国人）熟知的万豪旗下的品牌有"庭院旅馆（Courtyard Inn）"、"丽思卡尔顿（Ritz Carlton）"等。

这家著名的酒店针对不同的细分市场成功推出了一系列品牌：Fairfield（公平）、Courtyard（庭院）、Marriott（万豪）及 Marriott Marquis（万豪伯爵）等。在早期，Fairfield 是服务于销售人员的；Courtyard 是服务于销售经理的；Marriott 是为业务经理准备的；Marriott Marquis（万豪伯爵）是为公司高级经理人员提供的。后来，万豪酒店对市场进行了进一步的细分，推出了更多的旅馆品牌。

在"市场细分"这一营销行为上，"万豪"可以被称为超级细分专家。在原有的 4 个品牌都在各自的细分市场上成为主导品牌之后，"万豪"又开发了一些新的品牌。在高端市场上，Ritz-Carlton（丽思卡尔顿）酒店为高档次的顾客提供服务方面赢得了很高的赞誉并备受赞赏；Renaissance（新生）作为商务和休闲品牌与 Marriott（万豪）在价格上基本相同，但它面对的是不同消费心态的顾客群体——Marriott 吸引的是已经成家立业的人士，而"新生"的目标顾客则是那些职业年轻人；在低端酒店市场上，万豪酒店由 Fairfield Inn 衍生出 Fairfield Suite（公平套房），从而丰富了自己的产品线；位于高端和低端之间的酒店品牌是 TownePlace Suites（城镇套房）、Courtyard（庭院）和 Residence Inn（居民客栈）等，他们分别代表着不同的价格水准，并在各自的娱乐和风格上有效进行了区分。

伴随着市场细分的持续进行，万豪又推出了 Springfield Suites（弹性套房）——比 Fairfield Inn（公平客栈）的档次稍高一点，主要面对一晚 75~95 美元的顾客市场。为了获取较高的价格和收益，酒店使 Fairfield Suite（公平套房）品牌逐步向 Springfield（弹性套房）品牌转化。

经过多年的发展和演化，万豪酒店现在一共管理着 8 个品牌。

通过市场细分来发现市场空白是"万豪"的一贯做法，正是这些市场空白成了万豪酒店成长的动力和源泉。万豪一旦发现有某个价格点的市场还没有被占领，或者现有价位的某些顾客还没有被很好地服务，它就会马上填补这个"空白"。一个多品牌的公司有完全不同的理念——公司的信心建立在对目标顾客需求的了解之上，并有能力创造一种产品或服务来满足这种需求。顾客的信心并不是建立在"万豪"这个名字或者其服务质量上，其信心基础是"旅馆是为满足顾客的需求而设计的"。例如，顾客想找一个可以承受得起的旅馆住上三四个星期，"城镇套房"可能就是其最好的选择，他（或她）并不需要为"万豪"额外的品质付费，他（或她）可能并不需要这样的品质，而且这种品质对他（或她）而言可能也没有任何价值。

"万豪"会在什么样的情况下推出新品牌或新产品线呢？答案是当其通过调查发现在旅馆市场上有足够的、尚未填补的"需求空白"或没有被充分满足的顾客需求时，公司就会推出针对这些需求的新产品或服务。这意味着公司需要连续地进行顾客需求调研。通过分析可以发现，"万豪"的核心能力在于它的顾客调查和顾客知识，"万豪"将这一切都应用到了从"公平旅馆"到"丽嘉"所有的旅馆品牌上。从某种意义上说，"万豪"的专长并不是旅馆管理，而是对顾客知识的获取、处理和管理。如果调查显示某细分市场上有足够的目标顾客需要一些新的产品或服务特色，那么"万豪"就会将产品或服务进行提升以满足顾客新的需求；

如果调查表明在某一细分目标顾客群中，许多人对一系列不同的特性有需求，"万豪"将会把这些人作为一个新的"顾客群"并开发出一个新的品牌。

万豪国际公司为品牌开发提供了有益的思路。对于一种现有的产品或服务来说，新的特性增加到什么程度时才需要进行提升？又到什么程度才可以创造一个新的品牌？答案是当新增加的特性能创造一种新的东西并能吸引不同目标顾客时，就会有产品或服务的提升或新品牌的诞生。

万豪公司宣布开发"弹性套房"这一品牌的做法是一个很好的案例。当时，万豪将"弹性套房"的价格定在 75～95 美元，并计划到 1999 年 3 月 1 日时建成 14 家，在随后的两年内再增加 55 家。"弹性套房（Springfield Suites）"源自"公平套房（Fairfield Suites）"，而"公平套房"原来是"公平旅馆（Fairfield Inns）"的一部分。"公平（Fairfield）"始创于 1997 年，当时，华尔街日报是这样描绘"公平套房"的：宽敞但缺乏装饰，厕所没有门，客厅里铺的是油毡，它的定价是 75 美元。实际上，对于价格敏感的人来讲，这些套房是"公平旅馆"中比较宽敞的样本房。现在的问题是："公平套房"的顾客可能不喜欢油毡，并愿意为"装饰得好一点"的房间多花一点钱。于是，万豪通过增加烫衣板和其他令人愉快的东西等来改变"公平套房"的形象，并通过铺设地毯、加装壁炉和早点房来改善客厅条件。通过这些方面的提升，万豪酒店吸引到了一批新的目标顾客——注重价值的购买者。但后来，万豪发现对"公平套房"所做的提升并不总是有效——价格敏感型顾客不想要，而注重价值的顾客对其又不屑一顾。于是，万豪考虑将"公平套房"转换成"弹性套房"，并重新细分了其顾客市场。通过测算，万豪得到了这样的数据：相对于价格敏感型顾客为"公平套房"所带来的收入，那些注重价值的顾客可以为"弹性套房"至少增加多 5 美元的收入。

在一个有竞争的细分市场中进行产品提升要特别注意获取并维系顾客。对于价格敏感型顾客，你必须进行产品或服务的提升以避免他们转向竞争对手。如果没有竞争或者没有可预见的竞争存在，那么就没有必要进行提升。其实，竞争通常总是存在的，关键是要通过必要的提升来确保竞争优势。面对价格敏感型顾客，过多的房间并不能为"公平旅馆"创造竞争优势。

　　问题：

1. 根据本案例，万豪酒店是如何对市场进行细分的？

2. "万豪"会在什么样的情况下推出新品牌或新产品线？列出市场细分的原则。

 实训应用

实训名称： 为当地星级饭店设计关于中秋节的市场营销活动计划。

实训内容： 选择当地某一家星级饭店，根据饭店的具体情况，为其设计一份关于中秋节的市场营销活动计划。要求计划内容要包括基础环节分析、客源市场分析、产品策略、价格策略、营销渠道策略、促销策略等要素。活动计划要具有可行性。

饭店服务质量管理

项目导航

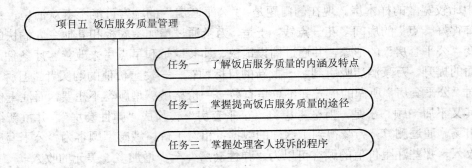

知识目标

1. 了解饭店服务质量的含义与内容。
2. 掌握饭店服务质量的特点。
3. 掌握提高饭店服务质量的途径。
4. 掌握处理客人投诉的程序。

技能目标

1. 能够发现饭店服务质量存在的问题并提出改进措施。
2. 能够制定饭店服务规程，有效提高服务质量水平。
3. 能够在实际工作中处理好各类客人的投诉事件。

EQ 话题

　　适宜得体的语言表达，你将得到更多的肯定；以宽容之心对待一切，你获取的将是更多；学会控制自己的情绪，将更有利于问题的解决。

任务一　了解饭店服务质量的内涵及特点

饭店是服务性行业，服务质量是饭店的中心工作，是饭店生存和发展的基础。饭店之间的竞争，本质上是服务质量的竞争。不断提高饭店服务质量，以质量求效益是每一家饭店发展的必经之路，也是所有饭店管理者共同努力的目标。

一、饭店服务质量的含义

饭店服务质量是指饭店以其拥有的设备设施为依托，为客人提供的服务在使用价值上适合和满足客人物质和精神需要的程度。所以，饭店提供的服务既要满足客人生活的基本需要，即物质上的需要，也要满足客人的心理需要，即精神上的需要。适合是指饭店为客人提供服务的使用价值能够为客人所接受和喜爱；满足是指该种使用价值能够为客人带来身心愉悦和享受。

因此，饭店服务的使用价值适合和满足客人需要的程度高低体现了饭店服务质量的优劣。适合和满足客人需要的程度越高，服务质量就越好；反之，服务质量就越差。

饭店服务质量通常有两种理解：一种是广义的饭店服务质量，它包含饭店服务的三要素，即设施设备、实物产品和劳务服务的质量，是一个完整的服务质量的概念，本书所指的服务质量主要是指广义的服务质量。另一种是狭义的饭店服务质量，是指饭店劳务服务的质量，它纯粹指由服务员的服务劳动所提供的，不包括提供的实物形态的使用价值。

 知 识 链 接

"服务"一词的含义

"服务"一词（service）的每个字母所代表的含义包括以下几个方面。

第一个字母 s，smile（微笑）：要对每一位客人提供微笑服务。

第二个字母 e，efficency（效率）：为客人提供高效服务。

第三个字母 r，receptiveness（诚恳）：态度诚恳，全心全意为客人服务。

第四个字母 v，vitality（活力）：充满活力，创新温馨、和谐的服务气氛和环境。

第五个字母 i，interesting（兴趣）：留意客人的兴趣所在，积极为客人提供优质服务。

第六个字母 c，courtesy（礼貌）：为客人提供礼貌、周到的服务。

第七个字母 e，equality（平等）：公平、平等地对待每一位前来消费的客人。

二、饭店服务质量的内容

饭店服务质量是有形产品质量和无形产品质量的有机结合，有形产品质量是无形产品质量的凭借和依托，无形产品质量是有形产品质量的完善和必要补充，两者相辅相成，缺一不可，构成完整的饭店服务质量的内容，如图 5-1 所示。

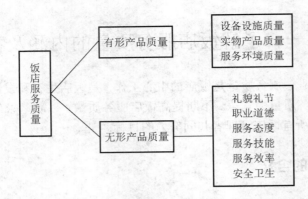

图 5-1　饭店服务质量的内容

（一）有形产品质量

饭店有形产品质量是指饭店提供的设备设施和实物产品的使用价值及服务环境的质量，主要满足客人物质上的需要。

1. 设备设施质量

饭店是凭借其设备设施来为客人提供服务的，所以，饭店的设备设施是饭店赖以生存的

基础，是饭店为客人提供服务的必备条件。饭店设备设施质量是服务质量的基础和重要组成部分，是饭店服务质量高低的决定性因素之一。饭店设备设施包括客用设备设施和供应用设备设施。

（1）客用设备设施

客用设备设施也称前台设备设施，是指直接供客人使用的设备设施，如客房设施、餐饮设施、康乐设施等。它要求做到设置完善，档次合适，舒适美观；操作简单，安全环保；完好无损，性能良好。

小思考

你知道三星级饭店的客房一般有哪些客用设备设施吗？

（2）供应用设备设施

供应用设备设施也称后台设备设施，是指饭店经营管理需要的不直接与客人见面的生产性设备设施，如锅炉设备、制冷供暖设备、厨房设备等。它要求做到安全运行，保证供应。

2. 实物产品质量

实物产品质量是指直接满足饭店客人的物质消费需要的实物产品，其质量高低也是影响客人满意程度的一个重要因素，是饭店服务质量的重要组成部分之一。饭店的实物产品质量通常包括以下几个方面。

（1）菜点酒水质量

饮食在客人的心目中占有非常重要的位置。饭店的饮食产品在保证安全卫生的前提下，

不仅要满足客人最基本的生理需要，还应该从色、香、味、形、器、质及营养等方面，使客人得到多方面的享受，要求做到原料选用合理，加工烹制精细，产品风味适口等。菜点酒水质量是饭店实物产品质量的重要构成内容之一。

（2）客用品质量

客用品质量是指饭店直接供客人消费的各种生活用品，包括一次性消耗品（如牙具、牙膏等）和多次性消耗品（如台布、餐具等）。

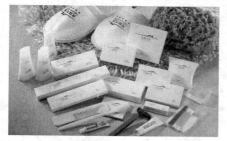

客用品在质量上应与饭店的星级相适应，要保证安全卫生，要避免提供劣质客用品，如一穿就破的一次性拖鞋，一刷满口牙刷毛的一次性牙刷，都会给客人留下恶劣的印象；在品种配备上以能够满足本饭店客源需求为佳；在数量上应供应充裕，能满足客人需要。

（3）服务用品质量

服务用品是指饭店在提供服务过程中供服务人员使用的各种用品，如客房部的客房工作车、餐饮部的托盘等。服务用品是提高劳动效率、满足客人需要的前提，也是提供优质服务的必要条件。服务用品质量要求品种齐全、数量充裕、性能优良、使用方便、安全卫生等。管理者对此应加以管理，否则饭店难以提供令客人满意的服务。

（4）商品质量

为满足客人购物需要，饭店通常都设有商场部，商场部商品质量的优劣也影响饭店服务质量。商场部所提供的商品应做到质量有保证、商品结构适当、价格合理、商品陈列美观。在商品的品种配置方面，应多配置具有当地特色的产品，以满足住店外地客人的购物需要。

3. 服务环境质量

服务环境质量是指饭店的服务气氛给客人带来感觉上的美感和心理上的满足感的程度。通常对服务环境质量的要求是整洁、美观、有秩序和安全。在此基础上，饭店还应充分体现出一种带有鲜明个性的文化品位。

优质的服务环境主要包括独具特色、符合饭店等级的建筑和装潢，布局合理且便于到达的饭店服务设施和服务场所，充满情趣并富于特色的装饰风格，以及洁净无尘、温度适宜的环境和仪表仪容端庄大方的饭店员工。所有这些构成饭店所特有的环境氛围。它在满足客人物质需要的同时，又可满足其精神享受的需要。

（二）无形产品质量

无形产品质量是指饭店的劳务服务质量。它是饭店服务质量的主要内容之一，主要包括以下几个方面。

1. 礼貌礼节

礼貌礼节是以一定的形式通过信息传输向对方表示尊重、谦虚、欢迎、友好等态度的一种方式。礼节偏重于仪式，礼貌偏重于语言行为。它表明了饭店对客人的基本态度和意愿。

饭店礼貌礼节要求服务人员具有端庄的仪表仪容，文雅的语言谈吐，得体的行为举止等。礼貌礼节直接关系到客人的满意度，是饭店提供优质服务的基本点。

说别人爱听的话

EQ故事

老虎梦见自己所有的牙齿都掉了。一觉醒来，它找来羚羊为它解梦。羚羊说："大王，你很不幸，每掉一颗牙齿，你就会失去一个亲人。"老虎大怒："你这个大胆狂徒，竟敢胡言乱语，给我滚出去！"

老虎另外找来狐狸，向它述说自己的梦。狐狸听完，灵机一动说："高贵的大王，你真幸福呀，这是一个吉祥的梦，意味着你比你的亲人更长寿。"老虎听完后，命令奖赏狐狸10只鸡。

狐狸走出宫殿正好碰见羚羊，羚羊说："真是不可想象，其实你和我说的都是一个意思，为什么你会得到奖赏？"

狐狸语重心长地说："很简单，我只是以老虎喜欢听的方式表达了同样的意思。"

俗话说："会说话的令人笑，不会说话的令人跳。"在很多情况下，同样一句话有很多表达方法，怎样表达要视对象及实际情景而定。在任何时候都要讲真话，但讲话需要选择适当的表达方式，表达不当可能会引起严重的后果。作为饭店从业人员，要好好掌握语言的艺术，要针对不同的服务对象使用合适的表达方式。

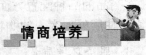

情商培养

2. 职业道德

职业道德是饭店从业人员在职业活动中必须遵守的行为规范和准则。遵守职业道德是做好饭店服务工作的基本保证。

饭店员工应遵循"热情友好，真诚公道；信誉第一，文明礼貌；不卑不亢，一视同仁；团结协作，顾全大局；遵纪守法，廉洁奉公；钻研业务，提高技能"的旅游职业道德规范，真正做到敬业、乐业和勤业。

3. 服务态度

服务态度是指服务人员在对客人服务过程中体现出来的主观意向和心理状态，其好坏决定于员工的主动性、积极性、责任感、创造性和素质高低。饭店要求服务人员应具有"客人至上"的服务意识并能够主动、热情、耐心、周到地为客人提供服务。

饭店员工服务态度的好坏是很多客人关注的焦点，尤其当出现问题的时候，服务态度常常成为解决问题的关键，客人可以原谅饭店的很多过错，但往往不能忍受服务人员恶劣的服务态度。因此，服务态度是无形产品质量的关键所在，直接影响饭店的服务质量。

 **案例**

到手的订单飞了

一天早上刚刚上班，某饭店餐饮部的预订员孟小姐接到了某大公司总经理秘书赵先生打来的预订电话。对方在详细询问了餐厅面积、餐位、菜肴风味、设备设施、服务项目等情况后，提出预订一个3天后200人规模的高档庆典宴会。孟小姐热情地向客人介绍了餐厅的具体情况后，双方开始约定见面的时间。赵先生提议道："孟小姐，请你下午3点到我们公司来签一下宴会合同，并收取定金。"

"真对不起，今天我值班，不能离岗，还是请您抽空到我们饭店来一趟吧，我还可以带您看看场地，行吗？"孟小姐答道。

最后，赵先生同意下午来查看场地，并签订合同。

放下电话，孟小姐感到十分高兴，暗自寻思：没想到今天预订的生意这么好，这已经是第10个预订电话了，看来完成这个星期的预订任务是没有问题了。

此后，孟小姐又接了几个预订电话，都是小宴会厅的中、低档预订。孟小姐对待他们的态度显然没有那么热情了，接电话也不那么及时了。这些电话中有一位山西口音的李先生，要求预订当地淮扬风味的8人家庭宴会，每人标准100元。孟小姐很不耐烦地告诉他，预订已满，请他到其他饭店预订。

下午，孟小姐一心在等赵先生的到来，没想到却只等到一个回复电话。

"对不起，孟小姐，我要取消上午的预订，我们李总不希望在你们饭店举办宴会了。"赵先生说。

"为什么？是不是需要我亲自到你们公司去一趟。"孟小姐急忙问。

"不必了。我们李总今天在你们饭店打电话预订了8人宴会没有成功，他对贵饭店没有信心。他说连8个人的家庭宴会都接待不了，还谈什么200人的大型宴会呢？所以他指令我把宴会订到其他饭店。"赵先生含着歉意地解释着。

"这……"孟小姐顿时感到茫然。

【点评】

在案例中，预订员孟小姐因为服务态度不佳而失去了客人，影响到饭店的声誉和利益。作为饭店的员工，要具备良好的服务素质，对待每一位客人都要做到一视同仁，热情接待。

4. 服务技能

服务技能是指饭店服务人员在提供服务时显现的技巧和能力，其高低取决于服务人员的专业知识和操作技术。

服务技能是饭店服务质量的技术保证，要具备专业化的服务技能，服务人员要掌握丰富的专业知识，具备娴熟的操作技术，并能根据具体情况灵活运用，从而达到最佳的服务效果。服务人员只有掌握好服务技能，才能使饭店服务达到标准，保证饭店服务质量。

 案例

服务员打翻饮料

一个夏日的晚上，某酒店的宴会大厅正在举行一场宴会，百余名客人在互相交谈，舒缓的背景音乐响起，整个宴会的气氛轻松而又欢快。

这时，一位男服务员手托饮料盘正在给客人斟饮料，突然间，男服务员的托盘重心不稳，托盘上的几罐饮料翻倒了，全部洒在邻近的一位小姐身上。小姐被这突如其来的事情吓得发出了一声尖叫："啊呀！"响声惊动了百余名客人，大家目光一齐投向这位小姐。

只见那位小姐身上被饮料淋湿，上衣很明显地弄湿了。在全场百余名客人的目光注视下，年轻的小姐显得无比尴尬。而那位服务员则手足无措，脸色煞白。

【点评】

在案例中，由于服务员的斟酒服务技能不过关，出现服务失误，导致了这种尴尬的局面，严重地影响了饭店的声誉。作为饭店管理者，一定要通过培训不断提高服务员的服务技能，只有服务技能达到标准，才能保证饭店的服务质量水平。

5. 服务效率

服务效率是指员工在服务过程中对时间概念和工作节奏的把握。它应根据客人的实际需要灵活掌握，要求服务人员在客人最需要某项服务时即时提供。服务效率并非仅指快速，而是强调适时服务。

饭店服务效率包括 3 类：一是用工时定额来表示的固定服务效率，如清扫一间客房用 30 分钟，中餐宴会摆台用 15 分钟等；二是用时限来表示服务效率，如总台入住登记每位客人不超过 3 分钟，接听电话不超过三声等；三是指有时间概念，但没有明确的时限规定，是靠客人的感觉来衡量的服务效率，如餐厅点菜后多长时间上菜，若使客人等候时间过长，容易让客人产生烦躁心理，直接影响客人对服务质量的评价和对饭店的印象。

 案例

金海湾大酒店客房服务"六快"

五星级的汕头金海湾大酒店与 ISO9004-2 国际标准——《服务指南》接轨，通过强化服务的时间观念来提高服务质量，推出了充分体现服务效率的"十二快"服务，其中，涉及客房服务的有"六快"：

1）接听电话快：铃声响两声内接听电话。

2）客房传呼快：2分钟。楼层服务员配对讲机，凡向客房服务中心提出任何要求，服务员必须在2分钟内送到客房，如送开水、茶叶等。有些在2分钟内提供不了的服务，服务员也必须在2分钟内到达客房向客人打招呼，然后尽快解决。

3）客房报修快：5分钟内处理好小问题，如更换灯泡、保险丝、垫圈及设施运转中的各种操作性问题等。这就要求酒店设有24小时分班值岗的"万能工"，粗通水、暖、电、木、钳等各个工种。对于重大问题，一时不能解决的，也要安慰客人，并给予明确的回复。

4）客房送餐服务：10分钟。酒店规定，员工电梯必须首先保证送餐服务，即使有员工想去低于送餐的楼层，也必须让送餐完毕后再返下。

5）回答问讯快：立即。为此，酒店就客人常常问到的问题，对员工进行全员培训。

6）投诉处理快：10分钟。小问题，10分钟内圆满解决；大问题，先安慰客人，稳住客人，10分钟内给予回复。

【点评】

服务效率是衡量服务质量的重要标准之一。客人所需要的服务，必须在最短的时间内为客人提供。汕头金海湾大酒店为各项日常服务制定了时间标准，并以此作为对服务员进行监督、考核的标准，保证了服务效率，保证了酒店的服务质量。

6. 安全卫生

饭店安全是客人外出旅游时考虑的首要问题，因此，饭店必须保障客人、员工及饭店自身的安全。饭店在环境气氛上要制造出一种安全的气氛，给客人心理上的安全感，但不是戒备森严，否则更会令客人感到不安。

饭店清洁卫生主要包括饭店各区域的清洁卫生、食品饮料卫生、用品卫生、个人卫生等。饭店清洁卫生直接影响客人身心健康，是优质服务的基本要求，必须加强管理。

三、饭店服务质量的特点

饭店服务质量和其他商品质量相比较，有其自身的特点。管理者要做好服务质量管理，必须正确认识和掌握饭店服务质量的特点。

（一）饭店服务质量构成的综合性

饭店服务质量的构成内容既包括有形的产品质量，又包括无形的劳务服务质量等多种因素，每一因素又由许多具体内容构成，贯穿于饭店服务的全过程。由此可见，饭店服务质量构成具有很强的综合性。

饭店服务质量构成的综合性要求饭店管理者必须具有整体观念，既要抓好有形产品的质量，又要抓好无形服务的质量，只有这样才能真正提高饭店的整体服务质量。

（二）饭店服务质量评价的主观性

由于不同的客人对服务质量的预期值不同，对服务质量的感知不同，因此，即使是相同的服务质量，不同客人的评价也会有所不同，甚至出现较大的偏差。因此，客人对饭店服务质量的评价带有很强的主观性。

这就要求服务人员在对客人服务过程中，要通过细心观察，了解并掌握客人的需求，提供针对性的个性化服务。通过不断改进对客人的服务来提高客人的满意度。正如一些饭店管理者所说："我们无法改变客人，那么就根据客人的需要改变自己。"

（三）饭店服务质量显现的短暂性

饭店服务质量是由一次次的具体服务组成的，而每一次具体服务的显现时间都是短暂的，如微笑问好、介绍菜点等。这类具体服务不能储存，不像实物产品那样可以返修或退换。服务一旦结束就失去了其使用价值，只会在客人心目中产生一种感受和印象。因此，饭店服务质量的显现是短暂的，如要进行服务后调整，也只能是另一次的具体服务。也就是说，客人对某一次的服务感到非常满意，评价较高，但并不能保证下一次服务同样能获得好评。

因此，饭店管理者要重视每一次服务工作，要督导员工做好每一次服务工作，争取使每一次服务都能让客人感到满意，从而提高饭店整体服务质量。

（四）饭店服务质量内容的关联性

从客人进入饭店到离开饭店的全程服务是一条由许多服务环节组成的服务链。在此过程中，客人得到的是各部门提供的一次次具体的服务活动，这些具体的服务活动不是孤立的，而是有着密切的关联。整个服务过程中的某一个环节的服务质量出现了问题，就会破坏客人对饭店的整体印象，进而影响其对整个服务质量的评价。饭店服务质量管理中有一道流行公式：$100-1=0$，即在整个服务过程中，只要有某个服务环节不能令客人满意，客人就会全盘否定全部的服务。

饭店服务质量内容的关联性要求饭店各部门、各服务环节之间要协作配合，并做好充分的服务准备，环环紧扣，确保每项服务的优质、高效，确保饭店服务全过程和全方位的"零缺点"。

 案例

饭店业的著名公式 100-1=0

北京某协会在饭店组织召开为期3天的全国性业务洽谈会。在此期间，会务组的客人对饭店的服务、住宿、用餐均留下了很好的印象，表示今后有活动还要安排在这里。

但在客人即将办理离店手续、到餐厅将会议剩余的物品及饮料取走时，忽然发现存放物品的房门未锁，于是就询问当班的领班："为什么不锁这个门，如果丢了东西谁负责？"当时领班没好气地回答说："这个门的钥匙谁都能拿，我们也没有办法控制。"由于领班不但没有给客人一个满意的答复，而且回答客人问题时态度比较生硬，引起了客人的强烈不满。他书面投诉到饭店总经理，并且表示以后不会再入住该酒店。

【点评】

在本案例中，客人虽然对前面的各项服务都很满意，但因为对最后一个服务环节不满，最终导致对饭店的整体满意度归零。这就是饭店行业著名的公式 $100-1=0$ 的内涵。

（五）饭店服务质量对员工素质的依赖性

饭店服务质量是在有形产品的基础上通过员工的劳务服务创造并表现出来的。这种创造和表现能否满足客人的需要取决于服务人员的素质高低和管理者的管理水平高低。因此，饭店服务质量对员工素质有较强的依赖性。

由于服务质量的优劣在很大程度上取决于员工的表现，而这种表现又很容易受到员工个人素质和情绪的影响，具有很大的不稳定性。因此，饭店管理者应努力提高员工的满意度，激发其服务的积极性和主动性。通过创造出满意的员工，进而创造出满意的客人。

（六）饭店服务质量的情感性

饭店服务人员与客人之间关系的融洽程度直接影响客人对服务质量的评价。如果服务人员与客人的关系融洽，客人就比较容易谅解饭店的难处和过错。而如果彼此间关系不融洽，则很容易引起客人小题大做或借题发挥。

因此，员工在对客服务过程中要注意与客人的情感沟通，要通过真诚的服务来赢得客人，在日常生活中与客人建立良好和谐的关系。

 案例

贝尔饭店的忠诚客户

有一个客人到内蒙古出差，住在海拉尔的贝尔饭店。午休时服务员小伊看到客人开着房门，便进来问候："您今天太累了吧，岁数大还要多注意休息。"一回头，她看到客人放在电视机上的冠心病药山海丹，便说："您该吃药了吧？"客人说："不忙。"她说："我把水给您晾上吧！"客人说："不用，一会儿我自己来。"

就在这个时候，客人看到服务员转过身去，手拿两个茶杯，把其中一个倒上半杯开水，用两只手轻轻握着，水从左手杯倒到右手杯，再从右手折到左手。客人看着看着，视线不禁模糊了。客人有两个女儿，他吃了 5 年药，而他的女儿们从来都没给他折过水，但服务员小伊却做到了，真比自己的女儿还亲！

后来这位客人只要到内蒙古出差，就肯定入住贝尔饭店，成为饭店的忠诚客户，而且无论走到什么地方，都把贝尔饭店的深情厚谊介绍给他的朋友们。

【点评】

在案例中，服务员小伊把客人当成自己的亲人，处处为客人着想，凭借自己的真诚打动了客人的心，和客人建立起融洽的关系和深厚的情感。凭借着这种情感性赢得了客人对饭店的忠诚，为饭店带来良好的经济效益。

任务二 掌握提高饭店服务质量的途径

在激烈的市场竞争中，服务质量是饭店生存和发展的基础，提高饭店的服务质量是饭店取得市场竞争优势的法宝。饭店可通过以下途径来提高服务质量，如图 5-2 所示。

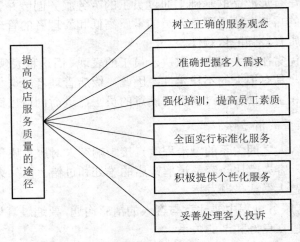

提高饭店服务质量的途径

- 树立正确的服务观念
- 准确把握客人需求
- 强化培训，提高员工素质
- 全面实行标准化服务
- 积极提供个性化服务
- 妥善处理客人投诉

图 5-2 提高饭店服务质量的途径

一、树立正确的服务观念

要提高饭店的服务质量，首先就要在饭店全体员工中树立起"一切从客人出发"的服务观念。

饭店经营最主要的目标就是获取经济效益，而客人是饭店获得经济效益的源泉。优质的服务质量，可以提升客人的满意度，吸引更多的客人，使更多的客人成为回头客。随着饭店客源的增加，饭店的经济效益自然也随之增加。收益良好的饭店会给员工更多的利益，从而提高员工的主动性和积极性，为客人提供更好的服务；收益良好的饭店有充裕的资金去加强员工的培训，提高员工的服务质量水平。随着服务质量的进一步提高，客人的满意度又提升了，会更加频繁地光顾饭店，从而形成一种良性循环。相反地，如果饭店的服务质量不尽人意，则会陷入一种恶性循环状态。

饭店要让每一位员工清楚地认识到客人是饭店的"衣食父母"，客人是饭店生存的根本。只有凭借优质服务吸引客人前来饭店消费，为饭店带来效益，饭店才能得以生存和发展，饭店才有能力提供更多的利益给员工。因此，每位员工都应怀有感恩之心，热情欢迎每位前来消费的客人，全心全意为客人提供服务。要一切从客人出发，站在客人的立场上思考问题，最大限度地满足客人的需要。通过提供优质服务来赢得客人，从而保证饭店的生存和长久发展，保证自身利益得到保障。

知识链接

客人永远是对的

"客人永远是对的"是饭店业普遍奉行的信条。

"客人永远是对的"不能简单理解为无论客人怎么样做都是对的，并不意味着饭店员工就是错的。

"客人永远是对的"其实就是一种换位思考，要求饭店员工站在客人的立场上去考虑问题，尊重客人，理解客人。即使客人错了，只要其言行是合法的且不损害其他客人的利益，饭店也应该把"对"让给客人。饭店要始终将客人摆在"有理"的位置，即使在某些方面饭店有理，也要"得理让人"，把"对"让给客人。

客人是饭店服务的对象，而不是去较劲、争是非的对象，更不是教育和改造的对象。

二、准确把握客人需求

饭店的服务对象是客人，饭店员工只有全面了解并准确把掌握客人的需求，才能够提供令客人满意的服务。

饭店客人的需求可分为先天性需求和社会性需求两个方面。

（一）先天性需求

先天性需求又称为生理性需求，主要指客人对饮食、睡眠、安全等人体必需的需求，是满足个体生存和发展的保障。先天性需求包含生理需求和安全需求两个层次。

在生理需求方面，客人需要有适合自己生活习惯和口味特点的食品，需要有干净舒适的休息、睡眠环境，还需要有助于身体健康的娱乐、运动场所。而客人在安全方面的需求更是多方面的。他们希望在饭店期间人身和财产的安全得到保障，希望客房有严格的安全措施，能防止一切意外事故的发生。

先天性需求总是周期性反复出现，不会因为一时的满足而终止。因此，针对先天性需求，饭店提供的设施和服务必须具有一定的持续性和稳定性。

 案例

喜来登"甜梦之床"

喜达屋集团旗下的高端品牌酒店——喜来登酒店的全部房间都配置有"喜来登甜梦之床"。

"喜来登甜梦之床"是喜来登酒店的高层们在亲身试睡了成百上千的枕头、床单及床垫之后推出的新的品牌特色，这是喜来登品牌最为自豪的品牌特色之一。

"喜来登甜梦之床"是专门定制的豪华多层床具。床垫有 11.5 英寸厚，弹性极佳且触感舒适；床单布面挺括，不缩不皱；毛毯质地柔软，被子及枕头温暖舒适。床具还有不同色调及图案选择。

一张舒适的床是酒店客房中最重要的一项，"甜梦之床"为客人提供温暖舒适和愉悦美妙的睡眠体验，深受广大客人的喜欢，它已成为喜来登酒店吸引客人的一个因素。

【点评】

喜来登酒店推出了"甜梦之床"，为客人提供了温暖舒适的睡眠环境，满足了客人的生理性需求，也赢得了客人的好评。

（二）社会性需求

社会性需求又称为心理性需求，是个体在成长过程中通过各种经验的积累而形成的后天需求，它反映了特定历史条件下个人对社会生活的要求。饭店客人的社会性需求主要表现在进行社会交往、要求受到尊重和实现自我价值等方面。此外，饭店客人通常还会表现出一种求新、求美、求知的需求，这也是客人社会性需求的表现。

针对饭店客人的社会性需求，饭店应为客人提供一个和谐、热情、宽松的环境，让他们感到友爱、信任和宽容，使其有一种真正的宾至如归的感觉。同时，饭店的服务应充分考虑到客人的意愿要求、生活习惯、民族风俗和宗教信仰，尊重每一位客人的人格和权益，满足客人求得尊重和实现自我价值的需求。

先天性需求属于低一级的需求，客人的先天性需求得到满足后，自然就会追求其更高级的社会性需求，而一个人对社会性需求的追求是无止境的。因此，饭店在满足好客人的先天性需求的基础上，要努力满足客人的社会性需求，只有这样，才能更好地提高客人的服务满意度。

任何一种需求都不会因为更高层次的需求得到满足而消失，各层次的需求相互依赖和重叠，高层次的需求得到满足后，低层次的需求仍然存在。因此，饭店不能为了满足客人的社会性需求而忽略了客人的先天性需求。

案例

记住客人的姓名

饭店常客李同先生带了他的朋友王飞来到饭店，进门前李同就不断地向王飞夸赞饭店的服务。二人来到前台后，前台接待人员热情地问候："李同先生，欢迎再次来到我们饭店。"李同先生很高兴："你还记得我呀，这次和我朋友一起来的，他叫王飞。"接待员热情地招呼："您好，王飞先生。"王飞看着李同，心里非常诧异，难道李同是这里的贵宾吗？

办理完入住手续，两人来到了房间，客房服务员敲门进来，送欢迎茶："您好，李同先生，王飞先生。"王飞就更惊讶了，客房服务员也知道我们的名字。

下午，两人换了运动装准备打网球。当他们到了网球场时，服务员热情地迎了上来"你好，李同先生，这次领了新朋友来了，还是老习惯吗？"王飞不得不用赞赏的眼光看着李同。

晚上二人又来到夜总会喝酒，服务员看到了，悄悄地和歌手讲了几句。片刻后歌手回到场上说："今天，我们的老朋友李同先生来到这里，这首歌特别送给您和您的朋友王飞先生。"

李同和王飞都被饭店的服务深深打动了。

【点评】

马斯洛的需求层次理论认为得到社会的尊重是人们一种高层次的需求，而当自己的名字为他人所知晓是对这种需求的一种很好的满足。

案例中，饭店的每一位员工都记住了客人的姓名，能主动热情地称呼客人的名字，这是对客人一种极大的尊重，满足了客人受尊重的社会性需求，饭店的服务质量也因此得到了客人的高度好评。

三、强化培训，提高员工素质

员工是饭店服务的提供者，要提高饭店的服务质量水平，就必须提高员工自身的素质，而培训是必需而有效的手段。

通过培训，可以使员工增强服务意识，改善服务态度，提高服务技能技巧，提高服务效率，获取更多专业知识，全面提升员工的专业素质。随着员工素质的提高，可以减少工作出错率，提高工作效率，减少用品浪费，减少各种工伤等安全事故。饭店的服务质量水平也随之得到提高。

饭店要提高服务质量，必须持之以恒地开展员工培训工作。只有这样才能不断地提高员工素质，这是提高饭店服务质量的保障。

四、全面实行标准化服务

标准化服务是指按照标准运作，以有序的服务来满足客人各种常规的需要，即饭店向客人提供的服务项目和服务程序按标准（国际标准、国家标准、行业标准）进行生产，从而满足客人合理的各种常规需要。

 知识链接

星级饭店撤换烟灰缸的服务标准

1）准备好备用的烟灰缸，把烟灰缸放在圆托盘内，等待撤换。

2）随时注意烟灰缸的使用情况，烟灰缸内有两个烟头就必须撤换。

3）更换烟灰缸时要使用托盘，用右手将干净的烟缸盖在脏的烟灰缸上，将两个烟灰缸同时拿到托盘内，再将干净的烟灰缸放回桌上。换烟灰缸时，要先从主宾换起，再顺时针给其他客人换烟灰缸。

4）换烟灰缸时，要轻拿轻放，不要过于响动，以免影响客人用餐。

标准化服务是保障饭店服务质量的基础，是饭店进行服务质量管理的依据，是提高服务质量的有效方法之一。俗话说："没有规矩，不成方圆。"如果没有一个统一的标准来规范员工的服务，那么饭店的服务工作必将出现重复、交叉、错乱等乱象。在实际工作中，有些饭店由于缺乏统一的服务标准，导致服务员在服务中无所适从，服务水平参差不齐。

只有制定好统一的服务标准，才能够让服务员在工作中有章可循，做到井然有序地运转，服务工作环环相扣，保证服务的稳定性和高效性。可以说，标准化服务既能规范服务员的操作，又便于管理人员实现科学管理，提高管理效率。因此，想要提高服务质量，饭店首先要制定一系列服务标准，这是保证和提高饭店服务质量的基础。

目前我国已形成一套比较稳定的饭店服务标准，但饭店管理人员在制定服务标准时，一定要根据饭店自身的实际情况而定，切忌照搬照抄其他饭店。

 案例

重新开启啤酒

午餐时分，李先生与王先生来到某饭店餐厅。中餐厅迎宾员热情地向两位客人问候致意，将他们引领入座。服务员小吴马上为客人送上香茶和香巾，并递上菜单，请客人点菜。客人接过菜单，时而互相交谈，时而翻看菜单，看上去似乎很熟悉中餐菜点。一直站立在旁边的服务员小吴将他们选定的菜点迅速地记录着。最后，小吴主动询问客人想要哪种酒水，客人一致选了青岛啤酒。

小吴便把客人的订菜单交给了传菜员，自己去为客人取啤酒。他来到酒水柜台旁，送上订单，酒水服务员开启了啤酒，然后，他拿着已开启的啤酒来到餐桌旁，正要斟酒，却被李先生拦住了。李先生面带愠怒的神态问他："这两瓶啤酒是刚刚开启的吗？是不是卖不出去又给了我们，我们不要这两瓶啤酒。"虽经服务员小吴一再解释，但客人仍坚持更换啤酒，否则他们要找餐厅经理投诉。

餐厅经理闻讯后，即让小吴更换啤酒，并亲自到餐桌旁向客人表示歉意，并当着客人的面开启了啤酒。

【点评】

客人之所以坚持更换啤酒，主要是由于服务员小吴未事先让客人过目酒水品种，未征得客人同意便擅自将啤酒开启。这种操作违反了餐饮服务标准。餐饮服务标准要求服务员在客人订酒后，首先要请客人过目他所订酒水或饮料的品种、标牌或数量，然后再征求客人意见是否立即开启。

作为餐厅服务员，在为客人服务过程中，应坚持"标准化服务"，不能任意操作，标准化服务是优质服务的基础。

 小思考

你知道斟酒的标准服务程序吗？

五、积极提供个性化服务

标准化服务是保证饭店服务质量的基础，能够满足大多数客人的共性要求，但却无法满足部分客人特殊的个别要求。当前，客人的个性独立意识越来越强，渐渐趋向于个性化的消费理念，饭店的标准化服务已不能满足客人的差异化需求。要使饭店的服务质量上一个台阶，要达到饭店的优质服务标准，要求饭店要在标准化服务的基础上，积极为客人提供个性化服务。个性化服务以其鲜明的针对性、灵活性和超常性成为饭店服务的发展趋势。

个性化服务是指饭店在标准化服务的基础上，以客人需要为中心，针对客人不同的需求特点、个性习惯和特殊需要，为客人提供超越标准化服务的各种特别服务。

　案例

海底捞的"变态服务"

我国餐饮界有一家全国连锁火锅店——海底捞火锅店，曾经持续多年成为其他企业学习的焦点，更是成为学术界研究的热点。几乎中国所有的商学院都在讲授海底捞。北大教授黄铁鹰在进行深入研究后，写了一本《海底捞你学不会》，这本书出版后，在社会上引起广泛反响。

这家火锅店成为哈佛商学院的经典案例，《哈佛商业评论》连续几年撰文探讨其"海底捞管理模式"，甚至连世界餐饮老大"百胜"公司也史无前例地组织几百位管理人员到"海底捞"学习管理。

一家由街边做麻辣烫生意发展起来的火锅店，究竟有何魔力风靡全国呢？

海底捞风靡全国的核心不是餐饮，而在于其服务。他们对传统的标准化服务进行颠覆革命。几乎每家海底捞都是一样的情形：等位区里人声鼎沸，等待的人数几乎与就餐的相同。等待，原本是一个痛苦的过程，海底捞却把这变成了一种愉悦：手持号码等待就餐的顾客一边观望屏幕上打出的座位信息，一边接过免费的水果、饮料、零食；如果是一大帮朋友在等待，服务员还会主动送上扑克牌、跳棋之类的桌面游戏供大家打发时间；或者趁等位的时间到餐厅上网区浏览网页；还可以来个免费的美甲、擦皮鞋。

即使是提供的免费服务，海底捞一样不曾含糊。一名食客曾讲述：在大家等待美甲的时候，一个女孩不停地更换指甲颜色，反复折腾了大概 5 次。一旁的其他顾客都看不下去了，为其服务的阿姨依旧耐心十足。

待客人坐定点餐的时候，围裙、热毛巾已经一一奉送到眼前了。服务员会细心地为长发的女士递上皮筋和发夹，以免头发垂落到食物里；戴眼镜的客人则会得到擦镜布，以免热气模糊镜片；客人把手机放在台面上，服务员会不声不响地拿来小塑料袋装好，以防油腻；如果客人带了小孩子，服务员还会帮客人喂孩子吃饭，陪他们在儿童天地做游戏。

抽烟的客人，服务员会递上一个烟嘴，并告知烟焦油有害健康；过生日的客人，会意外得到一些小礼物；如果客人点的菜太多，服务员会善意地提醒已经够吃；客人人数较少，服务员会建议点半份。

如厕的体验，更是令人受宠若惊。厕所里，除了保洁员，还有服务员。挤洗手液、开水龙头、拿擦手纸、拿护手霜……这些都不用自己动手，有服务员帮着做。在国外，这是要付小费的，但在海底捞，这是服务员的义务。

餐后，服务员马上送上口香糖，一路上所有服务员都会向你微笑道别。

关于海底捞有着很多流传甚广的经典故事：

一位顾客结完账，临走时随口问了一句："怎么没有冰激凌？"服务员回答："请你们等一下。"五分钟后，这个服务员拿着"可爱多"冰激凌气喘吁吁地跑回来："小姐，你们的冰激凌，让你们久等了，这是刚从超市买来的。"

客人一次在海底捞吃完饭，要赶火车却打不到的士。门口的服务员看到他带着行李箱，问了情况转身就走。结果紧接着海底捞的店长把自己的SUV开出来，说："赶紧上车吧，时间不多了。"

一次客人踢完球去吃海底捞，服务员看到客人扭伤了，就拿了瓶红花油给他，走的时候，服务员还追出来把那瓶红花油叫客人带回家用。

客人吃完后把剩余的菜打包，想装点调料走，服务员说调料不可以打包的。过了一会儿，她拿了一杯封好的调料给客人。路过账台时，客人看到那个服务员从自己身上掏了10块钱给收银员，觉得很奇怪，询问了收银，才知道是服务员自己掏钱买的调料给客人。

【点评】

海底捞之所以能在竞争激烈的市场竞争中取得巨大成功，撒手锏在于它的服务。它颠覆了人们对服务的既有认识。在海底捞，顾客能真正找到"上帝的感觉"。海底捞的员工们用他们超越常规的个性化服务感动了客人，征服了客人。

个性化服务的内容主要包括5个方面，分别是灵活服务、特殊爱好服务、意外服务、超前服务、委托代办服务。

（一）灵活服务

灵活服务是饭店个性化服务中基本的服务，是指饭店不拘泥于规范，针对不同的时间、不同的场合、不同的客人，灵活地提供相应的服务。随着客人需求的变化，灵活变换服务内容和服务方式。

（二）特殊爱好服务

每一个人都有自己的特殊爱好，饭店要在力所能及的情况下提供特殊服务来满足客人的特殊爱好。特殊爱好服务是一种针对性很强的个性化服务。饭店要在客史档案中记录储存客人的特殊爱好，并传递到各接待点以确保整个服务过程中能做到"投其所好"。对于客人首次出现的特殊爱好，饭店可通过及时的灵活服务予以满足。

（三）意外服务

意外服务是指当客人遇到意外情况，饭店提供帮助的服务，这种"雪中送炭"的个性化服务是饭店服务里必不可少的一项，这种服务最能体现饭店对顾客的情感传递。所谓"患难见知交"，在客人最需要帮助的时候，给客人提供准确周到的帮助服务，其效果可达到事半功倍，使客人永远难忘。

两双皮鞋

一家公司的接待部主任杨女士，在华天餐厅接待一批来自意大利的外宾，场面既隆重又热烈。

服务员邵林面带微笑，站在餐厅门口热情迎接宾客。她突然发现杨女士在走路时深一脚浅一脚，同时眼神中透露着不安。细心的她想询问客人，但又不便当着众人开口，只好不露声色在杨女士身边转了两圈，想找出谜底。原来杨女士的左脚鞋跟脱落了一半，使她站也不是，走也不是。

发现这一情况后，邵林脑子里面转了几圈，突然灵机一动："我可以借皮鞋给她穿呀！"想到这里，邵林赶紧向主管请假，以最快的速度跑到宿舍五楼，气喘吁吁之下，把自己所有的鞋子翻了出来。哪一双好呢？选来选去，终于挑了一双自己最喜欢的皮鞋，准备往餐厅跑。突然，她脑子里又转了一转："我穿的是三十七码的鞋，杨女士到底穿多大码的呢？不行，我还得另找双小码的鞋子。"想着，邵林掉转头朝别的宿舍跑去。左借右借，终于借到了合意的一双。想到杨女士尴尬的表情，她顾不上歇口气，双手拎着鞋子就跑。

来到餐厅，邵林礼貌地把杨女士请到一旁，说："我刚才看到您的鞋子坏了，特地给您拿来了两双皮鞋，您试试看哪双合适。"杨女士惊喜地抬头看了看邵林，感激地接过皮鞋，说："真是太感激了，你今天帮了我大忙。"

看到杨女士穿着自己的皮鞋，脸上洋溢着自信的微笑，轻松地接待外宾，邵林心里感到特别踏实、高兴。

【点评】

本案例中，服务员邵林在客人遇到意外情况时，主动为客人提供"雪中送炭"的服务，这种服务就是个性化服务，是真正的优质服务。

（四）超前服务

超前服务是饭店个性化服务中不可或缺的服务。服务员要在服务中注意察言观色、揣摩顾客心理，提供主动周到的服务。从客人一句不经意的话语、一个不经心的眼神、一种不易发现的习惯等方面，及时获取"需求信息"，将服务做在客人开口之前。超前服务是一种很高水准的服务，因其具有超前性而给客人带来更强烈的惊喜。

阿林的服务绝招

阿林是某餐厅一位经验丰富的老员工，其服务质量经常受到客人的赞扬。

新进的餐厅服务员小黄有一次看到阿林在客人没有任何提示的情况下，就已经知道客人的茶壶里的水不够，在客人开口之前，主动给客人的茶壶加满水，让客人感到非常惊喜。

小黄觉得很奇怪，明明客人没有任何提示，阿林是怎么知道客人的水壶里的水不够，需要加水呢？于是赶紧向阿林请教。

阿林微笑着说："这个其实很简单，只要你细心观察就知道了。如果客人水壶里的水是满的，那么客人在斟茶时，只要轻轻一倾斜茶壶，水就会流出来了。相反地，如果客人水壶里的水是不够满的，那么客人在斟茶时，就必须加大茶壶的倾斜度，水才会流出来。所以只要观察客人斟茶时茶壶的倾斜度，不需要客人开口，就可以知道客人是否需要加水了。"

【点评】

超前服务是一种高水准的服务，要做到这一点其实并不难，只要在工作中注意细心观察，揣摩顾客心理，每个人都可以做得到。

（五）委托代办服务

委托代办服务是饭店为有特殊要求的客人提供的一种全方位"一条龙"服务，其服务范畴往往超出了普通饭店能提供的日常服务。目前，不少饭店设置有对客服务中心、"金钥匙"服务等服务机构为客人提供这类个性化服务。

 知识链接

"金钥匙"服务

"金钥匙"是一种"委托代办"（concierge）的服务概念。concierge 一词最早起源于法国，指古代城堡的守门人，后演化为酒店的守门人，负责迎来送往和酒店的钥匙。随着酒店业的发展，concierge 已成为为客人提供全方位"一条龙"服务的岗位。

concierge 代表人物即其首领"金钥匙"。"金钥匙"通常穿着燕尾服，上面别着十字形金

钥匙，这是委托代办的国际组织——"国际饭店金钥匙组织联合会"会员的标志，它象征着 concierge 就如同万能的"金钥匙"一般，可以为客人解决一切难题。

我国于 1995 年加入世界金钥匙组织。由于金钥匙的加入条件极其严格，截至 2015 年 7 月，在整整 20 年间，全国仅有 2 800 多名金钥匙会员。

金钥匙是饭店行业一种至高无上的荣誉，引领着饭店行业的优质服务模式。

"金钥匙"服务是最具代表性的委托代办服务，它是一种极致的个性化服务，其为客人提供的服务内容比一般意义上的个性化服务更具广度和深度，被称为饭店服务行业最高端的服务模式之一，已成为饭店服务的最高标准的一种象征。"金钥匙"的服务宗旨是在不违反法律和道德的前提下，为客人解决一切困难。它的服务哲学是"金钥匙"尽管不是无所不能，但一定要做到竭尽所能。

小思考

你知道我国第一家提供"金钥匙"服务的饭店是哪一家吗？

案例

2 000 只孔雀和 4 000 只鸵鸟

某年的春交会期间，一如既往，商贸云集广州白天鹅宾馆，2023 房的泰国客人给饭店金钥匙柜台打了一个电话，说想买 2 000 只孔雀和 4 000 只鸵鸟。

在大多数饭店员工看来，这似乎是一个天方夜谭，因为在广州几乎没有机会见到这么多来自远方的动物。这正是考验中国饭店金钥匙的想象力的时候，因为在他们的字典中，"不可能"是不轻易出现的。没有看见，没有听说过不等于没有，饭店金钥匙不愿意随便说"对不起……"

金钥匙小孙就是这样一个人。在接到这一特殊的委托代办任务后，大家都觉得这事只能向动物园打听，但动物园回答只有几只孔雀和鸵鸟。正在一筹莫展之际，金钥匙小孙忽然想到几年前曾看到过一篇报道，内容是有一位姓方的"广州市十大杰出青年"办了一个野生动物养殖场，不知是否有希望。于是电话发挥作用了，经过耐心的查找，并在同事的帮助下，小孙终于找到了该养殖场的地址和电话。不知是运气还是缘分，这家养殖场还真有大量的孔雀和鸵鸟。这样，就在客人提出要求后的 25 分钟，小孙已帮客人联系到了购买这批动物的途径。

第二天上午，小孙为客人安排了一辆车和一位翻译，把客人送到了养殖场洽谈有关购买的事宜。这位泰国客人非常满意，因为饭店金钥匙的能量和效率确实超出了他原来的想象。

【点评】

广州白天鹅宾馆的金钥匙认真遵循为客人竭尽所能的服务宗旨，为客人解决了难题，体现出饭店的真正优质服务。

六、妥善处理客人投诉

任何一家饭店，无论多么努力，都不可避免地会出现服务问题，受到客人的投诉。客人的投诉意味着饭店在服务质量方面出现了问题。饭店管理者要正确认识客人投诉问题，按照合理的投诉处理程序，采取相应的补救措施，妥善处理好客人的投诉。这也是饭店改善和提高服务质量的一种重要途径。具体内容在本项目任务三进行详述。

任务三　掌握处理客人投诉的程序

一、正确认识客人投诉

饭店工作的目标是使每一位客人满意，但事实上，无论是多么豪华高档的饭店，无论饭店管理者在服务方面投入多少精力，总会有某些客人对饭店的某个方面感到不满。客人投诉是饭店经营中不可避免的一种现象。

对饭店管理者来讲，一方面接到客人的投诉不是一件好事。因为客人的投诉意味着饭店在服务和管理方面出现了问题，意味着客人已经对饭店产生了不满。处理客人的投诉是一件非常棘手的事情，特别是面对某些情绪过激的客人，其处理难度更是不言而喻。而客人的投诉最终可能会使被投诉的对象（有关部门或人员）受到批评，甚至受到惩罚。因此，在饭店工作过程中接到客人的投诉，很多管理者的态度都非常消极被动，把处理客人投诉看作是一种负担，有些管理者甚至是避之不及。

但是，从另一方面来说，客人的投诉对饭店来说又是一件好事。

首先，客人的投诉可以帮助饭店管理者发现饭店自身存在的问题与不足。任何一家饭店都或多或少存在问题，但管理者不一定能够发现。管理者长期在一个环境中工作，作为当局者，对饭店本身存在的问题可能会视而不见，麻木不仁。而客人则不同，他们是付了钱来饭店进行消费的，是饭店产品的直接消费者，对饭店中存在的问题有切身的体会和感受，他们是最容易发现问题，找到不足的。如果饭店在服务或管理方面和他们的预期有差距，不能令他们满意，他们就会通过投诉这种渠道来发泄不满。从这方面来看，"挑剔"的客人是饭店的老师。

其次，客人的投诉为饭店提供了一个改善客人关系的机会，使其能够将"不满意"的客人转化为"满意"的客人。美国 TRAP 调查统计发现，未提出抱怨的顾客重购率为 9%，抱怨未得到解决的顾客重购率为 19%，抱怨并得到解决的顾客重购率为 54%，而抱怨并得到快速解决的顾客重购率竟可以达到 82%。从以上调查结果可以看出，客人提出投诉并不可怕。当客人产生不满时，只有客人提出了投诉，饭店才有机会了解到客人的"不满意"，饭店才有机会改进工作和挽回影响，饭店才有机会将"不满意"的客人转变为"满意"的客人，饭店只要能够妥善及时地处理好客人的投诉，就能够消除客人的不良印象，使客人成回头客。如果客人对饭店有不满而没有提出投诉，那么饭店就永远没有机会进行补救，这意味着饭店有可能永远失去这位客人。

因此，饭店管理者要正确认识客人的投诉，这是处理好客人投诉的关键。

 知识链接

饭店管理的"三三四四五"原则

1）三个关键：关键岗位关键人员把关；关键时刻关键人物到场；关键事情关键人物处理。

2）三通理论：通情、通气、通报。

3）四个凡是：凡是饭店员工见到客人都是热情友好的；凡是客人见到的地方都是清洁

美观的；凡是客人使用的设备设施都是完好有效的；凡是饭店提供的食品都是安全的。

4）四个理解：充分理解客人的需求；充分理解客人的过错；充分理解客人的抱怨；充分理解客人的投诉。

5）五个到位：语言到位、规范到位、微笑到位、卫生到位、设备到位。

二、客人投诉的原因

客人投诉主要有以下几个方面的原因。

1. 针对饭店人员的投诉

对饭店人员的投诉主要集中于服务员在服务态度、服务技能、服务效率等方面。例如，服务员情绪不佳，给客人脸色看；服务员在给客人斟酒时不小心弄脏客人的衣服；客人让服务员加菜而服务员忘记了；服务员操作不熟悉而让客人结账等了足足半小时等。

 **案例**

客房客人的投诉

一日，甲、乙两位服务员分别打扫 A、B 段客房，A 段某房的客人从外面回来，发现床单没有换，于是找到乙服务员，问道："服务员，为什么不给我换床单？"

"这不是我打扫的房间，不关我的事，你去找甲服务员说！"说完，乙服务员转身就走了。

剩下气呼呼的客人站在走廊……

最后，当然是客人找部门经理投诉了！

【点评】

案例中，客人开始是对服务技能不满意，继而对服务态度不满意，导致出现投诉的"连环套"和投诉的一步步升级。服务员和管理者在工作中应加以注意，避免出现此类问题。

 小思考

上面案例中，乙服务员的正确做法应该怎样呢？

2. 针对饭店设施设备的投诉

饭店的设施设备是为客人提供服务的基础，如果设施设备出了问题，再好的服务也无法进行弥补。例如，前台的电脑系统出现故障无法为客人及时结账；夏天餐厅的空调失灵，客人吃饭出了一身热汗；客房的抽水马桶坏了，客人用不了等。

3. 对饭店实物产品的投诉

对饭店实物产品的投诉集中在菜点质量方面，比如客人吃到的鱼或海鲜不新鲜，有异味；客人认为菜的味道太咸；客人的菜肴中出现头发丝甚至蟑螂等。

4. 客人方面的原因

有时客人提出投诉并不是饭店方面的过错，而是客人自身的原因造成的。例如，客人自己报错房间号而导致叫醒服务失误；客人对饭店的期望过高，入住三星级的饭店希望得到五星级饭店的享受；客人对饭店的相关政策不了解，不能接受中午12点前要退房的规定；有时甚至是极个别客人过于挑剔或故意刁难而产生的。

三、处理客人投诉的原则

1. 不争论原则

饭店员工无论在任何时候都不能与客人发生争执，特别是在客人投诉的时候，否则只会令客人火上浇油。即使是客人错了，也要抱着宽容的态度，不与客人争辩，只能耐心地解释，取得客人的理解和谅解。不能"得理不饶人"，而应该将"理"让给客人。

六 尺 巷

EQ 故事

清朝时期，宰相张廷玉与一位姓叶的侍郎都是安徽桐城人。两家毗邻而居，都要起房造屋，为争地皮，发生了争执。

张老夫人便修书北京，要张宰相出面干涉。张廷玉看罢来信，立即作诗劝导老夫人："千里家书只为墙，再让三尺又何妨？万里长城今犹在，不见当年秦始皇。"张母见书明理，立即把墙主动退后三尺。叶家见此情景，深感惭愧，也马上把墙让后三尺。这样，张叶两家的院墙之间，就形成了六尺宽的巷道，成了有名的"六尺巷"。

张廷玉失去的是祖传的几分宅基地，换来的却是邻里的和睦及流芳百世的美名。

宽容不是懦弱，也不是纵容，它是一种大度，是一种博大的胸怀，是一种无声的力量。宽容不会吃亏，相反地，它会让你得到更多。

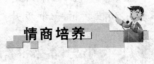

情商培养

作为饭店管理者，在与客人打交道过程中，有时会不可避免地发生一些不愉悦的事情。在任何情况下，都不要和客人发生争执，要怀有宽容之心。即使客人是错的，也要给台阶让客人下，将"对"让给客人。只有宽容待客，才能够有效化解矛盾，真正获取客人的心。

---

2. 隐蔽性原则

如果在来往人员比较多的公共场合处理投诉，一则不利于投诉客人的冷静，二则会影响到其他客人，三则会影响到饭店的正常营业。因此，处理客人投诉时应尽可能安排在比较隐蔽的地方，特别是当投诉客人的情绪比较激动时，首先应该将他们安排到没有其他顾客的隐蔽地方，尽量避免影响到其他客人及整个饭店。

3. 及时性原则

当客人投诉时，应该第一时间处理好，切忌推三阻四，甚至寄希望于事情不了了之。如果处理得不够及时，客人会认为饭店缺乏诚意，想推诿责任，会引起客人更大的不满，增加投诉处理的难度。

4．补偿性原则

饭店应该给予投诉客人适当的补偿，以消除客人的怨气。补偿一般有精神补偿和物质补偿两类。精神补偿主要是指饭店向客人赔礼道歉，对客人进行安抚；物质补偿主要是指给予客人实物方面的补偿，如免费送客人一道菜或一份水果盘，或是给客人的餐费打折等。

四、处理客人投诉的程序和方法

处理客人的投诉，无论对服务员还是管理者来说，都是一个挑战。要妥善地处理好客人的投诉，最终令客人满意，就必须掌握处理客人投诉的程序和方法。

（一）做好接待投诉客人的心理准备

为了正确、轻松地处理客人投诉，必须做好接待投诉客人的心理准备。

1）要树立"客人总是对的"的理念。一般来说，客人来投诉，说明饭店的服务和管理出现问题，而且，一般不到万不得已或忍无可忍，客人是不愿前来当面投诉的。因此，我们要站在客人的角度为客人着想，树立"客人总是对的"的理念，即使客人是错的，也要把"对"让给客人。只有这样，才能减少与客人的对抗情绪。这是处理好客人投诉的第一步。

2）要掌握投诉客人常见的3种心态，即求发泄、求尊重、求补偿。

① 求发泄：客人在饭店遇到令人气愤的事，怨气回肠，不吐不快，于是前来投诉。

② 求尊重：无论是软件服务还是硬件设施，出现问题，在某种意义上都是对客人不尊重的表现，客人前来投诉就是为了挽回面子，求得尊重。有时，即使饭店方面没有过错，客人为了显示自己的身份与众不同或在同事面前"表现表现"，也会投诉。

③ 求补偿：有些客人无论饭店有无过错，或问题是大是小，都可能前来投诉，其真正的目的并不在于事实本身，不在于求发泄或求尊重，而在于求补偿，尽管他可能一再强调"并不是钱的问题"。

无论是接待哪一类的投诉客人，要正确理解客人、尊重客人。要给客人发泄的机会，不要与客人进行任何争辩。如果客人投诉的真正目的在于求补偿，可请有相应权力的管理人员出面接待投诉客人。

（二）尽量将投诉客人引导到隐蔽的地方，要设法让客人消气

在接待客人的投诉时，特别是接待情绪比较激动的客人时，尽量避开公共场所，要客气地引导客人到相对隐蔽的合适位置，以免影响到其他的客人，造成更大的负面影响。

在接待客人时，首先要设法使客人消气。投诉的最终解决只有在客人心平气和的状态下才能顺利进行，因此，接待投诉客人时首先要设法消除客人的怨气。例如，先请客人坐下来慢慢谈，同时为客人送上一杯茶水，尽力创造一个平和的环境氛围让客人的情绪平静下来。

（三）认真倾听客人投诉，做好投诉记录

对客人的投诉要认真倾听，一定要先让客人把话说完，切勿随便打断客人的讲述或胡乱解释、争抢解释。

客人讲话时或大声吵嚷时，要表现出足够的耐心，决不能随客人情绪的波动而波动。即

使是遇到一些故意挑剔、无理取闹的客人，也不要和他们进行争辩，要耐心听取他们的意见，以柔克刚，使事态不至于扩大或影响他人。

在倾听客人投诉的同时，要注意做好投诉记录，包括客人投诉的内容、客人的姓名、房号、投诉时间及客人希望得到的解决方法等内容，以示对客人的重视，同时也是饭店处理客人投诉的原始依据。

坏脾气与钉子的故事

从前，有一个脾气很坏的男孩，他的爸爸给了他一袋钉子，告诉他每次发脾气或者跟人吵架的时候就在院子的篱笆上钉一根。第一天，男孩钉了 37 根钉子。后面的几天他学会了控制自己的脾气，每天钉的钉子也逐渐减少了。他发现，控制自己的脾气，实际上比钉钉子要容易得多。

终于有一天，他一根钉子都没有钉，他高兴地把这件事告诉了爸爸。爸爸说：从今以后，如果你一天都没有发脾气，就可以在这天拔掉一根钉子。日子一天一天过去，最后，钉子全被拔光了。

爸爸带他来到篱笆边上，对他说："儿子，你做得很好，可是看看篱笆上的钉子洞，这些洞永远也不可能恢复了。就像你和一个人吵架，说了些难听的话，你就在他心里留下了一个伤口，像这个钉子洞一样。插一把刀子在一个人的身体里，再拔出来，伤口就难以愈合了。无论你怎么道歉，伤口总是在那儿。要知道，身体上的伤口和心灵上的伤口一样都难以恢复。"

坏脾气是一把双刃剑，它不仅伤害别人，同样也伤害自己。作为饭店管理者，要避免急躁情绪，学会情绪管理，学会退一步，学会让一步，只有管理好自己的情绪，问题才能得到很好的解决。

情商培养

（四）对客人的遭遇表示同情、理解和抱歉

在听完客人的投诉后，要对客人的遭遇表示抱歉（即使客人反映的不完全是事实，或饭店并没有过错，但至少客人感觉不舒服、不愉快）。同时，对客人的遭遇表示同情和理解。这样，会使客人感觉受到尊重，同时也会使客人感到你和他站在一起，而不是站在他的对立面与他讲话，从而可以减少客人的对抗情绪。

（五）尽快处理客人反映的问题，对客人适当进行补偿

客人进行投诉的最终目的是为了解决问题，因此，对于客人的投诉应立即进行处理。如果是自己无法做主的事情，要请上级管理人员亲自出面解决。

在接待和处理客人投诉过程中，要注意以下几点：

一是在处理客人投诉时，切记不能在客人面前推卸责任。有些员工会自觉或不自觉地将责任推到其他部门或个人身上，这样反而会给客人的印象更糟，使客人更加气愤。客人进行

投诉，最关心的是尽快解决问题，而并不关心这是谁的或哪个部门的问题。因此，接待投诉客人，最关键的是要解决客人反映的问题，而不是追究责任，更不能当着客人的面推卸责任。

二是尽量给客人肯定的答复。有些饭店管理人员，为了让自己留有余地，往往用一些时间概念比较模糊的答复，如"我们会尽快处理好""等等再说""一会儿"等字眼。这样反而会引起客人的反感，认为饭店在拖延时间，缺乏诚意。因此，在处理客人投诉时，要尽可能明确告诉客人多长时间内解决问题。如果确实有困难，也要向客人解释清楚，求得客人谅解。

三是在解决客人问题时，往往有多种解决方案，为了表示对客人的尊重，应征求客人的意见，请客人进行选择。处理决定要征得客人的同意或认可后再进行处理。

四是要对客人进行适当补偿。客人进行投诉，肯定会有怨气，要有效消除客人的怨气，除了及时采取措施解决问题外，适当进行精神上或是物质上的补偿也是必不可少的。

（六）跟进整个投诉处理过程

接待投诉客人的人，并不一定是实际解决问题的人，因此客人的投诉是否最终得到解决，仍然是个问号。事实上，很多客人的投诉并未最终得到妥善解决，因此，必须跟进整个投诉的处理过程，时刻关注处理结果。

（七）询问客人对投诉处理结果是否满意，同时感谢客人

最后，还要再次与客人沟通，询问客人对投诉的处理结果是否满意，让客人感到饭店对其投诉非常重视，从而使客人对饭店留下良好的印象。如果客人对处理结果仍然不满意，则需要责成相关部门更改解决方案作进一步处理，直到客户满意为止。

与此同时，要再次感谢客人，感谢客人把问题反映给饭店，使饭店能够发现存在的问题，并有机会改正错误。这样，投诉才算得到真正圆满的解决。

小练习

采用角色扮演法，让一组学生扮演客人，另一组学生扮演饭店人员，模拟处理客人投诉的情境，并总结处理方式。

案例

行李箱上的小轱辘不见了

事情发生在英国的辛顿克罗酒店内。一位住店客人准备离店，行李员接到通知，立刻到该客人房间取走3件行李，推送至前厅行李间，随后扎上行李牌，等待客人前来点收。客人很快结好账。行李员看到客人已转身朝他走来，便请客人清点行李。客人朝行李打量时，好像忽然发现了什么。他颇为不悦地指着一只箱子说："这只箱子上的小轱辘被你碰掉了，我要你们酒店负责！"

行李员听罢感到很委屈，辩解道："我到客房取行李时，您为什么不讲清楚？这只箱子原来就是坏的，我在运送时根本没有碰撞过呀。"

客人一听火冒三丈，说："明明是你弄坏的，自己不承认还反咬我一口，我要向你的上司投诉。"

这时前厅值班经理听到有客人在发脾气，马上走来向客人打招呼，耐心听取客人的指责，同时仔细观察了箱子受损的痕迹，向行李员询问了操作的全过程，然后对客人说："我代表酒店向您表示歉意，这件事自然应该由本店负责，请您提出赔偿的具体要求。"

客人听了这话，正在思索该讲些什么的时候，前厅值班经理接着说："由于您及时让我们发觉了服务工作中的差错，我们非常感谢您！"

客人此时感到为了一只小轱辘没有必要小题大做，于是不再吭声。前厅值班经理抓住时机顺水推舟，和行李员一起送客人上车，彼此握别。一桩行李受损的"公案"便这么轻而易举地解决了。

【点评】

本案例中前厅值班经理的做法是十分明智的，他在没有搞清楚箱子究竟如何受损的真相之前，就果断地主动向客人表示愿意承担责任。前厅值班经理懂得，如果把"对"让给客人，把"错"留给自己，在一般情况下，客人不会得寸进尺。相反，如果他自己也是头脑发热，硬要和客人争个是非曲直的话，那后果是不言而喻的。这种事件既然已经发生，那么谁是谁非的结论恐怕难以争得明白，或许也不存在谁是谁非的问题。相反，客人越是"对"了，饭店的服务也就越能使客人满意。从这个意义上来理解，客人和饭店都"对"了。

小思考

上面案例中，前厅值班经理的做法遵循了处理客人投诉的哪些原则？

项目小结

服务质量是饭店生存和发展的基础，服务质量管理是饭店管理的重点内容。本项目介绍了饭店服务质量的基础内容，包括含义、内容及特点；介绍了提高饭店服务质量的途径；同时介绍了处理客人投诉的程序和方法。通过本项目内容的学习，能够帮助我们有效提高饭店的服务质量水平，增强饭店的竞争力。

EQ 总结

饭店从业人员经常与各种不同类型的客人打交道，在和客人接触的过程中，我们要用合适的方式进行语言表达，这样更能收获客人的满意。当和客人发生一些小摩擦或小矛盾时，我们要始终怀有一颗宽容之心，宽容待客能够化解客人之间的矛盾，最终获取客人的心。同时，我们要学会控制自己的情绪，不要让坏脾气给双方留下永远的伤害。做到了以上几点，就可以有效地提高饭店的服务质量水平，同时也让你向成功的管理者迈进一步。

关键概念

服务质量、标准化服务、个性化服务、投诉。

 课后思考与练习

一、填空题

1．广义的饭店服务质量包含饭店服务的三要素，即_____、_____、_____。

2．有形产品质量包括_____、_____、_____。

3．无形产品质量包括6方面内容，分别是_____、_____、_____、_____、_____、_____。

4．以马斯洛需求层次理论为基础，饭店客人的需求可以分为_____需求和_____需求两方面。

5．处理客人投诉的原则分别是_____、_____、_____、_____。

6．投诉客人常见的3种心态，即_____、_____、_____。

二、判断题

1．狭义的饭店服务质量是指饭店劳务服务的质量。（   ）

2．遵守职业道德是饭店服务质量的最基本构成之一。（   ）

3．客人对饭店服务质量的评价一般都比较客观。（   ）

4．只要客人对某一次的服务感到非常满意，那么下一次服务同样能获得好评。（   ）

5．没有客人的投诉就意味着饭店在服务和管理方面不存在任何问题。（   ）

6．对于不属于饭店过错的客人投诉，饭店员工为了维护饭店的利益，要和客人据理力争。（   ）

三、简述题

1．饭店服务质量的特点是什么？

2．提高饭店服务质量的途径是什么？

3．处理客人投诉的原则是什么？

4．处理客人投诉的程序和方法是什么？

案例分析

客房服务员与客人之间的"拉锯战"

一位客人到某地出差搞培训，在一家酒店住了一个星期，却与客房服务员展开了一个星期的浴巾"拉锯战"。原因是客人觉得酒店的枕头不合适，发现两个枕头显得高了些，一个枕头又觉得矮了点。于是在睡觉时就将卫生间里的浴巾拿过来对折两次，放在一个枕头下面，高度正合适。结果，第二天客房服务员整理房间时，把客人放在枕头下的浴巾拿回了卫生间。

第二天晚上睡觉时，客人又把浴巾从卫生间拿回床上，服务员第三天整理房间时又把浴巾拿回了卫生间。服务过程就这样连续了一个星期。

问题：

标准化服务与个性化服务哪个更重要？

 实训应用

实训名称： 评价当地一家四星级饭店的服务质量。

实训内容： 将学生分成若干小组，每一组成员共同商议服务质量评价得分要素，并制成表格。根据评价表的内容，让学生到饭店进行暗访，记录暗访结果。各小组汇总暗访结果，小组成员共同商议，形成一份书面报告。各小组在课堂上汇报各组的评价结果及结论。然后由全班一起讨论各组在打分中的相同之处和不同之处，产生分歧时，找出可能的原因。最后全班集体讨论如何提高饭店的服务质量。

饭店人力资源管理

项目导航

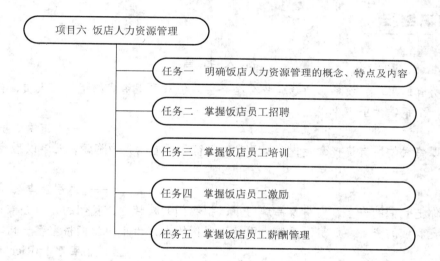

项目六 饭店人力资源管理

任务一 明确饭店人力资源管理的概念、特点及内容

任务二 掌握饭店员工招聘

任务三 掌握饭店员工培训

任务四 掌握饭店员工激励

任务五 掌握饭店员工薪酬管理

知识目标

1. 了解饭店人力资源管理的概念、特点及内容。
2. 掌握饭店员工招聘的程序及渠道。
3. 掌握饭店员工培训的类型及实施培训的步骤。
4. 掌握饭店员工激励理论、激励原则及激励方式。
5. 掌握饭店薪酬制度制定的影响因素及基本步骤。

技能目标

1. 能够根据饭店的实际情况制订合理的招聘计划。
2. 能够根据饭店的实际情况制定合理的培训方案。
3. 能够根据饭店的实际情况制订合理的激励方案。
4. 能够根据饭店的实际情况制定合理科学的薪酬制度。

EQ 话题

用人之道要懂得用人之长，容人之短，取长补短，才能真正地发挥人的潜能和积极性。

任务一 明确饭店人力资源管理的概念、特点及内容

人力资源是饭店中最基本、最重要、最宝贵的资源，人力资源决定着其他资源的有效开发和利用，只有人才能使用和控制饭店的其他资源——物资、资金、信息和时间，从而形成饭店的接待能力，达到饭店的预期目标。因此，现代饭店管理者认为，一切管理工作均应以人力资源管理为根本，现代饭店管理中极为重要的一项任务就是搞好饭店的人力资源管理。

 知识链接

名 人 名 言

将我所有的工厂、设备、市场、资金全夺去，但只要保留我的组织、人员，四年以后，我仍将是一个钢铁大王。

——"钢铁大王"卡内基

你可以将我的所有资产拿走，但如果我能保留住现有的人力资源，五年以后我就会东山再起。

——通用汽车公司总裁斯隆

如果你把我们的资金、厂房及品牌留下，把我们的人带走，我们的公司会垮掉；相反，如果你拿走我们的资金、厂房及品牌，而留下我们的人，十年内我们将重建一切。

——宝洁前董事长 Richard Deupree

一、人力资源的概念

在经济学研究中，为创造物质财富而投入生产活动中的一切要素被通称为资源，包括人力资源、物力资源、财力资源、技术资源、时间资源等。其中人力资源是最重要的资源，只

有有效开发人力资源和合理、科学地管理人力资源，一个企业才能蓬勃发展。

人力资源有广义和狭义之分。从广义来说，智力正常的人都是人力资源。狭义的人力资源是指能够推动整个经济和社会发展的、具有脑力劳动和体力劳动能力的人们的总和，它包括数量和质量两个指标。

人力资源包括人的体质、人的智力、人所具有特定范畴的才干、人的意识观念状态和道德准则。只有具备

这 4 个方面的条件才能称为人力资源。

二、饭店人力资源管理的概念

饭店人力资源管理是指恰当地运用现代管理中的计划、组织、指挥、协调、控制等职能，对饭店的人力资源进行有效的开发、利用和激励，充分发挥员工的主观能动性，使人尽其才，事得其人，人事相宜，达成饭店目标，实现饭店与员工的双赢。

弥勒佛和韦陀的故事

去过寺庙的人都知道，一进庙门，首先是弥勒佛，笑脸迎客，而在他的背后面，则是黑口黑脸的韦陀。相传在很久以前，他们并不在同一个庙里，而是分别掌管不同的庙。弥勒佛整天嘻嘻哈哈，捧着肚子笑个不停，善男信女都喜欢到他这里虔拜，香火收入颇丰，但他丢三落四，大大咧咧，没有好好地管理账务，账目混乱，所以常常入不敷出。而韦陀虽然管账是一把好手，但成天阴着个脸，没有一丝笑容，香客们望而却步，搞得人越来越少，最后香火断绝。

佛祖在查香火的时候发现了这个问题，就将他们俩放在同一个庙里，弥勒佛在前边笑迎八方客，于是香火大旺。而韦陀铁面无私，精打细算，则让他在后面掌管经济大权，负责财务，严格把关。在两人的分工合作下，庙里一派欣欣向荣的景象。

俗话说，"寸有所长，尺有所短"；"金无足赤，人无完人"。任何一个人都有自己的长处，也有自己的短处。

作为饭店管理者，要懂得用人之长，容人之短。通过科学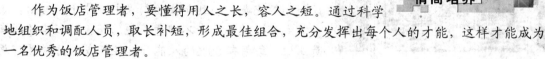地组织和调配人员，取长补短，形成最佳组合，充分发挥出每个人的才能，这样才能成为一名优秀的饭店管理者。

人力资源管理是建立在传统的人事管理基础上的，但范围比传统的人事管理更深更广。它不只是"劳动人事部门的工作"，也是饭店所有管理者的重要职责。

人力资源管理不同于传统的人事管理。人力资源管理以人为本，强调人是一种特殊和重要的资源，将人作为管理中最关键的因素。人力资源管理认为，高素质的员工队伍绝不是自发形成的，而是通过管理者的精心挑选、培养和激励才能逐渐形成的。在饭店经营管理中，要采用现代人力资源管理的科学方法与手段，形成最佳的员工组合，充分调动员工的积极性，从而实现饭店经营管理目标。

三、饭店人力资源管理的特点

（一）饭店人力资源管理是对人的管理

饭店人力资源管理所直接面对的是个性、习惯、爱好、兴趣等方面各不相同的员工，而员工所直接面对的又是形形色色的客人。只有当员工能够为客人提供令其满意的服务时，饭店才能够赢得并留住客人，而只有满意的员工才能够自觉地为客人提供满意的服务。因此，进行人力资源管理首先必须树立以人为本的观念。

饭店管理者要树立起"宾客至上，员工第一"的管理理念，通过培训和教育，员工认识到饭店服务是对人的服务，进而在工作中能够用善意来理解客人，用诚意来感动客人，用细致周到的服务来赢得客人，认识到自己应成为"为绅士和女士服务的绅士和女士"而具有职业自豪感。

 案例

我们是为绅士和女士服务的绅士和女士

波特曼丽嘉饭店堪称上海滩的经典饭店品牌，尽管上海的高端饭店比比皆是，但波特曼丽嘉饭店以它的始终如一、经典上乘的服务高高在上。布什夫妇、克林顿夫妇、世界三大男高音、韩国前总统卢武铉等诸多名人来此下榻，可见它的显赫地位。

在上海这个国际化大都市中，波特曼丽嘉饭店在众多明星饭店中脱颖而出，获得"亚洲最佳商务饭店"和"亚洲最佳雇主"等殊荣。

这些殊荣证明波特曼丽嘉饭店出色的企业文化，而饭店的企业文化就是"我们以绅士淑女的态度为绅士淑女们服务"。

最能体现"像绅士淑女一般对待员工"的，是饭店每月一次的"和总经理共进早餐"及"与人力资源部总监喝下午茶"。饭店各个部门选出1～2名员工参加，他们的职责是提意见。话题大到饭店有哪些硬件设施不够完善，小到新换的制服中，袜子不够结实或者款式不合适，或者不满意旗袍的颜色。饭店的所有员工中，每年有80%的人能和总经理或人力资源部总监见一次面。反映上来的意见，由管理部门解决。像换袜子这样的小问题，可以马上解决的，立刻给予答复：而像员工曾反映过的酒店空调系统不好的问题，则需要3个月时间处理，管理部门会定期向提出意见的员工反馈解决进度，让他们觉得，自己的意见确确实实被重视了。

对于到波特曼丽嘉来探寻成功秘诀的人们，总经理狄高志喜欢勾画出一个三层金字塔，来解释一切的基础来自于员工满意：" 从下至上依次为员工满意度、顾客满意度和饭店赢利，所以我最重要的工作就是要保证饭店的员工们在每天的工作中都能保持愉快的心情，他们的努力决定一切。"

在饭店里，工程部、客房部、管事部、厨房等一线岗位的员工通常需要付出大量的体力劳动，但相对辛苦的职位并不会让他们产生低人一等的感觉。其中的关键是波特曼丽嘉始终强调，每一位绅士和淑女的工作，都是为饭店每天的成功运转贡献了重要的力量。

狄高志提起一位管事部的女士，她负责清洁客人使用的那些精美的玻璃杯和瓷器。这位女士为自己的工作感到自豪，因为晶莹剔透的器皿也是客人愿意再次来到餐厅消费的原因；同时她觉得要保证器皿的流通速度，否则会影响侍应生为客人服务的心情。

"她给我留下了很深的印象。因为从这个例子可以看出，员工体会到，每个人的工作都会影响到其他同事的满意度、客人满意度及饭店的最终运营情况。"狄高志对这一点非常满意，"只有重视自己，才会把自己当作饭店的主人，也才会彼此尊重。"

【点评】

上海波特曼丽嘉饭店的成功在于他们的管理者将员工视为饭店最重要的资源，尊重员工、信任员工、关心员工。只有满意的员工才会有满意的客人，有了满意的客人才会有饭店的盈利，这是一种良性循环。

（二）饭店人力资源管理是科学化的管理

饭店人力资源管理是一项复杂、综合性的系统工程，饭店人力资源管理必须建立起一整套标准化、程序化、制度化和定量化的管理系统作为保证，进行科学化的管理。

1）标准化是指对饭店所有工作制定的有关数量、质量、时间、态度等的详细、具体、统一的要求。例如，录用员工要有条件标准，服务工作要有质量标准，各部门要有定员标准等。

2）程序化是指对管理或工作的过程进行科学的分段，规定各阶段工作的先后顺序和每个阶段的工作内容、要达到的标准、责任者及完成时间。程序化可以使饭店人力资源管理工作井然有序，各环节协调配合，保证饭店的正常运转。

3）制度化是指饭店人力资源管理工作要建立严格的规章制度，使招聘、录用、培训、考核、选拔等工作顺利进行。科学的规章制度可以使饭店员工做到统一行动，保证饭店的经营管理活动顺利进行。

4）定量化是指饭店员工要有合理的定员和定额。

（三）饭店人力资源管理是全员性管理

饭店的人力资源管理不仅包括饭店人力资源部对全体员工的培训与考核，而且包括饭店全体管理人员对下属的管理与督导。人力资源管理不仅是饭店人力资源部的业务工作，也是饭店全体管理人员的职责之一。因此，饭店的每一位管理人员都应该掌握人力资源管理的理论及方法，懂得开发、利用、激励员工，调动起员工的主动性和积极性。

（四）饭店人力资源管理是动态管理

饭店管理者不仅要根据饭店的整体目标选拔合适人才，对饭店员工的录用、培训、奖罚、晋升和离职等全过程进行管理，更要注重在员工工作的动态过程中的管理。要重视员工的心理需求，关注员工的情绪变动，了解员工的思想动态，并采取相应措施调动员工工作积极性，使全体员工发挥出潜在的能力。所以说，饭店人力资源管理是一种在动态中进行的全面的管理活动。

马里奥特（万豪）饭店集团成功的关键

马里奥特（万豪）国际饭店集团作为世界饭店业的领导者，在全球拥有和管理着4 000多家饭店，被美国《财富》杂志评为"最值得敬佩的饭店"和"最佳工作地点"。马里奥特饭店的经营方针中第五条是这样的："人是第一位的"——包括他们的发展、忠诚、兴趣与团队精神。

马里奥特（万豪）饭店集团做到以下几点并取得成功。

1. 关心员工

关心员工就像关心自己，为他们铺平成功的道路，使他们自信并懂得自重，喜欢本职工作并对其产生兴趣。

2. 与员工沟通

马里奥特认为倾听员工的心声，征询他们的意见，发现他们的问题，对他们说"早上好"，询问他们的家庭生活，了解他们的人生理想和目标、工作动机，都是非常重要的。

3. 满足员工需求

员工忠诚度是非常重要的。员工忠诚、自豪感、团队精神和士气的培养和提高皆始于员工的需求，如干净的制服和合适的工具。马里奥特说的好，"照顾好你的员工，他们将照顾好你的客人"。

4. 发展和赏识员工

"如果不雇用合适的人，你将不会从他们那里得到任何东西。合适的人就是指友善、勤奋的人，真诚希望帮助别人的人。因为我们的事业需要更高水平的接待和服务，具备以上品质的人们将更容易管理，他们的反应更敏捷。其学习更迅速，能前进得更远。"

马里奥特的管理者们一致奉行："好的员工将成为能干的经理。饭店要寻找、雇用和培训好的员工，并且像对待家人一样对待他们。"

【点评】

马里奥特（万豪）饭店集团成功的关键在于他们以人为本，将员工放在第一位。

四、饭店人力资源管理的功能

（一）引人

引人的关键在于创造吸引人才的组织环境。我国人口众多，劳动力基数庞大，但目前大部分饭店存在着招工难和员工流失严重的现象。这既有社会上对饭店行业存在偏见的外部因素，也有饭店薪酬福利偏低、劳动量过大、晋升较慢、激励机制不到位等内部因素。

因此，如何吸引优秀人才到饭店工作应当成为饭店的工作重点，可以考虑的措施包括发布富有吸引力的招聘信息，提供具有竞争力的岗位工作，制定科学合理的薪酬制度与人事政策等。

（二）选人

选人既包括饭店在劳动力市场上招聘所需要的人才，也包括饭店从内部选拔人才。选人是人力资源管理工作的重要步骤，如果人选合适，那么育人、用人、留人工作就会事半功倍。

在选人上，饭店要把握 3 个要点：一是选人者具有足够的能力，能识别谁是合适的人选；二是招聘信息面要广，保证能够获得足够的候选者；三是饭店领导者应坚持"适合就是人才"的原则，努力招聘最适合的人才。

（三）育人

育人是指饭店进行员工培训与开发，开展职业生涯管理，使得员工个人能力与素质不断提高，实现饭店和员工的共同发展。

员工培训不仅仅是人力资源部门的工作，饭店应该建立从上而下、从里到外的培训组织体系。人力资源部门主要对职业道德、企业文化、行为规范等进行培训，而技能培训则应该落实到各具体相关部门。

（四）用人

用人指的是饭店采取有效的激励手段，充分调动每一位员工的主观能动性，激发其上进心，挖掘其潜力。同时要恰当使用饭店中德才兼备的人力资源，要根据每个人的专长、能力、志向与条件，做到用人之长、避人之短，人尽其才、才尽其用。要做到这一点，首先要基于工作分析明确各个职位的要求，其次还要明确了解每个人的专长、才能、志向、性格等，这样才能有效地使用人才。

（五）留人

留人指的是饭店采取合理有效的措施，通过薪金、待遇、感情、事业等留住饭店所需要的各类人才，维持员工队伍的稳定。这些措施包括报酬制度的设计、饭店企业文化的建设、管理者与员工的有效沟通等。

随着饭店行业竞争的加剧，饭店间的人才竞争愈发激烈，"挖人"、"跳槽"的现象频频发生，人员流失现象越来越严重，严重影响饭店的健康发展，因此"留人"在饭店经营管理中越来越具有战略意义。

五、饭店人力资源管理的内容

饭店人力资源管理的主要内容包括以下几个方面。

（一）人力资源规划

饭店人力资源规划指根据饭店组织内外部环境的变化，运用科学的方法对饭店人力资源的供需进行预测，并制定相宜的政策和措施，从而使饭店人力资源供给和需求达到平衡，最终实现饭店组织可持续发展。

（二）工作分析

为了高效率地实现组织目标，有效地进行人力资源开发与管理，饭店需要了解饭店中各种工作的特点以及能胜任各种工作的各类人员的特点，以便为人力资源决策提供科学、客观的依据，这就是工作分析，也称为职务分析。它是人力资源开发与管理的前提条件。

（三）员工招聘

招聘工作是饭店获得人力资源的基本方式，其核心任务是为达成饭店目标做好人力资源的准备。招聘到合格及至优秀的员工是饭店在竞争中占据主动地位的重要环节，招聘工作的

好坏，直接关系到饭店能否建立一支高素质的员工队伍，直接影响到饭店经营目标的实现。

（四）员工培训

为使每位员工都能胜任其所担任的工作，并尽快适应饭店的工作环境，饭店必须对员工进行培训。一个饭店要想健康、快速地发展，必须不断地培训员工，开发其潜能，提高其素质。培训是饭店人力资源管理的重要内容，也是一种富有价值的双赢投资。

（五）员工激励

员工激励是指采用激励理论和方法，对员工的各种需要予以不同程度的满足或限制，引起员工心理状况的变化，以激发员工向饭店所期望的目标而努力。有效的激励可以调动起员工的工作积极性，提高员工的士气，发挥员工内在潜能，使工作与员工的能力达到最佳组合。饭店的激励工作至关重要，激励是饭店人力资源管理的重要内容。

（六）员工绩效考核

饭店的绩效考核是指对照工作岗位描述的工作任务，对员工的业务能力、工作表现和工作态度等进行评价，并给予量化，考核结果直接影响员工晋升、奖惩、工资、培训机会等。

科学的绩效考核能够反映员工工作的不足之处，从而对症下药，制订改进方案，提高工作技能。对于考核表现优秀的员工，饭店通过晋升、加薪等多种方式可以使其激发出更大的工作热情，从而提高工作绩效水平，提升饭店的整体竞争力。

（七）薪酬管理

薪酬是饭店人力资源管理的重要内容，它直接影响到员工工作积极性的调动和发挥程度。在很多员工看来，没有比薪酬更重要的问题了。薪酬是员工生活的基础保障，也是员工社会地位及自身价值的具体体现，同时也意味着饭店对员工劳动价值的认同程度。因此，饭店应根据自身情况，选择科学而合理的薪酬制度，这是吸引和留住优秀员工的重要手段。

（八）劳动关系管理

饭店劳动关系管理是劳动者与饭店之间在劳动过程中发生的关系。饭店劳动合同既是饭店和劳动者建立劳动关系的基础，也是饭店和劳动者协调与处理劳动关系争议的依据。饭店劳动关系管理也是饭店人力资源管理的一项内容。

六、我国饭店人力资源管理面临的挑战

（一）饭店业的大发展，面临人才资源紧缺的挑战

我国强劲的经济发展势头，给旅游业、饭店业带来新的机遇和挑战。随着我国饭店业的大发展，一方面急需大批饭店专业人才，但另一方面，我国的饭店人才资源又非常紧缺。

目前我国饭店的员工整体素质偏低，缺乏高素质专业人才。饭店的基层员工学历整体偏低，特别是餐厅、客房这种一线部门的服务员，员工大部分以高中、中专为主，整体素质不理想；基层及中层管理者的学历也偏低，有的基层管理者是由于在饭店工作时间较长而被提拔，在实际工作中并不能胜任管理者角色；高层管理者半路出家的多，经验型多，新知识、新技术掌握较差，创新能力较弱。

总之，目前我国饭店管理者的知识结构和能力结构已经不太适应市场竞争。尽快提高管理者素质，培养一支能适应新经济发展所需要的、能驾驭各种错综复杂的经济局面、具有战略眼光的职业经理人队伍摆在饭店人力资源管理的重要日程。培养行业急需的短缺人才，成为旅游企业、旅游院校和旅游行政管理部门迫切需要面对的一个重要问题。

（二）饭店吸引人力资源优势减弱，面临有效解决人力资源供给的挑战

10多年前，饭店在用人方面的优势非常明显，可以从院校、社会上招聘到众多优秀的员工，学生们为能到高星级饭店工作而感到自豪。现在，情况发生了明显的变化，很多其他行业的企业薪水、福利、工作环境等条件比饭店好，饭店业逐渐丧失了往日吸引人才的辉煌。饭店员工流失现象日益严重，基层员工招聘越来越难。

一般来说，企业的正常流动率应该在5%～10%，饭店作为劳动密集型企业，其流动率一般不应超过15%。但相关调查发现，目前我国大部分饭店的基层员工流动率超过30%，远远超过正常的人员流动率。很多饭店已经面临严重的"用工荒"，饭店招聘日益困难，部分饭店不得不降低招聘门槛，"人才难招"成为令饭店管理者头痛不已的难题。员工的大量流失造成饭店服务质量的下降，影响到饭店的健康发展。

如何解决人力资源的供给短缺问题，招聘到饭店合适的员工，这是摆在饭店人事管理部门面前一个非常严峻和迫切的问题。

（三）饭店人力资源管理面临从传统的人事管理向现代人力资源管理的挑战

总体上讲，我国大部分饭店的人事管理仍处于传统的人事管理阶段，其主要特征表现在视人力为成本，由于人力投资（工资、奖金、福利、培训费等）计入生产成本，因此饭店想方设法减少人力投资以降低成本；管理的焦点是以事为中心，只注重管好现有人员，不重视人才的开发和培养；人事管理部门处于执行层，是非生产和非效益部门。

现代人力资源管理则视人力为资源，认为人力资源是饭店最重要、最宝贵的资源，员工是有价值并能创造价值的资源，对人力资源进行积极的开发和利用；管理的焦点是以人为中心，注重人才的培养和引进；人事管理部门处于决策层，是生产和效益部门。

传统的人事管理和现代人力资源管理的根本区别是前者着重管理，后者着重开发。从前者向后者的转变，重要的是观念的转变，要完成从管理到开发，从管理到服务的转变。

饭店人力资源管理如何尽快实现从传统的人事管理向现代人力资源管理的转变，是饭店至关重要而又迫切需要切实解决的问题。

任务二　掌握饭店员工招聘

员工招聘是饭店人力资源管理的重要环节，选拔素质良好的员工是饭店经营管理的基础。因此，饭店应做好招聘工作，吸引有能力和兴趣的人前来应聘，通过甄选，以最合适和最经济的方法，选出最合适的人才为饭店工作。

一、员工招聘的定义

员工招聘是指饭店根据人力资源规划和职务分析的数量与质量的要求，通过信息的发布和科学甄选，获得本饭店所需的合格人才，并安排他们到饭店所需岗位工作的活动和过程。

二、员工招聘的要求

饭店在员工招聘工作中必须符合以下要求。

1. 符合国家的有关法律法规和政策

饭店在招聘中，应坚持平等就业、相互选择、公平竞争、禁止未成年人就业、照顾特殊群体、先培训后就业、不得歧视妇女等原则。由于饭店的原因订立无效劳动合同或违反劳动合同，饭店应承担责任。

2. 确保录用人员的质量

饭店要根据人力资源规划和任职说明书中任职人员的任职资格要求，运用科学的方法和程序开展招聘工作，以保证录用人员的质量。

3. 努力降低招聘成本，提高招聘的工作效率

饭店要努力地降低各项招聘成本，具体包括招聘时所用的招聘成本；因员工离职，重新再招聘时所用的重置成本；因招聘不当给企业带来损失的机会成本。

4. 公平原则

饭店要通过公平竞争来吸引优秀人才，只有这样才能使人才脱颖而出，才能招聘到真正的人才。

三、饭店员工招聘的程序

招聘是饭店与潜在员工接触的第一步。饭店只有对招聘环节进行有效的设计和良好的管理，才能以较低的招聘成本获得高质量的员工。

饭店员工招聘程序如图 6-1 所示。

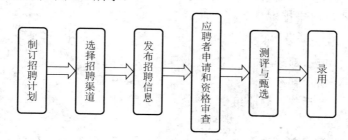

图 6-1 饭店员工招聘的程序

（一）制订招聘计划

优秀的招聘计划可以用最少的成本招聘到最合适的员工。招聘计划一般包括以下内容。

1）人员招聘清单，包括招聘的职务名称、人数、任职资格要求等内容。

2）招聘信息发布的时间和渠道。

3）招聘小组人选，包括小组人员姓名、职务、各自的职责。

4）应聘者的考核方案，包括考核的场所、大体时间、题目设计者姓名等。

5）招聘的截止日期。

6）新员工的上岗时间。

7）招聘费用预算，包括资料费、广告费、人才交流会费用等。

8）招聘工作时间表，尽可能详细，以便于他人配合。

9）招聘广告样稿。

 知 识 链 接

××大酒店招聘计划书

1. 人员需求（招聘的规模）

职务名称	所属部门	人员数量	性别	学历和经验	年龄要求
大堂副理	前厅部	1	女	大学本科， 有经验者优先	30 岁以下
前厅接待	前厅部	1	女	大学本科， 有经验者优先	30 岁以下

2. 信息发布时间

（1）××大酒店官方网站 　　　3 月 20 日

（2）××招聘网站　　　　　　　3月20日

3. 招聘小组成员名单

1）组长：××（人力资源部经理），全面负责招聘活动。

2）成员：A（人力资源部招聘主管），负责招聘信息发布，面试，笔试安排；B（人力资源部薪酬主管），负责接待招聘人员，解答招聘人员的询问，整理应聘者的简历和资料。

4. 选拔方案及时间安排

（1）大堂副理

简历筛选	前厅部经理	截止日：3月27日
初试（面试）	前厅部经理	3月29日
复试（笔试）	前厅部命题小组	3月31日

（2）前厅接待

简历筛选	前厅部经理	截止日：3月27日
初试（面试）	前厅部经理	3月29日
复试（笔试）	前厅部命题小组	3月31日

5. 新员工上岗时间

预计在4月初。

6. 招聘费用预算

（1）××招聘网站信息刊登费	800元
（2）××大酒店官网招聘信息刊登费	0元
合计	800元

7. 招聘工作时间安排

3月13日：起草招聘广告；

3月14～15日：进行招聘广告版面设计；

3月16日：与其他招聘网站进行联系发布的事宜；

3月17日：在官方网站和××招聘网站发布招聘信息；

3月18～25日：接待应聘者、整理应聘资料、对资料进行筛选；

3月26日：通知应聘者面试；

3月29日：进行面试；

3月31日：进行大堂副理笔试（复试）、前厅接待笔试（复试）；

4月1日：发放通知书；

4月2日：新员工上班。

人力资源部

（二）选择招聘渠道

员工招聘有内部招聘和外部招聘两种渠道。如何选择最适合企业的招聘渠道对饭店来讲是一个难题，有效地选择出适合企业的招聘渠道是招聘过程中的重点之一。

1. 两种招聘渠道的比较

在进行招聘前，饭店要明确以内部招聘为主，还是以外部招聘为主，两者各有优劣，见表6-1。

表6-1　内部招聘和外部招聘的优劣

项目	内部招聘	外部招聘
长处	① 员工比较熟悉企业； ② 招聘和训练成本相对较低； ③ 能提高在职员工的士气和工作意愿； ④ 饭店比较了解员工； ⑤ 能够保持饭店内部的稳定性	① 能为饭店引入新观念和方法； ② 员工在饭店新上任，凡事可从头开始； ③ 可引入饭店没有的知识和技术
短处	① 容易引起员工为晋升而产生矛盾； ② 员工来源比较狭小； ③ 不获晋升的员工可能会士气低落； ④ 容易形成企业内部人员的板块结构	① 人才获取成本高； ② 新聘员工需要适应饭店环境； ③ 会降低现职员工的士气和投入感； ④ 新旧员工之间相互适应期增长

鲇 鱼 效 应

很久以前，挪威人从深海捕捞的沙丁鱼还没到达海岸就已经死了，渔民们想了无数的办法想让沙丁鱼活着上岸，但都失败了。然而，有一艘渔船却总能带着活鱼上岸，他们带来的活鱼自然比死鱼贵出好几倍。

这是为什么呢？这艘船又有什么秘密呢？后来，人们才发现其中的奥秘，原来他们在沙丁鱼槽里放进了鲇鱼。鲇鱼是沙丁鱼的天敌，当鱼槽里同时放有沙丁鱼和鲇鱼时，鲇鱼出于天性会不断地追逐沙丁鱼。在鲇鱼的追逐下，沙丁鱼拼命游动，激发了其内部的活力，因而活了下来。

鲇鱼效应告诉我们，一个企业，如果人员长期固定，彼此太熟悉就容易产生惰性，削弱组织的活力。这时，如果能从外部招聘个别"鲇鱼"，他们就能以崭新的面貌对原有部门产生强烈的冲击。同时，他们可以很好地刺激起所有员工的竞争意识，克服员工安于现状、不思进取的惰性。

因此，有意识地引入一些"鲇鱼"式人才，通过他们挑战性的工作来打破昔日的平静，不仅可以激活整个团体，还能有效地解决原有员工知识不足的缺陷。可以说，现代意义的人力资源管理必须时刻关注鲇鱼效应。

2. 内部招聘

内部招聘是指在饭店内部获得饭店所需要的各种人才。饭店内部招聘主要包括内部晋升和内部调动两种方式。内部招聘能够有效地激励员工，大部分员工任劳任怨地工作就是希望能够得到晋升的机会。因此，当饭店内部出现职位空缺时，管理者通常首先考虑内部招聘。

（1）内部晋升

内部员工的晋升是填补饭店内部空缺职位的最好办法，能够对员工的积极性起到较好的激励作用。饭店管理者应掌握好饭店内部晋升的方法，做到公平、公正、公开。

饭店内部晋升通常包括3个步骤：

第一，确定晋升候选人。通过对应聘员工的品德、才能、工作表现、工作年限等方面进行考察，确定其是否具备晋升的资格，从中择优选择出晋升候选人。

第二，对晋升候选人进行测试。其主要是对其潜在能力和发展能力的测试，包括分析问题的能力、计划决策能力、领导能力、人际沟通能力、协调能力等。

第三，综合测评确定晋升人选。采取综合测评的方式，对每一位晋升候选人的知识结构、组织能力、工作态度、风度气质等进行综合评价。经综合评估后，最符合缺员岗位的候选人予以晋升。

（2）内部调动

饭店内部调动的原因主要有以下3种：一是饭店的组织机构发生变化，引起部分员工的职位变动；二是员工在不同岗位之间进行交叉培训；三是为员工选择更加适合的岗位。

 知识链接

某饭店内部竞聘通知书

公司各部门：

为适应公司经营发展需求，科学、高效、合理地配置人力资源，同时给本公司优秀员工搭建施展才华的平台和创造平等竞争的机会。经公司研究决定，现拟在公司范围内开展内部竞聘，具体事宜如下：

1．竞聘范围

餐饮部所有员工。

2．竞聘原则

坚持公开、公平、公正和择优任用。

3．本次竞聘职位及人数

餐饮部领班2名。

4．竞聘程序

（1）报名形式

员工根据自己的实际情况（或经历）到人事部报名，并根据公布的工作岗位，结合自身的特点，撰写一份竞聘自述报告（包括个人业务技能、管理知识、能力自述、对竞聘岗位的认识、工作思想、工作目标等），并于2月20日前统一交至人事部。

（2）竞聘考核

1）人事部按照竞聘岗位的要求，对报名参加竞聘的人员进行考核。

2）考核内容：理论考评、技能实操、情景模拟考评、日常评估。

（3）考核时间

1）2015 年 2 月 20 日 14:00～16:30 业务知识考核（摆台、叠花、斟茶、斟酒）。

2）2015 年 2 月 22 日 14:00～16:30 理论知识、规章制度、业务技能理论、基础管理理念考核。

3）2015 年 2 月 25 日 14:00～16:30 个人述职报告演讲。

5．竞聘结果

竞聘综合成绩在 2015 年 3 月 1 日公布，考核合格人员在 2012 年 3 月 1 日正式上任，晋级工资自上任起调整。

2015 年 2 月 14 日

3．外部招聘

饭店外部巨大的劳动力市场是饭店员工招聘的外部来源。饭店外部招聘的渠道众多，常用的几种见表 6-2。

表 6-2　常用的外部招聘渠道

项目	内容	优点	缺点
广告招聘	常用的招聘方法包括报纸、杂志、电视、电台等形式	信息面大、影响广，可吸引较多的应聘者，饭店选择余地大	广告费相对比较昂贵；因应聘者较多，招聘费用也随之增加
人员推荐	一般指本饭店员工推荐或关系单位主管推荐	招聘成本较低；因熟人推荐，可靠性较强，招聘成功率较强	招聘面较窄；有时会碍于情面而影响招聘水平，录用后难以辞退，易拉帮结派
现场招聘会	借助一定的场所，企业和应聘者面对面进行双向选择	供需双方可面对面交流；快速、高效、成本较低	场面混乱；时间成本高
职业介绍机构	由中介机构向饭店推荐人才	应聘者素质有保证；针对性强，效率高	需缴纳一定的中介费，猎头公司收费较高
网络招聘	利用互联网的一种新兴招聘渠道	信息传播范围广、速度快、成本低，不受时间和地域限制	应聘者过多，需进行更多筛选；信息真实度较低；成功率较低；相关法制建设尚不健全

 知识链接

创意十足的饭店招聘

2011 年 10 月，武汉一家五星级饭店即将开业，其举行的招聘会引得大批求职者蜂拥而至。

这家饭店的招聘方式别出心裁：饭店包下一家酒吧三层楼举行大型招聘会；现场还摆放了饭店标志性的设施让应聘者亲身体验饭店的独特服务；招聘方全部穿着统一的休闲 T 恤。

饭店总经理告诉记者，之所以选在酒吧招聘，就是为了给求职者营造一个更加轻松愉快的氛围，同时也彰显时尚的企业文化。现场不少求职者表示，"在酒吧里参加面试，还是头一次，感觉很潮、很特别"。

（三）发布招聘信息

发布招聘信息的目的是使求职者获得饭店招聘的信息，吸引足够数量的应聘者前来应聘，保证饭店有足够的人员选择余地，同时也对饭店起到一定的宣传作用。

从资格审查到最后的录用，经过一轮又一轮的筛选，应聘者的人数会越来越少。因此在发布招聘信息这一环节上，饭店必须充分重视，要吸引到足够数量的合格的申请人，饭店才能获得符合要求的人才。因此，饭店应根据自身的实际情况，选择合适的招聘渠道向外发布招聘信息。

 知识链接

华天大酒店的招聘广告

　　只要您是一匹千里马，敢于接受挑战性的工作，就请加入我们，我们将为您提供发展的平台。

　　1. 餐饮部主管 1 人

　　主要职责：在经理的领导下，负责餐厅、后厨的各项管理工作，包括贯彻酒店经营方针和各项规章制度与领导决策，对生产组织、产品质量、饮食服务和预算任务的完成承担全责；能根据酒店客源状况和市场变化，制订全年及各月、各季食品节、食品周活动计划；负责厨房环境和生产过程中的安全消防工作；做好每次培训的统计汇总工作，对培训课程做好学员的反馈评估。

　　薪酬待遇：月基本工资 4 000 元十年底分红，包食宿。

　　要求：形象良好、气质佳，酒店管理或相关专业毕业，具备良好的协调能力，有一定的领导能力，大学英语六级以上。

　　2. 公关部主管 1 人

　　主要职责：根据工作目标，制订公关部工作计划；制订公关部的工作程序和流程，报总监批准后执行；策划酒店的重大公关活动；委托广告制作公司，制作本酒店的广告；能够完成上级授予的其他任务。

　　薪酬待遇：月基本工资 4 500 元十年底分红，包食宿。

　　要求：普通话、粤语流利，大学英语六级或日语二级以上，形象良好、气质佳，女性163 厘米以上，男性175 厘米以上，具备较强语言表达能力，良好的沟通协调能力，有一定的领导能力，公共关系专业、商务管理或相关专业毕业。

　　期待您的加入……

　　报名时间：2012 年 5 月 1～30 日（上午 10:00 至下午 5:00）

　　报名地点：湖南商学院本部，华天大酒店

　　联系电话：400-8856××　　132435××

　　招聘 QQ 群：217635××

　　更多信息见公司网站：http://www.triphr.com/company_365480.html

　　备注：报名人员带一寸冠照、学位证和毕业证的复印件、相关考核证书、身份证复印件。

（各两张），证件本人自带。

 小思考

上述的招聘广告，做得好的地方是什么？不足的地方是什么？

（四）应聘者申请和资格审查

这一环节主要包括求职申请表的设计、申请资格的确定和资格审查3部分。

1．求职申请表的设计

求职申请表（表 6-3）的内容设计要根据工作岗位的内容而定，主要内容包括：①个人情况：姓名、年龄、性别、婚姻、地址及电话等；②工作经历：现职单位、现任职务、工资、以往工作简历及离职原因；③教育与培训情况，包括本人的学历、学位、所接受过的培训；④生活及个人健康情况：包括家庭成员、个人健康情况；⑤个人需求信息：个人兴趣、爱好、特长等。

表 6-3　某饭店员工求职申请表

第一申请职位		第二申请职位	
准备离开现在单位的原因		准备加入本饭店的重要原因	
收入期望值		可开始的工作时间	
基本信息					
姓名		性别		出生年月	
籍贯		政治面貌		身高	
毕业学校		专业		学历	照片
特长		个人兴趣		健康状况	
身份证号码			户口所在地		
现家庭地址			住宅电话		
手机号码			电子邮件		

家庭成员及紧急情况联系人			
姓名	关系	工作单位	联系方式

教育经历（由最高学历开始）		
起止时间	教育机构	专业及学位

工作经历（从最近工作经历开始）		
起止时间	工作单位名称及职位	离职原因

是否有亲属在本饭店工作？是□ 否 □	是否服从饭店安排？是□ 否 □	是否要求提供宿舍？是□ 否 □	招聘信息来源？其他□ 网络□ 媒体□ 推荐□

本人确认表中各项内容均真实有效，并同意接受饭店的各项规章制度。

申请人签名：　　　　　　　　　申请日期：

2. 申请资格的确定

申请资格是饭店对应聘者的最低要求，一般只涉及学历、专业、工作经验、年龄等基础条件。

在确定工作申请资格时，饭店包括两种策略：一是设定较高的门槛，把申请资格设定得比较高，这样符合标准的申请人也就比较少，饭店可以将更多的时间和金钱用来仔细挑选员工，这种策略往往在招聘重要岗位时使用；另一种是设定较低的门槛，把申请资格设定得比较低，这样符合标准的申请人就比较多，饭店有比较充分的选择余地。

3. 资格审查

资格审查是根据前面所确定的申请资格对应聘者的求职申请表进行审查，也称为初选或初审。其目的是淘汰明显不符合招聘条件的求职者。

在审查求职申请表时，要估计求职者材料的可信程度，分析其离职的原因和求职的动机。对于那些频繁离职、高职低求、高薪低就的应聘者要重点列出，以便在面试时加以了解。

（五）测评与甄选

测评与甄选是招聘工作最关键的一步，也是技术性最强的一步，难度最大的一步。在本阶段，首先对初审合格的应聘者进行面试、笔试和其他各种测评；其次对测评合格的人员进行体检和背景调查；最后确定候选人。

在进行人员测评分析时应注意以下几点。

1）注意对能力的分析。不要盲目被应聘者的外貌、学历所吸引。

2）注意对职业道德和高尚品格的分析。缺乏职业道德和高尚品格的人，能力即使再好，也只会对企业的发展造成负面影响。要选择德能兼备、品学兼优的人员。

3）注意对特长和潜力的分析。特长和潜力对企业都可能产生重大的带动作用和贡献，考核者要独具慧眼。

4）注意对个人的社会资源的分析。个人的社会资源是家庭、朋友、老师和个人长期积累起来的良好的社会关系。这些社会资源对饭店来说是一笔财富，应加以重视。

5）注意对成长背景的分析。成长的背景、家庭的背景对一个人的心理健康至关重要，在测评和甄选时，要有技巧地了解对方的心路历程。

6）注意面试中的现场表现。面试是一个人综合能力和综合素质的体现。面试中的现场表现，包括应聘者的语言表达能力和形体表达能力、控制自身情绪的能力、分析问题的能力和判断能力等，还包括他的素质、风度、礼貌、教养和心理的健康。

案例

招聘适合饭店的员工

上海波特曼丽嘉酒店曾多次获得"亚洲最佳商务饭店"的殊荣，其高质量的服务水平为饭店客人所称道。

高质量的服务水平源自于高素质的员工，而获得高素质的员工的第一步来自于招聘这一关。在饭店行业里，丽嘉的招聘条件是出了名的严谨。

首先，应聘者要接受人事部共有 55 个问题的选拔程序，由此判断是否具有从事服务行业的天赋和热情；其次，需要就岗位知识技能、职业发展目标、饭店文化适应能力等方面分别接受部门经理、部门总监及人事总监的考核；最后是与总经理本人直接面谈。总经理会亲自参加所有岗位新员工的面试，他希望了解新员工的个性，以及为什么想来这里工作。

波特曼丽嘉酒店选中的员工既要拥有从事不同岗位所需的特殊天赋，其个性与价值观也必须与丽嘉文化相符合。只有同时具备了这两个方面，员工才会真正找到归属感，才会有高满意度与敬业度。

"决定聘用一个人之前，我们会花很多心思和精力向他介绍丽嘉酒店的文化，以及了解他对这里的真实感受。"饭店老总狄高志说。

【点评】

高素质的员工是饭店成功的基础，上海波特曼丽嘉酒店凭借其科学而严谨的招聘获取了高素质的员工，奠定了成功的基础。

（六）录用

录用阶段包括发出录用通知、签订劳动合同及试用期管理等。在这一个阶段中，劳动合同的签订和试用期的管理是最为敏感和复杂的，在实际操作中有着很多误区。

1. 试用期的概念及期限规定

试用期是指用人单位和劳动者建立劳动关系后为相互了解、选择而约定的不超过 6 个月的考察期。

（1）试用期的期限根据劳动合同期限的长短来确定

《中华人民共和国劳动合同法》规定："劳动合同期限 3 个月以上不满 1 年的，试用期不得超过 1 个月；劳动合同期 1 年以上不满 3 年的，试用期不得超过 2 个月；3 年以上固定期限和无固定期限的劳动合同，试用期不得超过 6 个月"。同时，为遏制用人单位短期用工现象，《中华人民共和国劳动合同法》规定，以完成一定工作任务为期限的劳动合同、合同期限不满 3 个月的劳动合同、非全日制劳动合同，不得约定试用期。

（2）同一用人单位与同一劳动者只能约定一次试用期

《中华人民共和国劳动合同法》规定，同一用人单位与同一劳动者只能约定一次试用期。无论他们之间建立过多少次劳动关系，其试用期只能约定一次。

2. 用人单位只约定试用期而未签订劳动合同是违法行为

在实际工作中存在这种现象，很多用人单位均以口头或其他形式（如在入职登记表中注明或只单独签订试用合同）与劳动者约定 3 个月或 6 个月试用期，但不签订劳动合同。试用期满后，如果用人单位认为试用者合格，就签订正式劳动合同，如果用人单位认为试用者不符合试用录用条件，就解除劳动关系。这种做法是违反法律规定的，在发生劳动争议时会败诉的。

3. 试用期内用人单位不能随意解雇员工

很多用人单位以为在试用期内完全可以随时解除劳动合同，这是错误的。《中华人民共和国劳动合同法》规定，劳动者在试用期内被证明不符合录用条件的，用人单位可以解除劳动合同。也就是说，用人单位必须证明劳动者在试用期内不符合录用才能够解除劳动合同，如果没有证据证明劳动者在试用期间不符合录用条件，就不能解除劳动合同。

4. 劳动者在试用期内可以随时通知用人单位解除劳动合同

《中华人民共和国劳动法》规定，劳动者在试用期内可以随时通知用人单位解除劳动合同。可见，劳动者在试用期内有随时解除劳动合同的权利，而且该解除是无条件的，不需要承担违约责任。

5. 试用期内劳动者解除劳动合同无须赔偿用人单位的培训费用

我国相关法规规定，劳动者在试用期解除劳动合同的，无须赔偿用人单位支付的培训费用，即使劳动合同中有约定，该约定也是无效的。

任务三　掌握饭店员工培训

一、饭店员工培训的概念

饭店员工培训是指饭店有计划、有组织地对员工进行教育训练活动，使员工在知识、技能和工作态度方面有所改进，达到企业的工作要求。

 知 识 链 接

世界知名企业的培训费用

GE（通用电气公司）一年培训费用高达 10 亿美元。

惠普每位员工年平均培训费用 2.6 万美元。

华为一年员工培训费用近 2 亿元人民币。

联想一年培训费用 1 亿元人民币。

二、饭店员工培训的意义

员工培训是饭店人力资源管理的重要组成部分，是饭店人力资源资产增值的重要途径，也是饭店提高效益的重要途径。无论从员工个人层面还是饭店层面来说，培训都具有重要意义。

（一）员工个人层面

1. 培训可以提高员工的专业知识和技能水平

饭店员工要完成岗位工作，必须具备完成本职工作所需要的专业知识和相关知识，以及相应的服务技能和服务技巧。而只有通过系统的培训，员工才可以在短时间内掌握专业知识和相关知识，只有通过不断地培训、工作、再培训、再工作的过程，员工才能真正掌握服务技能和服务技巧。培训不仅是使员工掌握专业知识的过程，也是全面提高员工素质的过程。

2. 培训可以为员工的职业发展提供机会

通过不断的培训，员工扩大了知识面，熟练掌握了专业技能，随着专业素质和专业能力的不断提高，员工个人的综合素质也随之提高，对工作的自信心也提高了。当时机来临时，员工获得晋升的可能性也就比较大。所以，培训为员工提供了发展的机会。

（二）饭店层面

1. 培训可以提高饭店服务质量

饭店服务质量的高低主要取决于员工素质的高低，而培训是提高员工素质的最有效的方法。培训可以使员工掌握良好的工作技能与工作方法，以及丰富的行业知识，使员工工作起来得心应手，进而提高饭店的服务质量。因此，培训是提高饭店服务质量的重要途径。

2. 培训可以降低饭店损耗和安全事故率

研究表明，有效的培训可以减少73%的浪费与损耗，特别是像餐饮部、客房部、洗衣部等损耗较大的部门。另外，相关研究发现，未受过培训的员工所造成的事故数量是受过培训员工的事故数量的3倍。

未经培训的员工因为不了解操作的正确方法或技巧，只凭经验进行操作，因此导致饭店损耗率和事故率上升，而受过良好培训的员工会有意识地避免一些错误的操作，操作规范正确，从而减少损耗和事故的发生。

小思考

你认为培训重要吗？谈谈你的看法。

知识链接

大 荣 法 则

大荣百货公司创建于1957年。初创时的大荣公司只是大阪的一家小百货店，职工13人，后来扩展到日本两大百货公司的其中之一。大荣公司的经营决策是重视对人才的培养，由此走上了成功的道路。

大荣公司提出"企业生存的最大课题就是培养人才"，被人们称为"大荣法则"。

大荣法则的内容：人才的培养是决定企业生存和发展的命脉，企业的发达，乃人才的发达；人才的繁荣，即企业的繁荣；人才的繁荣，即事业的繁荣。企业未来的生存和发展应着眼于对人才的培养。在企业的发展中，设备条件的提高远远没有员工素质的提高重要。要提高员工的素质，就要随时随地地开展员工教育与培训工作，启发员工的思想，更新员工的技术。人才建设是任何一个企业生存、发展的重中之重，没有了人才，一切都无从谈起，因此，对人才的培养事关企业的成败！

三、饭店员工培训的原则

饭店管理者要做好员工培训工作，应掌握员工培训的原则，具体包括以下几个方面。

（一）培训对象的全员性

饭店要有计划和有步骤地培训全体员工，以提高全员素质。饭店全体员工，从总经理到清扫员在内的所有岗位的员工，都应纳入饭店的培训范围。在培训时要按职级的高低安排培训的先后次序，自上而下，先培训和发展管理人员，特别是中高层管理人员，继而培训基层员工。管理者具有了某种观念意识，自然会灌输给下属员工并要求其灵活运用于实践。

（二）培训内容的针对性

饭店培训内容的针对性体现在3个方面：一是培训时应该分层次、分部门、分岗位分别进行，不同层次、部门、岗位的培训对象应安排有不同的培训内容；二是要因材施教，要根据不同员工的特点、职责、态度、知识、能力与经历，展开有针对性的培训；三是要根据实际工作的需要或存在的问题确定培训内容，做到员工需要什么、缺什么就培训什么。

（三）培训方法的灵活性

培训方法的灵活性是指针对不同的培训对象和培训内容，选择不同的培训方法，以获得最佳的培训效果。饭店常用的培训方法一般包括课堂讲授法、专题讨论法、案例研讨法、角色扮演法、视听教学法、操作示范法等。饭店在进行培训时，要灵活采用合适的培训方法来增强培训效果。

（四）培训进度的渐进性

知识的更新、技能的提升是一个循序渐进的过程，在一个有限的时期内，要求员工快速学习与应用各种所需知识是不现实的。饭店在进行培训时，要做到由浅入深、由易到难，有计划地安排培训内容，循序渐进地推进培训工作。

（五）培训时机的合理性

培训时机的选择，关系到员工接受培训的积极性，当其感到难以适应工作要求或希望能够有所提高时，自然会产生培训的需求，此时的培训必然会使员工从"要我学"变为"我要学"，所以培训的适时非常重要。

另外，在培训时间的安排上要合理，尽量选择饭店的经营淡季或工作相对轻松时进行培训。如果安排在员工工作很劳累时进行培训，不但起不到应有的培训效果，还会引起员工的反感。

小思考
你希望在什么时候进行培训？为什么？

四、饭店员工培训的类型

饭店员工培训的类型按性质分，可分为职业培训和发展培训两大类。职业培训主要是针对操作人员，而发展培训主要是针对管理人员。

（一）职业培训

职业培训的主要对象是饭店操作层的员工，培训目标是提高员工的专业知识、服务技能和服务态度，培训重点是员工的操作能力。

职业培训通常分岗前培训和在岗培训。

1．岗前培训

岗前培训又叫上岗培训，是指饭店新员工进入工作岗位之前的培训。其目的是为了使新员工具备基本的职业素质和职业技能，能尽快熟悉工作环境，适应岗位工作。

岗前培训因培训内容侧重不同又可分为一般性岗前培训和专业性岗前培训。

1）一般性岗前培训的目的是增进新员工对饭店行业及本饭店的了解和理解，其内容包括本饭店的历史和现状、方针政策、规章制度、职业道德、礼貌礼节、法律知识、安全知识等。

2）专业性岗前培训的目的是使新员工掌握岗位技能，其内容包括服务规程、服务技能与技巧、专业外语、卫生防疫知识等。

2．在岗培训

在岗培训是指员工不脱离工作岗位，利用工作空闲时间所接受的培训。培训目标是进一步提高员工的工作能力和工作绩效。

在岗培训是员工培训最常用的方法。因为在培训过程中，受训者也在履行自己的岗位职责，所以相对需要的培训费用较少。在岗培训一般由各级管理人员和经验丰富、技术熟练的老员工来担任培训者，也可以针对性地外请一些当地的旅游院校、培训中心进行培训。

　知识链接

TSFC 四步培训法

TSFC 四步培训法是一种适合操作层员工的培训方法，具体方法可以简单概括为四句话：
第一句话是讲给你听（Tell you），即告诉你如何去做。
第二句话是做给你看（Show you），即给培训者示范。
第三句话是你跟我学（Follow me），要求受训者模仿培训者进行练习。
第四句话是我纠正你（Check you），即培训者通过检查发现受训者操作不到位的地方，予以及时的纠正，使受训者最终能够真正掌握所培训的内容。

（二）发展培训

管理者的发展培训应根据不同管理层次进行区分，不同层次的工作侧重点不一样，培训的内容也随着不同。

1. 基层管理者的培训

饭店基层管理者，如领班、主管等，其工作重点是执行中高层管理者的指示和决策，直接面对员工从事具体的管理工作。因此，其培训内容应侧重于饭店管理的基本原理、人事劳

动管理、沟通方法、人际关系技能等。

2. 中层管理者的培训

饭店中层管理者，如各部门经理，负责所在部门的经营管理，因此必须精通本部门的经营管理，熟悉本部门工作的每个环节和具体安排。其培训内容应侧重于本部门的运行与管理、组织、控制、指挥能力的培养，特别是沟通技巧和督导技巧等。

3. 高层管理者的培训

饭店高层管理者，如总经理、副总经理，其工作重点在于对整个饭店进行经营管理，其培训重点应放在创新精神、决策管理能力、用人能力、协调能力和控制能力等方面，培训课程可包括经营预测、经营决策、市场营销、财务管理、组织行为学、旅游经济学等。

五、饭店员工培训的程序

饭店员工培训的程序通常包括以下几个步骤，如图 6-2 所示。

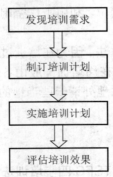

图 6-2　饭店员工培训的程序

（一）发现培训需求

培训需求是指饭店生存和发展所要求具备而未具备的一些因素，而这些因素是能够通过培训加以解决的。饭店只有了解员工的培训需求，才能够提供针对性的有效培训。因此，发现培训需求是饭店培训工作的开始，有效的饭店员工培训工作，必须针对培训的实际需求对

症下药。

　　饭店管理者应通过工作评估、客人反映等多种渠道，采用任务分析、绩效分析、资料分析、现场观察、问卷调查、座谈面谈等方法，找到饭店员工在实际工作中的不足之处，并进行分类分析，从而确定员工的培训需求。

　　（二）制订培训计划

　　培训工作的顺利开展离不开培训计划的指导。制订饭店培训计划，是培训工作的重要环节，是实施培训的开端。

　　饭店制订培训计划的依据主要包括 3 个方面：一是饭店主管部门的要求；二是饭店持续发展的要求；三是饭店员工发展的要求。

　　培训计划内容一般包括培训目标、培训对象、培训内容、培训师资、培训方法、考核方式、培训时间、培训地点和培训费用估算等。

 知识链接

某饭店新员工培训计划

　　1．培训目标

　　促进新员工对本饭店的了解，掌握岗位工作技能，使新员工具备基本的职业素质和职业技能，尽快熟悉工作环境，适应岗位工作。

　　2．培训对象

　　新入职员工（共 10 人）。

　　3．培训内容

　　1）本饭店概况、规章制度、职业道德、礼貌礼节。

　　2）岗位服务规程、服务技能与技巧。

　　4．培训讲师

　　本饭店人力资源部经理、部门负责人。

　　5．培训方式

　　采用全脱产培训。

　　6．培训方法

　　讲授法、案例分析法、角色扮演法。

　　7．培训时间

　　2014 年 7 月 1～3 日，共 3 天。

　　8．培训地点

　　本饭店多媒体会议室。

　　9．培训资料

　　《企业工作手册》《某饭店岗位技能培训手册》。

　　10．培训考核方式

　　笔试、技能操作测试。

11．培训效果评估

评估目的：通过本次培训，检验新员工是否达到培训效果，以便更快、更好地投入新工作。

评估对象：受培训员工、讲师、部门主管。

评估方式：问卷调查、访谈。

12．培训预算

1）讲师费用：人力资源部门经理/部门负责人（300元/次）。

2）材料费用：讲课材料、公司说明、规章制度手册等（25元/人）。

3）管理费用：设备、场地等使用费用（500元/天）。

总计：讲师费：300×6＝1 800（元）

材料费：25×10＝250（元）

管理费：500×3＝1 500（元）

总费用：1 800＋250＋1 500＝3 550（元）

（三）实施培训计划

实施培训计划是整个培训工作中的关键步骤，其具体工作主要分为3部分，即培训实施前的准备工作、培训实施的过程管理、培训实施的结尾工作，如图6-3所示。

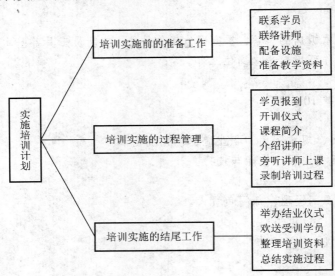

图6-3　饭店员工培训计划的实施步骤

（四）评估培训效果

评估培训效果是员工培训工作的最后一个环节，这也是很多饭店相对忽视的环节。

首先，应根据培训目标确定对培训效果进行评估的内容，如思想观念有无转变、业务知识有无增长、操作技能有无提高、工作态度有无改善等。

其次，收集有关培训效果的各种信息，如培训时的笔试、操作考试等各种考核成绩；问卷调查情况；对员工工作的观察及管理者对员工的考评等。

最后，对照评估内容和培训目标，根据所收集的各种培训效果信息，客观评价饭店的培训效果，并总结经验，提出不足，作为下一次培训的需求和参照，以提高培训质量。

 知识链接

柯氏四级培训评估模型见表 6-4。

表 6-4 柯氏四级培训评估模型

评估级别	主要内容	衡量方法
反应层评估（培训中）	观察学员的反应	问卷、评估调查表填写，评估访谈
学习层评估（培训中）	检查学员的学习结果	评估调查表填写，笔试、绩效考试，案例研究
行为层评估（培训后）	衡量培训前后的工作表现	由上级、同事、顾客、下属进行绩效考核、测试、观察和绩效记录
结果层评估（培训后）	衡量饭店经营业绩的变化	考察投诉率、流动率、士气

 小练习

设计一份餐厅培训效果评估调查表。

任务四 掌握饭店员工激励

员工是饭店最宝贵的财富。通过各种方式激励员工，调动员工的积极性，激发员工的工作热情，是饭店人力资源管理的中心内容。

一、激励的含义

激励是激发鼓励的意思，是指激发人的动机，使人产生内在的动力，并朝着所期望的目标行动的心理活动过程。

激励具有目的性、主动性、持续性、引导性等特性。

二、激励的重要性

美国哈佛大学的研究发现，在缺乏激励的环境中，人的潜力只发挥出 20%～30%。如果受到充分的激励，他们的能力可以发挥出 80%～90%。也就是说，同样一个人，在受到充分激励后，其所发挥的能力相当于激励前的 3～4 倍。

有效的激励可以最大限度地调动起人的积极性，发掘人的潜能，提高工作效率，从而取得更好的工作绩效。

激励是人力资源管理的重要内容，饭店管理者要认识到激励的重要性，认真掌握相关的激励理论，通过适当的激励方式，激发员工的工作积极性，最大限度地发挥他们的聪明才智和潜在能力，进而提高饭店的经济效益，实现饭店的经营目标。

三、激励理论

激励理论可分为内容型激励理论、过程型激励理论和行为改造型激励理论三大类。

（一）内容型激励理论

内容型激励理论主要研究引起人们行为的原因，即研究激励的原因与引起激励作用的因素，主要包括需要层次理论、双因素理论、成就需要理论、X-Y 理论。

1. 需要层次理论

需要层次理论是美国社会心理学家马斯洛提出来的，因而也称为马斯洛需要层次理论。马斯洛将人的需要分成 5 个层次，如图 6-4 所示。

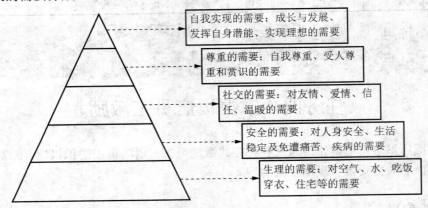

图 6-4　马斯洛需要层次理论

马斯洛需要层次理论认为：

1）人人都有需要，某层需要获得满足后，另一层需要才出现。

2）这五种需要像阶梯一样从低到高，按层次逐级递升，但这种次序不是完全固定的，可以变化。

3）一般来说，某一层次的需要相对满足了，就会向高一层次发展，追求更高层次的需要就成为驱使行为的动力。相应地，获得基本满足的需要就不再是一种激励力量。

4）在多种需要未获满足前，首先满足迫切需要，该需要满足后，后面的需要才显示出其激励作用。

5）当多种需要同时存在，主要需求对人的行为起主导作用。不同人主导需要不同，不可用统一标准进行激励，要"投其所好"。

2. 双因素理论

双因素理论也叫"保健—激励理论"，是美国心理学家赫兹伯格提出的。

该理论认为引起人们工作动机的因素主要有两类：一类是激励因素；另一类是保健因素。只有激励因素的需要得到满足，才能够给人们带来满意感，才能调动人们的积极性。不具备保健因素时将引起人们强烈的不满，但具备时并不一定会调动强烈的积极性。

保健因素是指那些造成员工不满的因素，如将其改善能够解除员工的不满，但不能使员工感到满意并激发起员工的积极性，如企业的政策、管理措施、工资发放、劳动保护、工作监督、人际关系等。

激励因素是指那些使员工感到满意的因素，只有激励因素的改善才能让员工感到满意，才能给员工以较高的激励，才能调动积极性，提高劳动生产效率。激励因素包括有工作表现机会、工作本身的乐趣、工作上的成就感、对未来发展的期望、职务上的责任感等。

3. 成就需要理论

成就需要理论又称"三种需要理论"，是由美国心理学家戴维•麦克利兰提出的。他认为在人的生存需要得到基本满足的前提下，最主要的需要有 3 种，即权力需要、合群需要和成就需要。

1）权力需要，指影响和控制别人的一种欲望或驱力。

2）合群需要，指人们寻求他人的接纳和友谊的需要。

3）成就需要，指一个人追求卓越、争取成功的内驱力。

麦克利兰认为，这 3 种需要在人们需要结构中有主次之分，作为人们的主需求在满足了以后往往会要求更多更大的满足，也就是说拥有权力者更追求权力，拥有亲情者更追求亲情，而拥有成就者更追求成就。同时，由于他认为其中成就需要的高低对人的成长和发展起到特别重要的作用，所以很多人就称其理论为成就需要理论。

4. X-Y 理论

X-Y 理论由美国管理心理学家麦格雷戈总结提出。他认为，每个管理决策和管理措施的背后，都有一种人性假设，这些假设影响决定着管理决策和措施的制定以及效果。人性假设有两种对立的基本观点：一是性本恶的 X 理论；二是性本善的 Y 理论。

"X理论——人之初，性本恶"　　"Y理论——人之初，性本善"

X 理论假设：员工的本性是懒惰的，工作越少越好，可能的话会逃避工作，一般缺少进取心，大部分人对集体的目标不关心。因此，管理者需要采取强迫、威胁、处罚、指导等管理方法。

Y 理论假设：员工能自觉勤奋工作；员工有很强的自我控制能力，在工作中执行完成任务的承诺；一般而言，每个人不仅能够承担责任，而且还主动寻求承担责任；绝大多数人都具备做出正确决策的能力。

麦格雷戈认为，Y 理论的假设比 X 理论的假设更实际有效，因此他建议让员工参与决策，为员工提供富有挑战性和责任感的工作，建立良好的群体关系，有助于调动员工的工作积极性。

小思考

你认同 X 理论还是 Y 理论？为什么？

（二）过程型激励理论

过程型激励理论着重研究从动机的产生到采取具体行为的心理过程。这种理论主要包括公平理论和期望理论。

1. 公平理论

公平理论是美国心理学家亚当斯提出来的，也称为社会比较理论。这种理论的基础在于员工不是在真空中工作的，他们总是在进行比较，比较的结果对于他们在工作中的努力程度有影响。当一个人做出了成绩并取得了报酬后，他不仅关心自己所得报酬的绝对量，而且还关心所得报酬的相对量。他会通过横向比较和纵向比较来确定自己所获报酬是否合理，而比较的结果将直接影响他今后工作的积极性。

在比较中，如果员工觉得报酬是公平的，他可能会为此而保持工作的积极性和努力程度；如果员工觉得报酬是不公平的，他的工作积极性会下降。

案例

小王的工作积极性下降了

小王是刚进酒店做客房清扫员的新员工，工作非常努力认真。

别的员工一天清扫 12 间客房，而她由于抓紧每分钟做好工作，经常比其他的员工提前一个多小时完成工作。在完成规定任务之后，小王会继续认真地完成管理者临时分配给她的工作任务。

一个月后，领工资时，小王发现自己和其他清扫员拿了同样的工资。从此，小王开始和其他员工一样拖慢来做，本来能迅速做好的工作也拖慢来做，算好下班时间把规定工作完成就可以了，工作积极性明显下降。

【点评】

在案例中，小王的工作积极性为什么会下降呢？道理很简单，因为小王认为自己付出了比其他同事更多的努力，但却没有拿到比其他同事更多的报酬，因此觉得不公平，从而导致工作积极性的下降。

小思考

你能说出星级饭店客房有哪些具体的设备吗？

2. 期望理论

期望理论是由美国心理学家维克托·弗鲁姆提出的。

期望理论又叫做"效价—手段—期望"理论，是以3个因素反映需要和目标之间的关系。其关系用公式表示为

$$M = V \times E$$

式中，M表示激励力度，指调动个人积极性，激发人内部潜力的强度；V表示效价，即目标价值的大小；E表示期望值，即目标实现的可能性的大小。

这个理论的公式说明，人的积极性被调动的大小取决于效价与期望值的乘积。也就是说，如果实现目标对一个人的价值越大，这个人估计实现目标的可能性越高，那么所激发起的激励力度就越大，这个人的积极性会越高。

（三）行为改造型激励理论

行为改造型激励理论主要研究如何改造和转化人们的行为，使其达到目标的一种理论，主要包括强化理论和归因理论。

1. 强化理论

强化理论是由美国心理学家斯金纳首先提出的。

强化理论主要的观点是人的行为是对其所获刺激的函数，如果刺激对他有利，他的行为就可能重复出现；如果刺激对他不利，则他的行为就可能减弱甚至消失。因此，管理者要采取各种强化方式，以使人们的行为符合组织的目标。

强化分为正强化和负强化。

1）正强化是奖励那些符合企业目标的行为，以便使这些行为得以进一步加强，重复地出现，从而有利于企业目标的实现。正强化的方法包括物质奖励、精神鼓励。

2）负强化是惩罚那些不符合企业目标的行为，以便使这些行为削弱，甚至消失，从而保证企业目标的实现。负强化包括物质处罚和精神处分，减薪、扣钱、罚款、批评、降级等都是可用的方法。

2. 归因理论

归因理论是由美国心理学家韦纳等人提出。归因是指人们对他人或自己的行为进行分析，确认其性质或推论其原因的过程。

韦纳归因理论的基本结论如下：

1）个人将成功归因于能力和努力等内部因素时，他会感到骄傲、满意、信心十足，而将成功归因于任务容易和运气好等外部原因时，产生的满意感则较少。相反，如果一个人将失败归因于缺乏能力或努力，则会产生羞愧和内疚，而将失败归因于任务太难或运气不好时，产生的羞愧则较少。

2）归因于努力比归因于能力，无论对成功或失败均会产生更强烈的情绪体验。努力而成功，体会到愉快；不努力而失败，体验到羞愧。

3）努力而失败也应该受到鼓励。在付出同样努力时，能力低的应得到更多的奖励。能力低而努力的人受到最高评价，能力高而不努力的人受到最低评价。

小思考

当你成功时，你认为成功的因素是什么？而当你失败时，你认为导致失败的原因又是什么？

四、员工激励的原则

（一）目标一致原则

设置适当的目标是激励管理的一个关键问题。目标设置既要体现饭店组织的目标要求，同时又要能够满足员工个人的需要，否则所设置的目标难以发挥其激励作用。只有将饭店组织目标与员工个人目标有机地结合起来，使组织目标包含较多的个人目标，使个人目标的实现离不开为实现组织目标所做的努力，才能收到良好的激励效果。

激励目标要可实现

管理故事

某饲养员将 6 只猴子分别关在 3 间房子里，每间两只。该饲养员每天为其发放一定数量的食物，但食物放置位置的高度不一样，具体如下：

第一间房（房间 a）的食物直接放在地上，猴子很容易获取。

第二间房（房间 b）的食物分别从低到高悬挂在高度适当的不同位置上，当放置在一定的高度时，两只猴子通过双方之间的合作与努力，也能获取相应的食物。

第三间房（房间 c）的食物放置在一个很高的位置上，在房间内现有的环境下，猴子不可能获取所放置的食物。

一段时间后，饲养员发现，房间 a 的猴子身体负伤，双方冲突较大；房间 b 的猴子处于正常状态；房间 c 的猴子已经奄奄一息，濒临死亡。

目标要像跳起来能够到的苹果，既不能唾手可得，也不能高不可攀。

管理心得

目标激励是通过为员工设置适当的目标，以激发他们为实现目标而努力工作的激励方法。目标过高，会挫伤员工的积极性；目标过低，则会失去激励的意义。

（二）差别激励原则

俗话说：人过一百，形形色色。不同的人，其需要肯定是有所不同的。因此，对员工进行激励必须实现差别化。在知识化、个性化的现代社会，员工的自我实现意识越来越强，他们迫切要求企业满足属于"自我的"的需要，而不是大众化的、一般的需要满足。因此，饭店管理者在制订激励计划时，要根据员工的不同需要差别制订，只有这样，才能实现激励效用的最大化。

小 猴 进 城

小猴想进城，可没人拉车。他想呀想，终于想出了一个好主意。

他在车上系了三个绳套：一个长，一个短，一个不长也不短。他叫来了小老鼠，让他闭上眼，拉长套。又叫来小狗，让他闭上眼，拉短套。他再叫来小猫，在小猫背上系了一块肉骨头，让小猫闭上眼，拉不长不短的绳套。

小猴爬上车，让大家一齐睁开眼。小老鼠看见身后有猫，吓得拉着长套拼命跑；小猫看见前面有只老鼠，拉着套使劲儿地追；小狗看见猫背上的肉骨头，馋得直往前撺。

小猴快快活活地坐在车里，不一会儿就进了城。

要调动员工的积极性，最重要的是要分析不同员工的不同需要，只有针对员工的不同需要进行差别激励，才能起到应有的激励效果。

（三）物质激励与精神激励相结合原则

人的需要有物质需要与精神需要之分，因此，相应的激励方式也应该是将物质激励与精神激励有机结合起来。随着社会进步和人类生活水平的不断提高，人们对精神方面的需要越来越迫切而且越来越高，这是大势所趋。所以，饭店管理者在进行激励时，应以物质激励为基础，以精神激励为重点，二者相辅相成。

（四）内外激励相结合原则

从工作环境中获得的激励称为外在激励，从工作本身获得的激励称为内在激励。从工作环境条件方面进行激励，是调动员工积极性的基本保障。而满足员工自尊和自我实现需要，从工作本身激励员工，激发他们的工作自豪感和成就感，充分发挥他们的潜力，为其成长和发展创造条件的激励，所产生的工作动力是最主要的。饭店管理者要善于将内在激励和外在激励相结合，以内在激励为主，力求收到事半功倍的效果。

（五）正激励与负激励相结合原则

正激励指的是采用某种正面的结果，如表扬、赞赏、增加工资等，来表示对员工的肯定和奖励，从而激发员工的责任感、光荣感和成就感；负激励指的是对员工的不良行为或业绩，采用某种负面的结果，如批评、扣发工资、降级、处分等，来表示对员工的惩罚或批评，从而达到矫正员工的作用。

在饭店管理工作中，应该将正激励与负激励相结合起来，实行"奖惩结合""奖罚分明""批评与教育相结合"的制度。对于员工优异的工作成绩和行为要及时给予表扬，使之得到大家的认可，从而继续发扬下去。对于不良的行为，必须严格管理，按饭店的制度进行查处，这样可以避免再次发生，做到"防患于未然"。

在进行激励时要注意坚持以正激励为主，负激励为辅。因为通过正激励可以使人产生一种积极的情绪，感到愉快，受到鼓舞，易激发主动精神；而负激励易使人产生挫折心理和挫折行为，不利于员工工作热情的提高。

赞美的力量

某足球队教练将该队队员分成三个集训小组，并在训练时做了一个心理实验。

教练对第一小组队员的表现大加赞赏，说："你们表现卓越，配合度非常高，太棒了！你们是一流的球员。"对第二小组则说："你们也不错，如果你们运球速度快一点，步伐再稳一点，就更好了。"对第三小组则说："你们怎么搞的，总是抓不到要领，靠你们，我什么时候才有出头之日呀！"

其实这三组成员的素质、能力都一样。但是经过这样一个实验之后，结果第一小组获得最好的成绩，第二小组次之，第三小组最差。

这是个完美的管理员工的例子。怎么样激发员工的工作热情呢？是指出他们的不足，然后让他们奋勇改变呢？还是用大量的赞美语言，让他们更加努力呢？其实很多时候赞美比批评更能激发一个人的潜能和积极配合的愿望。

（六）短期激励与长期激励相交叉原则

短期激励指即时的或一次性的激励，如发放奖金、带薪假期、培训机会、旅游等。长期激励指规范性的、期限较长的激励，如经理人股票期权、员工持股等。短期激励具有灵活性和时效性，而长期激励则具有稳定性和持久性。饭店管理者在进行激励时，要将短期激励与长期激励进行交叉配合，力求取得最佳的激励效果。

（七）公正激励原则

公正原则是激励的一个基本前提，激励的公正性是有效激励的根本保证。如果不公正，奖不当奖，罚不当罚，不仅收不到预期的激励效果，反而会造成许多消极后果。公正就是要做到赏罚严明，并且赏罚适度。饭店管理者在进行激励时一定不能有任何偏见和喜好，要保证激励的公正性。

贯彻公正激励原则要求做到以下 3 个方面：一是消除激励歧视，激励面前人人平等；二是让员工参与激励计划的制订，并能进行过程的有效监督；三是公开激励计划的内容和实施的结果。

五、员工激励的方式

物质激励和精神激励都是重要的激励手段。在实践中，饭店可根据自身的实际条件，采取物质激励和精神激励相结合的方法。

（一）物质激励

物质激励是指运用物质的手段使受激励者得到物质上的满足，从而进一步调动其积极性、主动性和创造性。

1. 发放奖金

发放奖金是最普遍采用的物质奖励的方法。很多饭店都会为业绩突出、表现优秀的员工发放奖金作为奖励，以激发其积极性。

管理者要注意把握好两方面：一是奖励必须公正。员工对他所得的报酬是否满意不只看其绝对值，还要和其他人进行比较，如果员工觉得不公平，反而会影响其情绪和工作态度；二是奖励必须反对平均主义，平均分配等同于无激励。

2. 晋级加薪

对于工作表现优秀的员工来说，晋级加薪的激励效果很强。

在采用这种激励方式时，必须按照饭店晋升职位的岗位要求来确定员工的晋升资格，并经过必要的审批手续，才能对员工实施晋级加薪的激励。这是一种非常有效的激励方法，能够让员工看到自己努力工作的结果，会让员工感受到工作的价值，产生工作的成就感，从而激发出更大的工作热情。

3. 提高福利待遇

良好的福利待遇也是一种重要的物质激励手段。饭店的福利方式多种多样：为员工发放各种补贴，包括员工住房补贴、电话费补贴、水电费补贴、交通补贴、高温补贴、伙食补贴、服装补贴、子女教育补贴等；给员工发放购物券、消费卡或餐券；员工婚丧喜庆由饭店致送贺礼、慰问金或奠仪等。

4. 发放其他物质奖励

饭店还可以通过其他各种物质奖励来激励员工，如对表现突出的员工提供免费旅游、带薪疗养，甚至有条件的饭店可以考虑让员工持股。

 案例

海底捞员工的福利

海底捞的成功靠的是服务，而服务的成功靠的是员工。员工视海底捞为第二个家，为之真心付出，甚至为这个家拼命。海底捞出色的服务就是这么来的。让员工拼命工作的原因有很多，这里我们只挑选海底捞两个有特色的福利待遇略作分析。

首先是住宿方面。在海底捞，即使是在北京这样寸土寸金的大都市，员工宿舍离工作地点步行的最长时间不能超过20分钟，员工宿舍全部为正式住宅小区，且都会配备空调、液晶电视、洗衣机、热水器、宽带等设备；如果员工是夫妻，则考虑给单独房间。公司会雇专人给宿舍打扫卫生、换洗被单及洗衣服。晚上九点宿舍供应夜宵，酸奶、面包一应俱全。如果员工生病，宿舍管理员会陪同他看病、照顾他的饮食起居，并且店长会自己亲自前去看望，并送上慰问金。光是员工的住宿费用，一个门店一年就要花掉 50 万元左右。

其次是补贴方面。双职工且夫妻双方任意一方工作满半年，每月补助 120 元；凡进入公司合格分配的所有员工，可以领取 30 元现金生日补贴；入公司满 3 年的员工其子女可以享受每年 2 000～5 000 元的教育补贴。而升迁到管理层后，保育补贴每月 300 元，育婴补贴是大堂经理每月 600 元，经理级别以上每月 1 200 元。经理级别以上的员工的父母每月发给 200～400 元的家属补助。店长以上级别的小孩每年有 12 000 元的教育津贴。

【点评】

海底捞通过为员工提供良好的福利待遇，对员工进行物质激励，有效地调动起员工工作的主动性和积极性。

小思考

全面总结海底捞的员工福利。如果你是员工，那么你还希望有哪些福利可以让你更安心地在此工作呢？

（二）精神激励

精神激励是指精神方面的无形激励，精神激励是一项深入细致、复杂多变、应用广泛的工作，它是管理者用思想教育的手段倡导企业精神，是调动员工积极性、主动性和创造性的有效方式。

1. 榜样激励

榜样激励是指管理者选择在实现目标中做法先进、成绩突出的个人或集体，加以肯定和表扬，要求大家学习，满足员工的模仿和学习的需要，从而激发团体成员积极性的方法。

榜样的力量是无穷的。榜样是一面旗帜，使人学有方向、赶有目标，起到巨大的激励作用。绝大多数员工都是力求上进而不甘落后的。如果有了榜样，员工就会有努力的方向和赶超的目标，从榜样成功的事业中得到激励。

管理者要善于及时发现典型、总结典型、运用典型。通过具有典型性的人和事，营造典型示范效应，让员工明白提倡或反对什么思想、作风和行为，鼓舞员工学先进、帮后进。

2. 参与激励

参与激励是指饭店通过建立员工参与机制、提出合理化建议的制度等，提高员工的主人翁参与意识，从而激发他们的工作积极性，是一种行之有效的激励方式。

饭店管理者要善于给予员工参与管理、参与决策和发表意见的机会，多倾听员工的心声，因为决策的最终执行者还是下属员工。让员工参与管理能最大限度地激发员工的主人翁意识，把员工摆在主人的位置上，尊重他们，信任他们，把饭店的底牌交给他们，让他们在不同层次和不同深度上参与决策，吸收他们中的正确意见，全心全意依靠他们办好饭店。这种参与激励是调动员工积极性的有效方法。具体做法包括让员工参与饭店管理；让员工轮流主持例会；让员工提供合理化建议等。

3. 感情激励

感情激励是通过强化感情交流沟通，协调管理者与员工的关系，让员工获得感情上的满足，激发员工工作积极性的一种激励方式。

情感是影响人们行为最直接的因素之一，任何人都有渴望各种情感的需求。感情因素对人的工作积极性有重大影响。通过加强与员工的感情沟通，尊重员工、关心员工，与员工之间建立平等和亲切的感情，让员工体会到领导的关心、企业的温暖，从而激发出主人翁责任感和爱店如家的精神。具体做法包括为员工排忧解难，为员工办实事，解决实际困难；建立员工生日情况表，员工过生日时，管理者亲自祝贺，送生日蛋糕、生日卡、生日礼物、举办生日晚会；各大节日送礼物，如三八妇女节送女性员工礼物；组织员工一起唱歌、打球、郊游等。

4. 荣誉激励

荣誉是对个人或团队的崇高评价，是满足人们自尊需要、激发人们奋力进取的重要手段。每个人都有自我肯定、争取荣誉的需要。对于那些工作表现比较突出、具有代表性的先进员工，给予必要的荣誉奖励，是一种很好的精神激励方法。

常见的荣誉激励形式包括授予员工"优秀员工""十佳员工""明星员工""先进员工""先进标兵"等荣誉称号；开会表彰优秀员工，向优秀员工颁发荣誉证书或聘书、颁发锦旗或勋章；上饭店光荣榜或在饭店内外媒体上进行宣传报道；以员工的名字命名某项事物等。

 案例

海底捞的包丹袋

海底捞以服务而扬名全中国，其个性化的细致服务为每一个顾客所津津乐道。在海底捞众多服务中，其中有一项是为带手机的客人提供塑封袋子，以防止客人在吃火锅时手机被溅湿。

这项细致贴心的服务最初是由一个叫包丹的员工提出这个创意的，海底捞采用了这个服务员的创意并进行推广，起到了非常好的服务效果。为了奖励这位员工，海底捞用员工的名字将这种塑封袋子命名为"包丹袋"。这种命名的方式既能实现他的价值，也是对他的尊重。

【点评】

以员工的名字进行命名，这种荣誉激励对员工所起到的激励效果是非常强大的。

5. 目标激励

目标激励是通过确定适当的目标来激发员工的动机、引导员工的行为，使员工的个人目标与组织目标紧密地联系在一起，以激励员工的积极性、主动性和创造性。

正确而有吸引力的目标，具有引发、导向和激励的作用。饭店管理者要将每个员工内心深处的目标挖掘出来，并协助他们制订详细的实施步骤，在随后的工作中引导和帮助他们努力实现目标。当每个员工的目标强烈和迫切地需要实现时，他们就对饭店的发展产生热切的关注，对工作产生强大的责任感，平时不用别人监督就能自觉地把工作搞好。

另外，管理者要注意将部门目标转化为岗位及员工个人的目标，使饭店各项指标层层落实，每个员工既有目标又有压力，产生强烈的动力，努力完成目标。在目标激励过程中，要引导员工个人目标和饭店目标相同，使员工的个人切身利益与饭店的集体利益相一致。

 知识链接

海 潮 效 应

海潮效应是海水因天体的引力而涌起海潮，引力大则出现大潮，引力小则出现小潮，引力过弱则无潮的现象。

人才与社会时代的关系也是这样。社会需要人才，时代呼唤人才，人才便应运而生。依据这一效应，作为国家，要加大对人才的宣传力度，形成尊重知识、尊重人才的良好风气。对于一个单位来说，重要的是要通过调节对人才的待遇，以达到人才的合理配置，从而加大本单位对人才的吸引力。

现在很多知名企业都提出这样的人力资源管理理念：以待遇吸引人，以感情凝聚人，以事业激励人。

任务五　掌握饭店员工薪酬管理

一、薪酬的概念及构成

薪酬是指员工向其所在单位提供所需要的劳动而获得的各种形式的补偿，是单位支付给员工的劳动报酬。根据员工获得的薪酬是否可以用货币来衡量，可以将薪酬划分为经济性薪酬和非经济性薪酬。

（一）经济性薪酬

经济性薪酬是指员工因工作关系所获得的、可以直接或间接用货币衡量的报酬。经济性薪酬又可分为直接经济性薪酬与间接经济性薪酬。

1. 直接经济性薪酬

直接经济性薪酬是指单位按照一定标准以货币形式向员工支付的薪酬，主要有工资、奖金、津贴补贴、股权期权、职务消费等。

2. 间接经济性薪酬

间接经济性薪酬不直接以货币形式发放给员工，但通常可以给员工带来生活上的便利，减少员工额外开支或者免除员工后顾之忧，如保险、住房公积金、带薪假期、节假日发放物品等。

（二）非经济性薪酬

非经济性薪酬是指无法用货币等手段来衡量，但会给员工带来心理愉悦效用的一些因素，如工作认可、挑战性工作、工作环境、工作氛围、发展及晋升机会、能力提高、职业安全等。

二、薪酬的功能

（一）保障功能

员工通过劳动获取相应的薪酬，薪酬不仅能维持员工个人的衣、食、住、行等基本需要，保证员工自身劳动力的生产，还能保证员工学习进修、养育子女，实现劳动力的增值再生产需要。因此，员工的薪酬状况是保证饭店人力资源生产和再生产的基本因素。

（二）激励功能

在饭店的各种激励因素中，薪酬的激励作用占据重要地位。薪酬不仅决定着员工的物质条件，而且还代表着一个人的社会地位，是一种晋升和成功的信号，薪酬是满足员工多种需要的经济基础。因此，薪酬公平与否直接影响着员工的积极性。公平合理的薪酬分配，能够激发员工的工作热情，调动起员工的工作积极性；反之，则会挫伤员工的积极性，从而丧失应有的激励作用。

（三）调节功能

薪酬差异是饭店人力资源管理流动与配置的重要"调节器"。在一般情况下，饭店一方面可以通过调查内部薪酬水平来引导内部人员流动；另一方面，则可以利用薪酬的差异从饭店外部引进急需人才。

（四）凝聚功能

公平合理的薪酬制度可以使员工产生一种安全感，从而增强对饭店的信任感和归属感，增强饭店的吸引力和凝聚力；反之，不合理的薪酬制度，会使员工产生不公平和不信任的感觉，影响员工积极性的发挥。因此，饭店应该通过制定公平合理的薪酬制度，来调动员工的积极性，增加员工对饭店的情感，提高整个饭店企业的凝聚力。

三、薪酬管理的原则

（一）公平原则

公平是薪酬管理的基础，只有在员工认为薪酬是公平的前提下，才可能产生认同感和满意度，才可能产生激励作用。而员工对薪酬的满意度，不仅取决于薪酬的绝对值，还取决于薪酬的相对值。饭店应该让员工感到自己所得到的报酬是公平的。薪酬的公平性可以分为3

个层次。

1）外部公平性，即饭店之间的薪酬公平。饭店必须确保员工的薪酬和本地区的同等级饭店类似职务的薪酬水平基本相同。如果饭店不能保证这种外部公平，就难以吸引和留住优秀员工。

2）内部公平性，即饭店内部员工之间的薪酬比较。饭店应做到内部不同职务所获薪酬应与各自的贡献成正比例，比值一致，才能体现公平。

3）个人公平性，即同一饭店内部中，相同工作岗位的人所获薪酬的比较。由于不同员工的资历、技能、绩效各不相同，相同工作岗位的不同员工，其所获得的薪酬也应有所不同。

小思考
如果你觉得自己所获薪酬不公平，你会怎么做？

（二）激励原则

激励原则是指饭店的薪酬制度应能够对员工的工作行为产生积极的引导和推动作用。饭店的薪酬制度必须能充分调动员工的工作积极性，提高员工的工作热情，提高劳动生产率，不断创造出更好的工作业绩。科学合理的薪酬制度对员工的激励是持久而有效的。

（三）竞争性原则

竞争性原则是指在社会上和人才市场上，饭店的薪酬制度对人才要有吸引力，这样才能吸引和留住需要的人才。饭店薪酬制度的吸引力，一方面源于薪酬的绝对值，另一方面源于薪酬结构及分配办法。因此，饭店在制定薪酬制度时，必须重视市场调查，根据人才市场的供求状况及同行业的薪酬水平，合理确定本饭店的薪酬标准和分配办法，以增强市场竞争力，吸引与留住优秀人才。

（四）经济性原则

保持相对高的薪酬水平自然会提高饭店的市场竞争力，也可以留住优秀的员工，但同时也不可避免地导致饭店的人力成本上升，降低饭店产品在市场上的竞争力。因此，在进行薪酬管理时，既要考虑到薪酬的对外竞争性和对内激励性，也要考虑到饭店的实际情况以及财力状况，要在两者之间找到最佳平衡点。

（五）合法原则

合法原则是指饭店薪酬制度必须遵守《中华人民共和国劳动法》《中华人民共和国合同法》及其他相关的行政法规。饭店必须保障所有员工的合法权益，落实国家最低工资规定、必需的福利项目、法定节假日及休假制度、妇女特殊权益等。如果饭店的薪酬制度与现行的国家政策法规不相符合，那

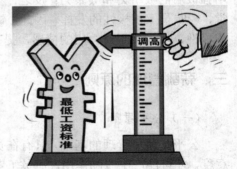

饭店应该迅速进行改进，使其具有合法性。

四、薪酬制度制定的影响因素

饭店薪酬制度制定的影响因素包括外在因素和内在因素两大类。

（一）外在因素

1. 国家的相关法律法规

我国目前有关薪酬制度及员工权益保护的法律法规越来越多，随着我国法制建设的进一步深入，这类法律法规必然日益增多，这些法律法规是饭店在制定薪酬制度时必须严格遵守的，如我国法律规定各地有不同的最低工资标准。

 知识链接

我国各地区月最低工资标准

截至 2015 年 9 月 28 日，全国各地区月最低工资标准中，深圳以每月 2 030 元跃居首位；上海以每月 2 020 元位居第二；浙江以每月 1 860 元位居第三；黑龙江月最低工资标准仅为 850 元，全国垫底。

2. 地区经济发展水平及生活水平的差别

一般来说，如果饭店所在地区的经济发展水平比较高，那么饭店的整体薪酬水平就会普遍较高。相反，如果饭店所在地区的经济发展水平较低，势必会影响到饭店的整体薪酬水平。

如果饭店所在地区的生活水平较高，那么员工对个人生活的要求及期望也会较高，对饭店的薪酬标准自然也会随之提高。

3. 劳动力市场的供需关系与竞争状况

劳动力市场和饭店的薪酬水平关系十分密切，劳动力市场上供求状况的变化，会影响到员工薪酬水平的变化。当劳动力市场供过于求时，员工就会接受较低的薪酬水平；当劳动力市场供不应求时，饭店就要提高员工的薪酬水平。而本地区的其他饭店，特别是竞争对手所制定的薪酬制度，对饭店确定薪酬制度的影响也很大。

（二）内在因素

1. 饭店的经营状况与财政实力

饭店的经营状况与财政实力直接影响着员工的薪酬水平。不同的饭店，其经营状况及财政实力不同，在制定薪酬制度方面也会有所不同。一般来说，经营状况较好、财政实力较强的饭店，其薪酬支付能力会更强，员工薪酬较高的可能性会更大，而那些经营业绩较差的饭店，其薪酬水平相对较低且没有保障。

2. 饭店的企业文化

饭店的企业文化不同，必然会导致价值观念和管理制度的不同，这些不同决定了饭店之间薪酬制度的不同。例如，有的饭店将员工看做是饭店一种宝贵的资源，谋求与员工建立长期的合作伙伴关系，就会制定较高的薪酬水平；而有的饭店视员工为成本，则会制定低薪以降低饭店成本。

3. 饭店的发展阶段

饭店在不同的发展阶段会有不同的盈利能力，薪酬水平也会受影响。例如，饭店在新开业阶段往往采用低工资、高奖金、低福利的薪酬制度；而饭店在稳定阶段，往往采用高工资、低奖励、高福利的薪酬制度。

五、薪酬制度制定的基本步骤

（一）薪酬调查

薪酬调查主要包括 3 方面的内容。

1. 饭店薪酬现状调查

通过科学的问卷设计，从薪酬水平的 3 个公平（内部公平、外部公平、个人公平）的角度了解现有薪酬制度的主要问题以及造成问题的原因。

2. 行业及地区薪酬调查

调查了解本行业及本地区的薪酬现状，特别是竞争对手的薪酬情况。调查内容包括薪资结构、劳动力成本、未来薪酬走势分析等信息。

3. 薪酬影响因素调查

综合考虑薪酬的外部影响因素如国家的宏观经济、通货膨胀、行业竞争、人才供应状况等，以及饭店的内部影响因素如盈利能力和支付能力、饭店发展阶段等。

（二）确定薪酬策略

饭店在进行相关的薪酬调查后，在充分了解本饭店目前薪酬制度现状的基础上，要确定饭店的薪酬策略。薪酬策略是饭店制定薪酬制度的指导原则，对薪酬制度的设计与实施提出了指导思想。

饭店薪酬策略大致可分为市场领先策略、市场跟随策略、市场滞后策略、混合薪酬策略。饭店要根据自身实际情况选择合适的薪酬策略。饭店所确定的薪酬策略既要反映饭店的战略需求，又要满足员工的期望。

（三）岗位评价

岗位评价是将饭店中所有的岗位，按劳动的技术繁简、责任大小、强度高低、条件好坏等因素，确认其相对价值的过程。岗位评价实际上就是对饭店内各岗位重要程度的评价，以此来决定各岗位的工资等级。它直接影响到饭店内部岗位之间的薪酬公平。

岗位评价以岗位说明书为依据，常用的岗位评价方法有许多种，饭店可以根据自身的具体情况和特点，采用不同的方法来进行评价。

（四）薪酬类别的确定

根据饭店的实际情况和未来发展战略的要求，对不同类型的人员应当采取不同的薪酬类别。例如，饭店高层管理者可以采用与年度经营业绩相关的年薪制，管理人员和技术人员可以采用岗位技能工资制，营销人员可以采用提成工资制，饭店急需的人员可以采用特聘工资制等。

（五）薪酬结构设计

薪酬结构是指饭店各个岗位的相对价值及其对应的薪酬水平的比例关系。薪酬结构主要反映同一饭店内不同岗位之间的薪酬关系，体现饭店的内部公平性。饭店在设计薪酬结构时，要综合考虑组织结构、发展战略、组织文化、岗位要求、工作评价结果等因素。饭店要在内部建立起科学合理的薪酬结构，薪酬结构应体现多劳多得、能干多得的原则。

 ## 项目小结

知识经济时代的到来使得人才成为最重要的资源。饭店管理者要把人力资源管理放在重要的战略地位，努力营造吸引、培养、用好、留住人才的良好环境，从而提高饭店人才队伍的整体素质，增强饭店的竞争力。本项目介绍了饭店人力资源管理的概述，包括人力资源的概念、特点及内容，重点介绍了人力资源管理的几项重要内容：招聘、培训、激励和薪酬管理。

EQ 总结

饭店业是劳动密集型行业，人力资源是饭店最宝贵的资源。作为饭店管理者，要清醒地认识到饭店内的任何一位员工都有其长处和短处，要做到用人之长，容人之短，充分发挥出每个人的才能，激发出每个人的工作积极性和主动性，这样才能成为一名优秀的饭店管理者。

 ### 关键概念

人力资源管理、招聘、培训、激励、薪酬管理。

 ### 课后思考与练习

一、判断题

1. 饭店人力资源管理是饭店人力资源管理部的工作，与其他部门没有关系。 （　　）

2. 人力资源管理强调人是一种特殊和重要的资源，将人作为管理中最关键的因素。
（　　）

3. 饭店在招聘重要岗位时，一般会将申请资格设定得比较低。 （　　）

4.《中华人民共和国劳动合同法》规定：劳动合同期在 1 年以上不满 3 年的，试用期不得超过 3 个月。 （　　）

5. 试用期内劳动者解除劳动合同必须赔偿用人单位的培训费用。 （　　）

6. 只有了解员工的培训需求，才能提供针对性的培训。因此，发现培训需求是饭店培训工作的起点。 （　　）

7. 双因素理论中，保健因素是指那些造成员工不满的因素，如将其改善能够解除员工的不满，能够使员工感到满意并激发起员工的积极性。 （　　）

8. 在 X-Y 理论对人性的假设中，X 理论是积极的，而 Y 理论是消极的。 （　　）

9. 企业文化不同的饭店，其薪酬制度的制定也会有所不同。 （　　）

二、简述题

1. 饭店人力资源管理的特点是什么？

2. 我国饭店人力资源管理面临的挑战是什么？

3. 内部招聘和外部招聘各有什么优点和缺点？

4. 简述饭店员工培训的程序。

5. 员工激励的原则是什么？

6. 简述马斯洛需要层次理论。

7. 影响薪酬制度制定的因素有哪些？

 案例分析

小王是广州市某高校毕业生，毕业后进入了当地一家星级饭店工作。小王于 8 月 1 日到饭店报到，当天与饭店签订了一份劳动合同。劳动合同期限为 2012 年 8 月 1 日至 2014 年 7 月 30 日，其中 2012 年 8 月 1 日至 2012 年 9 月 30 日为试用期。同时，饭店考虑到小王缺乏工作经验，所以决定出资 3 000 元让小王参加外部培训。

小王踏上工作岗位后任劳任怨，虽然公司支付的试用期工资只有 1 500 元，但是如今找份工作不容易，小王寄希望转正后工资有所调整。但就在试用期差不多要结束的时候，公司通知他要再延长 3 个月的试用期，以进一步考察小王的工作能力。

小王不同意，准备向饭店提出辞职，而饭店认为合同期还没有结束，小王提出辞职的话要承担违约责任，而且如果辞职的话应当向公司赔偿全部培训费用。

问题：

1. 小王提出辞职要不要承担违约责任？为什么？

2. 小王是否必须赔偿公司已经支付的培训费后才能辞职？为什么？

 实训应用

实训名称： 调查当地一家三至五星级饭店的人力资源状况。

实训内容： 将学生分成若干小组，到当地的三至五星级饭店进行调查，调查该饭店的人力资源状况，并根据该饭店的人力资源状况制订一份员工招收计划。各小组写成书面报告后在课堂上进行汇报。

饭店设备与物资管理

项目导航

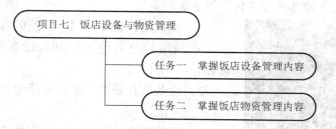

知识目标

1. 了解饭店设备的含义、分类及特点。
2. 掌握饭店设备管理的原则及基础理论。
3. 掌握饭店设备管理过程的各个环节知识。
4. 了解饭店物资管理的含义及特点。
5. 掌握饭店物资管理过程的各个环节知识。

技能目标

1. 能够对饭店的设备管理进行系统的说明。
2. 能够以工程部经理的身份对饭店设备进行系统管理。
3. 能够根据有关数据制定物资的消耗定额和仓储定额。
4. 能够制定物资进仓和发放的规范作业规程。

EQ 话题

把每一件简单的事情坚持下去，把每一件平凡的事情做好，成功需要点点滴滴的积累。

任务一　掌握饭店设备管理内容

设备是饭店经营的载体，是饭店产品的重要组成部分，是饭店运营的基础。同时，设备的购置费和维持费很高，一旦设备管理出现问题，会给饭店造成不可估量的损失。因此，饭店设备管理是饭店管理的重要内容。通过对设备的科学管理，可以提高饭店服务质量，并有效降低饭店成本。

一、饭店设备概述

（一）饭店设备的含义

对于饭店来说，设备的含义包括以下 3 层意思：

1）设备是饭店各部门所使用的机器、机具、仪器仪表、家具用具及其他一些列入设备的物质技术装备的总称。

2）设备具有长期、多次使用的特性，不是一次性消耗品。

3）设备在会计科目中列为固定资产，固定资产的价值有一定的规定。

（二）饭店设备的分类

饭店的设备可以从不同的角度进行分类。下面将设备按结构功能和特点的不同进行分类，见表 7-1。

表 7-1　饭店设备的分类

设备分类	具体种类
动力设备系统	包括供配电系统、给水系统、供热系统、制冷系统、空调通风系统、运送系统
信息设备系统	包括通信系统、电视系统、音响系统、计算机管理信息系统、火灾报警系统、楼宇自动管理系统
生产服务系列设备	包括厨房系列设备、洗衣系列设备、清洗系列设备、客房设备、娱乐健身系列设备、办公系列设备、维修系列设备

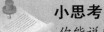 **小思考**

你能说出星级饭店客房有哪些具体的设备吗？

（三）饭店设备的特点

饭店设备具有以下特点。

1. 种类繁多，分布广泛

饭店为了满足客人住店期间的需要及生产、管理的需要，要配置各种设施、设备，由此形成了饭店设备种类繁多的特征。一家饭店的设备种类多达数百种，数量更是数千种。

饭店设备分布广，遍布在饭店的各个部门、各个角落。几乎每位员工在工作中都要用到有关的设施设备，所以设备管理不仅仅是工程部的职责，也是饭店的每一位员工都要承担的职责。

2. 技术先进，安装隐蔽

为了满足旅游者的需求，为了能够向客人提供更舒适、更满意的服务，饭店通常选择最先进的设备。同时，公共场所、客人停留的场所的设备都要隐藏安装，以免引起客人视觉上的不舒服。一般设备的安装尽量不要造成客人视觉上的污染，以满足客人的心理需求。

> **小思考**
> 星级饭店的客房中有哪些隐蔽性的设备？

3. 投资额大，维护费高

由于饭店设备数量多而且技术含量高，因此，饭店设备的投资占饭店固定资产投资的比例很高，并且设备的维护保养费用也比较高。

4. 使用要求高，直接构成饭店产品

饭店设备与一般生产性企业所使用的设备的显著区别在于，饭店设备本身就是饭店产品（服务项目）的构成部分，它直接构成饭店产品，设备运行状况的优劣直接决定饭店产品质量的优劣。因此，对设备的安全性、可靠性要求很高。

二、饭店设备管理概述

（一）饭店设备管理的概念

饭店设备管理是指以饭店经营目标为最终目标，以最经济的设备寿命周期费用和最高的设备综合效能为直接目标，动员饭店全员参加，应用现代科技和管理方法，通过计划、组织、指挥、协调、控制等环节对设备系统进行综合管理。

（二）饭店设备管理的原则

根据饭店设备的特点和饭店业务的特点，饭店的设备管理应遵循以下几个原则。

1. 分级归口管理的原则

分级管理一般分为三级：第一级是企业级，由主管副总经理和总工程师负责，主要职责是制定设备管理方针政策、管理制度、预算审批等。饭店工程部是企业级的职能管理机构，负责设备管理的具体工作。第二级是部门级，以使用部门为主，主要负责设备日常使用、维护与保管工作。设备需要报修时，则协同工程部做好维修工作。第三级是班组级，主要负责本班组的设备日常使用，遵守操作使用规则、程序和规程。

2. 预防为主的原则

在设备管理的各个环节中，要强调以预防为主的原则。应加强设备的日常管理，加强设备的检查和维护保养管理工作，加强设备状态监测和技术诊断工作，防患于未然，消除安全隐患，将事故损失减少到最低限度，提高设备的技术寿命，有效降低设备故障，确保饭店经营的正常运行。

 **案例**

异常声音背后的隐患

一天，饭店维修班员工林师傅和赵师傅在进行设备例行检查时，突然发现空调风机盘管运行声音有些异常，虽然不是很明显，但凭着他们多年的工作经验，两人认为这是不正常的信号。于是他们马上着手进行检查。经过测量后，发现当前的工作电压是 380 伏，而空调风机的额定电压是 220 伏。如此高的电压随时都有可能引起线路短路，使酒店近 10 台空调风机面临被烧毁的危险。

为查明原因，两位师傅爬遍所有线路经过的房间的顶棚，一个分支一个分支地进行检查。

两个小时过去了，两人终于找到了故障点，并马上进行了维修。抢修后，空调风机的工作电压恢复至 220 伏的正常工作状态。

【点评】

两位师傅用自己的行动消除了安全隐患，避免了一场重大事故的发生。从中我们可以看到加强设备的日常检查，做好预防工作的重要性。

3. 专业管理和全员管理相结合的原则

专业管理是指饭店工程技术人员对设备的管理，主要针对饭店重要设备的维修和保养，全员管理是指饭店所有部门的有关员工，包括饭店的各级管理层及设备的操作、使用员工共同参与的管理活动，主要针对各工作设备的使用和清洁。

饭店的设备管理要做到专业管理与全员管理相结合，使饭店的设备管理形成网络和层次，确保饭店设备的正常使用和维护。

4. 技术管理和经济管理相结合的原则

设备技术管理的目标是保证设备的良好素质和技术状态，而经济管理的目标是追求最佳的设备寿命周期费用。饭店的设备管理要做到技术管理和经济管理相结合，既保证饭店设备的技术寿命，又保证饭店设备的经济寿命。

（三）饭店设备管理的基础理论

饭店设备管理的基础理论包括设备寿命周期费用、设备的综合管理和设备的全员管理。

1. 设备寿命周期费用

设备寿命周期费用是指设备从规划、研究开始，经过设计、制造、运输、安装、调试、使用、维护、修理、改造直到报废全过程所花费的全部费用，也叫做全寿命费用。

设备寿命周期费用由两大部分组成：一是设备的设置费，也叫原始费，是指设备正式投入使用前所有费用的总和；二是维持费，也叫使用费，是在设备正式投入运行后产生的所有费用的总和。

运用设备寿命周期费用的观点来全面系统地实施设备经济管理，能以较少的费用支出创造更多的产出，对于改善设备管理，提高经济效益具有积极意义。

2. 设备的综合管理

设备的综合管理是指以饭店的经营目标为依据，运用各种技术的、经济的、组织的措施，对设备从决策、采购、验收、安装、调试、使用、维护、修理、改造直到报废为止的全过程进行综合的管理，以追求最经济的设备寿命周期费用和最高的设备综合效率。同时，要尽量减少设备在运行过程中对环境的影响。

传统的以维修为中心的管理方法已经不适应现代饭店的设备管理，必须对设备的一生进行管理，也就是要对设备从决策直到报废为止的全过程进行系统的、有效的管理。

3. 设备的全员管理

设备的全员管理是指从设备综合管理的角度出发，饭店设备管理的主体是饭店各级员工，包括计划核算员和决策者、工程技术人员和维修人员、使用部门员工，以及与设备有直接联系的消费者等全部人员。

饭店管理者要在饭店中树立起设备全员管理的观念，使饭店的所有员工都参与到设备管理中，能有效地提高饭店的设备管理水平。

三、饭店设备的使用管理

（一）设备使用管理的原则

对设备使用的管理要遵循"谁使用谁负责"的原则。饭店每一台设备都要有明确的责任人，对公用设备要指定专门负责人，而且每一班都要有相应的责任人。对独立操作或使用的设备，操作者或使用者就是该设备的责任人。

（二）设备使用前的准备工作

设备使用前的准备工作主要有 3 方面：一是做好设备技术资料的准备；二是对操作者进行培训，培训合格后才能进行独立操作和使用设备；三是要全面检查设备的安装情况、性能要求及安全装置等。

（三）设备使用的基本要求

设备使用的基本要求是"三好、四会、五项纪律"，见表 7-2。

表7-2 设备使用的基本要求

基本要求	具体内容
三好	"三好"即各使用部门要做到"管好、用好、维护好"设备： "管好"设备是指每个部门必须管好本部门所使用的设备； "用好"设备是指所有的设备都能得到正确的使用； "维护好"设备是指部门要建立设备维护的保养制度，定期开展设备维护保养工作
四会	"四会"即设备操作、使用人员要做到"会使用、会维护、会检查、会排除故障"： "会使用"设备指熟悉设备的用途，掌握设备的操作规程，正确使用设备； "会维护"设备指按设备维护规程做好设备的维护工作； "会检查"设备指要熟悉设备日常点检，检查的项目、标准和方法，并能按规定要求进行点检； "会排除故障"是指要懂得设备拆装方法，会做一般的调整和简单故障的排除
五项纪律	"五项纪律"即每一个操作者要严格执行的纪律。其包括：一是实行定人定机、凭证操作制度；二是经常保持设备清洁，按规定加油；三是认真执行交接班制度；四是管理好工具、附件；五是不准在设备运行时离开岗位，发现异常的声音和故障应立即停车检查

 **案例**

他们都是维修工

太原市并州饭店南楼205号房是间长包房，住着两位德国客人，他们是一家合资企业的德方工程技术专家。一天晚上，两位德国客人从餐厅搬来一箱易拉罐啤酒及几个冷盘，各自坐在自己的床沿上，靠着电控柜兴趣十足地对饮起来。两人酒量极好，一个劲地猛喝，不多时，喝空的易拉罐就堆了一大摊。

忽然，整个房间的电灯熄灭了，一团漆黑。原来是他们饮酒时不慎打翻了一罐啤酒，酒水洒在电控柜台面上，顺着缝隙渗进柜内，造成了短路。此时，两位客人尚未喝醉，头脑还算清醒，连忙摸到门口，打开房门，用略显生硬的汉语大声呼唤服务员。

当班服务员小严闻讯赶来，得知205号房发生断电事故，立即安慰德国客人，请他们放心，他一定设法尽快修复。小严马上跑到办公室，找到正在值班的客房部孟经理和主管小郑，报告了刚才的意外事故。孟经理和小郑二话没说，打开旁边一只工具箱。这只"百宝箱"里装满各种工具、用品及零配件，几近应有尽有。他们熟练地取出螺丝刀、手电筒、试电笔、电源接线板、电吹风等工具，赶到205号房现场。

只见他们打着手电筒，熟练而迅速地拆下电控柜侧面的盖板，用干布、卫生纸把柜内的水分吸干，再从外面楼层引进电源接通电吹风，对准受潮处用力猛吹，只用了5分钟就吹干了。刹那间房间里一片光明，整个断电故障从报修到修复仅仅用了15分钟。

两位德国客人禁不住喝彩起来，连声道谢，并竖起大拇指一个劲地称赞饭店的服务员和管理员技术精、服务水平高。孟经理则表示这是他们应该做的，并告诉客人今后如果在客房喝酒，一定要注意安全，防止类似的事故发生。两位德国客人连连点头称是，表示今后一定要吸取教训。

【点评】

客房电控柜受潮断电事故在短短15分钟之内便美满解决，这是非常了不起的。按常规，此类事故只能封房晾两天以上，直到受潮部位自然干燥后再继续使用。这会给客人带来很多麻烦，饭店也会因此而造成客房经济损失。并州饭店的客房部管理者和员工，通过小小的"技术革新"，便解决了这个困难，方便了客人，还带来了经济效益。

　　饭店客房设施、装备的维修保养工作一般都是由工程部负责的，而并州饭店的客房部管理者和服务员，自己动手超常规地解决客房断电意外事故，其先进的管理经验值得饭店同行学习和借鉴。

四、饭店设备的维护保养

（一）设备维护保养的作用

　　设备的维护保养是操作员工为了保持设备的正常技术状态、延长设备的使用寿命必须进行的日常工作，是设备管理的重要内容。做好设备维护工作，可以减少设备故障，节约维修费用，降低成本，保证服务质量，为饭店带来良好的经济效益。

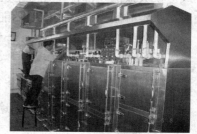

（二）设备维护保养的要求

　　设备维护保养必须达到4项基本要求：整齐、清洁、润滑、安全。其具体内容见表7-3。

表7-3　饭店设备维护保养的基本要求

基本要求	具体表现
整齐	工具、工件、附件放置整齐；设备零部件及安全防护装置齐全；各种标牌应完善、清晰；各种线路、管道完整等
清洁	设备内外清洁、无锈斑；各滑动面无油污、无碰伤；各部位不漏油、不漏水、不漏气；设备周围场地无积油、无积水、无杂物
润滑	熟悉设备润滑图表，按时、按质、按量加油和换油；油箱、油池和冷却箱应保持清洁，无杂质；油壶、油孔、油杯、油嘴齐全，油路畅通
安全	遵守操作规程和安全技术规程，防止人身和设备事故；电气线路接地要可靠，绝缘性良好；限位开头、挡块均应灵敏可靠；信号仪表要指示正确，表面要干净、清晰

（三）设备维护保养的类别

　　设备的维护保养分为日常维护保养和定期维护保养。两种维护保养工作都需要制定维护保养要求、维护保养标准。

1. 日常维护保养

　　设备的日常维护保养是设备最基本的保养，又称为例行保养。日常保养又分为每班保养和周末保养。每班保养的主要工作是对设备进行清洁、润滑和点检。周末保养则要求用1～2小时的时间对设备进行彻底清洁、擦拭和上油。日常保养工作一般由设备的使用、操作人员完成。

2. 定期维护保养

设备的定期维护保养是指由工程部编制设备维护计划，由专业设备维修人员实施的对设备的维护、修理工作。设备定期维护保养的间隔时间视设备的结构情况和运行状况而定。

 小思考
你认为饭店的哪些设备需要进行日常维护保养？哪些需要进行定期维护保养？

五、饭店设备的维修管理

设备维修是指当设备的技术状态劣化或发生故障后，为了恢复其功能和精度而采取修复或更换失效的零部件，并对整机或局部进行拆装、调整的技术活动。所以，设备维修是使设备在一定时间内保持其规定功能和精度的重要手段。

设备维修分成两个阶段：一是获取需要维修的设备信息；二是对需要维修的设备实施维修工作。

（一）获取需要维修的设备信息

根据发现设备故障的不同途径，设备维修信息的获取主要有 4 种方式。

1. 报修

报修是饭店最常见、最常用的获取需要维修信息的方式。报修是指设备使用部门的员工发现设备故障后，通过填写"设备报修单"或以电话、计算机信息传递的方式，将设备的故障状况通知工程部，由工程部安排人员进行维修。报修记录是设备定期保养计划制定的依据，是设备成本控制的基础。饭店设备报修表见表 7-4。

表 7-4　饭店设备报修表

报修部门		报修人		报修时间	
报修设备编号		报修设备名称		报修级别	
故障原因					
故障经过情形					

2. 巡检

巡检是指对设备进行巡视检查，工程部人员根据既定的路线和检查内容对设备逐个进行检查，发现故障及时处理。

由于饭店的很多设备设置在公共区域，如果发生故障，不一定能及时被发现。因此这些设备的故障需要通过巡检来发现。巡检是饭店设备维修管理中必不可少的环节，它能够及时发现设备运行中存在的潜在故障，消除设备隐患。

3. 计划维修

计划维修是一种以时间为基础的预防性维修方法，一般是根据设备的磨损规律事先确定维修内容。在对设备实施计划维修时，一般会参考该设备的使用说明书、其他单位同类型设备的定期维修经验及本饭店设备使用特点来进行。

4. 预知性维修

预知性维修是一种以设备技术状态为基础的预防性维修方式。它是根据设备的日常点检、定期检查、状况监测和诊断提供的信息，经统计分析、处理，来判断设备的劣化程度，进行有针对性的维修。由于这种维修方法对设备适时地、有针对性地进行维修，不但能保证设备经常处于完好状态，而且能充分利用零件的寿命，提高维修效率。

（二）饭店设备维修的实施

设备维修的实施有两种情况：一是当设备存在故障时，由饭店的维修人员自行修理；二是委托外修，由专业公司的维修人员在饭店内实施维修。

根据维修工作量的大小，维修工作可以分为小修、项修、中修、大修和计划外修理，具体内容见表 7-5。

表 7-5　饭店维修工作分类

分类	具体内容
小修	小修是工作量最少的一种修理，主要是根据零件的磨损量，更换或修复失效的零部件，以保证设备的正常工作能力
项修	项修（即项目修理）是对状况劣化已达不到生产要求的项目，按实际需要进行针对性的修理
中修	其工作量介于大修和小修之间，需要对设备进行部分解体
大修	大修是工作量最大的一种修理。要对设备进行全部解体，修整所有基准件，修复或更换零部件，使之达到规定的技术要求
计划外修理	为避免突发性故障的发生，考虑到不可预见的事故和故障出现，以计划外修理解决，维修计划要留有机动的余地

六、饭店设备的改造与更新管理

（一）设备改造的概念及原则

设备改造是指通过采用国内外先进的科学技术成果改变现有设备相对落后的技术性能，提高节能效果，改善安全和环保特性，提高经济效益的技术措施。

设备改造的原则主要包括以下几个方面。

1. 针对性

针对性是指从饭店实际出发，按照饭店经营的需要，针对设备在运行服务过程中的薄弱环节，结合设备在饭店经营过程中所处的地位及技术状况，确定需要进行改造的设备和设施并确定改造的方案。

2. 适应性

设备改造所采用的技术既要先进又要适用。由于科学技术的迅速发展，设备的技术性能相差很大，技术改造所采用的技术要适应饭店的实际需要，不能盲目追求高指标。

3. 可行性

制订设备或设备系统的改造方案时，采用的新技术、新工艺必须是经技术论证或实践证明是可行的。

4. 经济性

制订设备或设备系统改造时，要进行经济性分析，综合考虑投入的人力、物力、财力和改造后的效益，力求以最少的投入获得最大的产出。

（二）设备更新的概念及原则

设备更新是指以经济效益上优化的、技术上先进可行的新设备替换后来在经济上和技术上没有使用价值的老设备。

饭店设备凡符合以下情况之一的一般都应更新。

1）经多次大修，技术性能达不到要求，无法保证饭店服务质量。

2）技术性落后，经济效益很差。

3）通过修理、改造虽能恢复性能但不经济。

4）耗能大或污染环境严重，进行改造又不经济。

5）不能满足饭店经营需要的。

（三）设备改造和更新的工作程序

1. 编制改造、更新计划

根据饭店的实际情况和设备的具体技术状态，首先确定需要改造、更新的重点。确定了设备改造、更新的重点之后，按照饭店经营目标的要求，编制设备的改造、更新计划。

2. 进行技术、经济分析

对每一个列入改造、更新计划的设备，都应进行技术、经济的可行性分析。

3. 编制设备技术改造任务书

确定了设备技术改造的项目后，要编制设备技术改造任务书。

4. 设备改造、更新的实施

设备改造、更新项目被批准后，由工程部组织实施。如技术改造任务重、使用的技术复杂，可委托专业单位承担。

任务二 掌握饭店物资管理内容

饭店物资是饭店在生产经营活动过程中所必需的各种劳动工具和生产消耗品的总和，包括各种小型设备、家具用品、食品原料、材料工具、餐饮器皿、办公用品、物料用品等。

饭店的正常运转离不开各种物资的有力支持，物资是饭店业务运转中必不可少的一个关键因素，对饭店的服务质量控制，成本费用的控制，对饭店的档次水平有着重要的影响。饭店对各种物资进行科学有效的管理具有重要意义。

一、饭店物资管理概述

（一）饭店物资管理的含义

饭店的物资管理是一个综合性管理过程。这个过程，既要管理物资的进，也要管理物资的出；既要管理物资的消耗，也要管理物资的储备；既要管理物资的合理投入，也要管理物资的成本费用；既要管理物资静态的存在，也要管理物资的运转过程。

总结起来，饭店物资管理是对饭店物资进行计划、采购、保管、使用和回收，以使它们有效地发挥应有的使用价值和经济效用的一系列组织和管理活动的总称。

（二）饭店物资管理的特点

1. 客人需求的多样性加大了饭店物资管理的复杂性

饭店各种管理工作的最终目的是以优质的服务满足客人的需要，从而增加饭店的经济效益。饭店的客人来自五湖四海，来自各个不同的阶层。由于生活习惯、兴趣爱好、对饭店服务质量的期望不同，他们对饭店种类物资的需求差异很大，导致饭店的物资品类繁多，有上百种甚至上千种。由于各种物资在性能、特点、用途、保存要求有着很大的差别，因此，加大了饭店物资管理的复杂性，导致饭店物资的管理难度比较大。

2. 市场多变性决定了饭店物资管理的灵活性

在市场经济形势下，饭店物资的使用有着很大的灵活性。一方面，物资的新产品很多，饭店总是选择最适合使用的物资为饭店所用。因此，饭店经常会变换某项物资，用更好的替代现在的物资。例如，现在很多饭店取消了独立的小包装浴皂。另一方面，市场需求的变化，客人需求的变化，也会要求改变物资的使用。随着客人需求的变化，饭店就要灵活地采用不同的物资。因此，饭店必须随时关注市场，根据市场的变化来采供物资，不然就会造成饭店物资销售不畅，造成饭店物资的积压。

3. 饭店营销的不稳定性影响着饭店物资管理计划

饭店的营销能力和营销效果对饭店物资的消耗起着决定性的影响作用。由于饭店在经营管理过程中可能会受到各种因素的影响而使产品销量不稳定，这样势必会影响到饭店物资的采购计划和管理计划。

4. 饭店经营目标的达成要求做好物资节约工作

饭店企业最主要的经营目标就是实现良好的经济效益，而饭店的经济效益来自两个方面，一是开源，二是节流。在节流中，物资的节约占了绝大部分。要做好物资的节约工作，一方面需要物资管理部门及各部门对物资运行的全过程加强控制，杜绝浪费现象；另一方面则需要对全体员工加强培训，培养员工的节约意识，养成良好的工作习惯，从自己做起，从小事做起，从节约每度电、每滴水做起。

坚持把小事做好

开学第一天，古希腊大哲学家苏格拉底对学生们说："今天我们只学一件最简单也是最容易做的事——每人把胳膊尽量往前甩，然后再尽量往后甩。"说着，苏格拉底示范了一遍："从今天开始，每天做 300 下，大家能做到吗？"

学生们都笑了，这么简单的事，有什么做不到的？

过了一个月，苏格拉底问学生们："每天甩手 300 下，哪些同学坚持了？"有 90% 的同学骄傲地举起了手。又过了一个月，苏格拉底又问，这回，坚持下来的学生只剩下 80%。

一年过后，苏格拉底再一次问大家："请告诉我，最简单的甩手运动，还有哪几位同学坚持了？"这时，整个教室里只有一人举起了手。这个学生就是后来成为古希腊另一位大哲学家的柏拉图。

把每一件简单的事坚持下去就是不简单，把每一件平凡的事做好就是不平凡。在执行过程中，最容易的是开始，一件小事只要愿意做，人人都能做；最难的是坚持，真正能够做到底的，却寥寥无几。

饭店的管理工作，特别是基层的管理工作有时是非常琐碎的，只要我们踏踏实实地坚持将日常简单而平凡的工作做好，总有一天会厚积薄发，蜕变为成功的管理者。

（三）饭店物资分类

饭店物资的品种多、数量大、花色多，因而必须对这些物资进行科学的分类，这是做好物资管理的基础。

按照不同的标准，可将饭店物资进行以下分类。

1）按物资的价值分，可分为低值易耗品、物料用品和大件物资。

2）按物资的自然属性分，可分为棉织品、装饰用品、清洁用品、服务用品、玻璃用品、食品原料、餐具茶具、办公用品、燃料、印刷品及文具、维修材料及用具、消防用品等。

3）按物资的使用方向分，可分为客用物资、食品原料、办公用品、清洁和服务用品、基建维修用料、安全保卫用品、后勤用品等。

4）按物资所处不同阶段分，可分为在用物资、在库物资、在途物资。

小思考

分别列举出 3～4 种按不同标准划分的饭店物资的具体名称。

（四）饭店物资分析

在物流管理领域，目前较常用的物资分析法是 ABC 分析。它按物资的品种和占用资金的多少把饭店所有物资划分为 ABC 三大类。三类物资品种和占用资金的最佳数量规定见表 7-6。

表 7-6　物资 ABC 分类表

物资分类	占全部品种百分比/%	占全部资金百分比/%
A	10～15	70～80
B	20～30	20～25
C	60～65	5～10

通过 ABC 分类法，可以分清物资管理的轻重主次。

1）A 类物资占用资金最多，故该类物资储备量必须严加控制，并尽量缩短采购周期，增加采购次数，以加快资金周转。

2）B 类物资占用资金较之 A 类少，但比 C 类多，故要适量控制，也就是要根据供应情况适当地延长采购周期或减少采购次数。

3）C 类物资品种繁多，占用资金很少，对这类物资可适当放宽控制，采购周期长一些也不会影响饭店资金的使用效果，并可以节省因频繁采购而花去的大量采购费用。

二、饭店物资定额管理

饭店物资的定额管理是指饭店利用科学的方法，对物资运行过程中的每一个环节的具体物资做出数量和额度的定量规定，作业人员按照定量进行作业。

物资定额管理包括物资消耗定额和物资仓储定额两方面内容。

（一）饭店物资定额管理原则

饭店物资定额管理需遵循如下原则。

1. 立足实际原则

不同的饭店，在档次、规模、客源、经营重心、服务水准等方面是不同的。因此，饭店在进行物资定额管理时，要认真分析本饭店的实际情况，实事求是地进行本饭店的物资定额管理。

2. 统筹兼顾原则

这一原则要求饭店在对物资进行定额管理时，根据物资对饭店经营所起的不同作用，合理安排管理的重点，做到兼顾一般，保证重点。

3. 动态管理原则

客观环境的改变，经营活动的变化，使得物资定额管理也要遵循动态管理原则，饭店要适时适量地调整饭店物资定额的额度，使其适应变化。

4. 全面管理原则

物资定额管理的对象虽然繁多、庞杂，但应保证凡是物资都应进行定额管理。某些低值易耗品单价虽低，但在饭店经营过程中的用量很大，而且十分重要，不能忽略对其进行定额管理，如客房六小件的定额管理。

 知识链接

客房六小件

客房六小件是指一次性牙刷、一次性牙膏、一次性香皂、一次性浴液、一次性拖鞋、一次性梳子等 6 种生活常用品，是饭店最初提供给客人的一次性消费用品，由于这 6 种生活常用品是客人在客房洗漱时使用，故称"客房六小件"。

 小思考

现在有些饭店已经不提供"客房六小件"了，你认为合理吗？为什么？

5. 依法管理原则

饭店物资定额管理需要饭店全体工作人员进行长期性、日常性的管理，对这种内容庞杂、时日持久的管理工作绝不能由某些负责人进行即兴控制，而必须用制度来保证。

（二）饭店物资消耗定额的工作程序

饭店物资消耗定额是指饭店在一定时期、一定的生产技术水平下，为完成某项任务或制造单位产品所必须消耗的物资数量标准。其工作程序如下。

1. 确定定额标准

饭店将物资消耗定额的任务下达到各个部门，详细说明物资消耗定额的意义和内涵，以及各部门进行物资消耗定额的工作要求和确定物资消耗定额的标准。

2. 制定物资配备表

各部门根据自己的特点详细制定单位产品或单位接待能力所需的物资配备表，注意区别一次性消耗物品和多次性消耗物品。

3. 确定一次性消耗物品消耗定额

确定客用一次性消耗物品单位时间或单位产品的消耗定额。注意按照物资的不同特性选用不同的计算标准，如客房的茶叶、香皂、火柴等一次性消耗物品一般按单位时间计算，如间/天；饮食产品则按单位产品计算，如食品原料，以克/份为计算单位。

4. 确定多次性消耗物品消耗定额

确定客用多次性消耗物品的消耗定额，要确定其在寿命期内的损耗率或一段时间的更新率。

5. 汇总消耗定额

汇总客用一次性消耗物品和客用多次性消耗物品的各种消耗定额，汇总各个部门在一定时期内各种物资用品的消耗定额。

（三）饭店物资仓储定额

饭店物资仓储定额是指饭店在一定的经营条件下，为了保证接待服务质量，保证服务活动不间断地顺利进行所必需的、合理的物资用品储备数量。饭店物资储备定额可分成不同的种类。各类储备定额的确定方法如下：

1. 经常仓储定额

经常仓储定额是指为满足饭店日常业务需要而建立的物资储备量。影响经常储备定额的因素是该类物资平均每天的需要量和两次进货时间的间隔期。其公式为

$$经常仓储定额＝物资日消耗定额 \times 两次进货间隔天数$$

2. 保险仓储定额

保险仓储定额是一种后备性的仓储，是为了防止某些物资因运送受阻、交货误期、规格品种不符合要求等原因造成的供需脱节而建立的物资仓储定额。其公式为

$$保险仓储定额＝物资的日消耗定额 \times 保险储备天数$$

3. 季节仓储定额

季节仓储定额是为了饭店克服某些物资因季节变动导致物质供需脱节而建立的物资储备定额。其公式为

$$季节仓储定额＝平均每天需要量 \times 中断天数$$

4. 订货点库存定额

为了保证饭店业务不间断地顺利进行，饭店不能等到库存量下降到保险定额再订货，而应该在经常储备中确定一个物资储备点，当某物资的库存量降至这个点时，就必须订货。这个点就是订货点库存定额。其公式为

$$订货点库存定额＝备运时间 \times 物资日消耗定额＋保险仓储量$$

5. 经济仓储定额

经济仓储定额的目的是通过计算经济合理的订货批量，确定仓储管理总成本最低时的仓储数量。经济订货批量是在仓储管理上所花费的总成本最低时的仓储数量，其成本只包括那些与储存量或订货次数有关的费用。

三、饭店物资采购管理

饭店物资采购工作就是参照既定的物资定额（消耗定额和仓储定额），在不同的时间段内采购不同品种、不同数量的物资，以维护饭店的正常经营。

（一）饭店物资采购的原则

1. 适时

物资采购并不是越早越好。如果物资采购太早，会增加仓储保管费用；如果物资采购太迟，则会造成物资缺货，影响饭店正常运转。因此，物资采购要做到适时。

2. 适量

物资采购并不是越多越好。如果物资采购太少，则无法保障饭店的正常营业；如果物资采购太多，则会占用较多资金，增加仓储费用。因此，物资采购要做到适量。

3. 适质

饭店采购的物资并不是越奢华越高档越好，也不是越便宜越好。而是要确保采购的物资能够达到饭店的规格和质量标准，从而满足客人的要求。

4. 适价

饭店在进行物资采购时，要严格按照采购程序进行采购，控制好采购管理的各个环节，优化采购管理，确保采购的物资在同等质量的情况下，采购成本最低。从而降低饭店产品的成本，提高饭店经济效益。

5. 适地

饭店在选择供货商时还必须考虑供货商的地理位置，因为近距离的供货商不仅沟通方便，处理事务更快捷，还可以降低采购的物流成本。

（二）饭店物资采购管理的主要内容

饭店物资采购管理工作是一个内容复杂的业务活动过程，其主要工作内容包括以下几个方面。

1）认真分析饭店业务活动的物资需要，结合市场实际情况，根据饭店的物资决策和物资计划，科学合理地确定采购物资的种类和数量。

2）选择合适的优质供货商，并与其保持长期稳定的良好合作关系，使饭店在和供货商进行交易活动时处于主动地位。

3）严格按照饭店的物资采购程序进行采购，控制好采购活动的整个过程，使物资采购按质、按价、按时、按量到位。

4）严格控制采购中的经济活动，使采购人员都能廉洁奉公，杜绝采购活动中的腐败行为。

5）制作并妥善保管与供货商之间的交易合同，保证合同合法有效并对饭店有利。

6）协助财务部门做好饭店对供货商的货款清算工作。

四、饭店物资验收管理

饭店物资验收管理是物资入库前必要的一步。验收是物资采购任务完成以后，由饭店验收人员根据订货单及批准的请购单，检查所购物资交货是否按时，质量、数量、价格是否准确，并详细记录检验结果，对合格物资准予入库或直拨到使用部门，不合格物资则予以拒收。验收的主要内容包括三大部分。

（一）物资检验

物资检验主要是检查有关物资采购的凭证、时间、数量、质量、价格等项目。

1. 凭单检验

验收员首先要检验订货凭单的合法性,检查订货凭单的内容和审批手续是否完备;其次,再进行单据与货物的核对。凭单与货物的核对要认真负责地逐项进行。

2. 时间检验

对交货时间进行检验,主要核查交货期是否和订货单上的日期一致,或者与合同、凭单上注明的日期相一致。如果有不一致,应该由采购员说明原因,并在入库单和仓库货物账上加以注明。

3. 数量核查

验收工作中,要严格核查订货单数量、送货通知单数量与实际到货量三者是否一致。

4. 质量核查

饭店对物资的质量核查包括两方面:一方面是检查物资的质量和订货凭单的质量要求是否一致;另一方面是核查物资本身的质量是否达到该物资的相关行业标准。对物资质量的核查有多种方式,有的物资是用一定的检测手段,有的是用观察方法,有的是根据物资质量文件。物资的质量核查要做到每件物资都经过核查,并且全部都是合格的。

5. 价格核查

价格是物资采购的重要因素,也是一个敏感因素。为监控采购员的采购工作,保证饭店采购物资的价格是合理或者是最优的,物资验收时,要对物资的价格进行核查,核查采购价格是否和市场报价一致。一般在保证质量的基础上,价格不得高于市场同类物资的价格。

 案例

南京中心大饭店的业余兼职物价采集员队伍

采购价格管理一直是物资采购管理环节的一大难点,是最难有效控制的一个环节。为有效降低物资采购的成本价格,南京中心大饭店成立了一支业余兼职物价采集队伍,对饭店采购的物资价格实施了有力的监督和指导。

这支队伍由来自基层的 10 名员工组成,其中设正、副组长各 1 名,组长由工会副主席担任。饭店采取自愿报告和聘请方式决定人选,要求这些人员热爱饭店、有责任、不怕吃苦、公道正派,作风细致扎实,具有一定商品价格知识。

物价采集员的具体任务是定期对市场有关物价进行调查,准确掌握物价信息;与饭店采购的同规格物资价格进行直接类比,对饭店专业采购员的物资价格实行有效的监督;指导专业采购员始终以同等质量市场最低价采购饭店所需物资。物价采购员所采集的物价必须真实、有据、可靠,经得起检查,以达到物价监督和指导的目的。

【点评】

南京中心大饭店通过成立业余兼职物价采集员队伍,有效地对饭店采购的物资价格进行监督和指导,这种做法值得同行的参考与借鉴。

（二）物资进仓

采购员和仓库管理员一起根据订货凭单和发货单进行物资验收。验收后，物资就要进仓入库。物资按照不同性质而进仓，或进入饭店仓库，或进入部门仓库，或直进相关使用部门。

物资进仓后，仓管员要填写验收清单，签发物资进仓单给采购部和财务部，进仓单是该批物资的结算凭证。仓管员还要填写进货日报表，并做好仓库物资账。物资采购部要签发物资回单给供应商，表示物资已经收到。

（三）拒收

在物资验收过程中，不可避免地会遇到物资不符合要求的情况，这时就有可能对物资拒收。当物资验收人员在验收过程中，对照有关标准验收物资，发现两者有较大差异时，就应该拒绝物资入库或进入部门。拒收是杜绝假冒伪劣物资流入饭店的有效手段，维护了饭店的正常权益。

五、饭店物资仓储管理

饭店物资仓储管理是指物资从入库到出库的完整的管理和控制过程。仓储管理是物资管

理的一个重要环节，对饭店的成本控制、保证供应、减少资金占用、提高经营效益有着重要的作用。仓储管理的水平直接影响到饭店物资的使用质量。

饭店仓储管理工作主要包括以下 3 方面内容。

（一）适当安排仓储场所

不同的仓库有不同的设施条件和不同的设备配置。在安排仓库时，要按照物资的基本属性和加工工艺选择适合的仓库。另外，要选择距离使用部门最近的仓库进入存放，以方便使用部门的领料。

（二）入库存放

物资入库后必须进行合理的堆放。其堆放必须遵循一定的原则进行，以使现有物资得到妥善保管，并且加大仓库利用率，减少仓储成本。

1. 经济合理原则

这一原则的出发点是仓储的经济性，即从节省仓储成本和保证物资质量的角度出发。仓储物资要按照物资计划存储和发放，按照最经济的物资流量来运作物资，使得物资的仓储成本和运作费用最低。

2. 技术合理原则

这一原则从物资的质量要求出发，要求在堆放物资时必须根据物资的性质、形状、包装、轻重等因素，将货物堆码成一定形式的货垛，以保护物资，如玻璃器皿要竖放，橡胶物品要挂起来，新鲜物资要密封等。

3. 方便点数盘存原则

这一原则的出发点是方便物资的数量控制。物资在堆放时要讲究合理、牢固、定量、整齐、节约、方便。堆放时要做到分层码放，横竖对齐，上下垂直，过目知数，货物拆解、拆分。

> **小思考**
>
> 你知道常见的物资堆放方法"五五制堆放"是指什么吗?

（三）物资保管

物资保管的目的是使物资在仓储期间尽量不发生或少发生各种损耗，使所有入库物资都能真正为饭店经营活动服务。

1. 保证数量

在仓储周期内保证物资在数量上完整无缺，品种不混淆，将仓储期内物资的自然损耗控制在最低水平。同时，必须杜绝物资管理漏洞，防止出现物资流失的情况。

2. 保证质量

经验收入库的物资，基本上不存在质量问题。在保管期间，要注意防止产生新的质量问题。保证库存物资质量的方法包括以下几个方面。

（1）先进先出

在发放物资时应先发放最早入库的物资。仓储人员在物资入库时应及时登记各类物资入库时间，做到物资的先进先出。

（2）保持良好的仓储环境

根据物资的存储要求，保证仓储的环境条件，如温度、湿度、通风条件、照明、干燥、清洁卫生等。

（3）加强仓储物资的养护管理

研究各种物资质量变化的规律及影响物资质量变化的内外因素，制定科学的物资养护制度和养护方法，防止库存物资质量下降。

（4）做好库存物资的检查工作

根据物资特性、仓储条件、气候变化等因素进行定期与不定期的物资质量检查，特别是在季节替换时节和突发性天气变化的时候，一定要进行这种检查。

小思考

你知道如何储存干货吗？

六、饭店物资发放管理

饭店物资发放管理是指物资购入饭店后，或直接拨付使用部门，或经仓储后在部门领用时发放，使物资真正应用于饭店的生产经营。

（一）物资发放的原则

为确保物资发放过程的严谨性，在发放物资时应遵循如下原则。

1. 先进先出原则

这个原则要求仓库管理员在发货时要先发早入仓库的物资，目的是防止物资放置时间过长而影响物资质量，减少浪费。

2. 保证经营原则

为保证各经营部门的业务需要，物资发送人员要根据各类物资供应的特点做好物资发放工作。由于饭店仓储的物资种类繁多，经常会出现多个部门同时前来领料的情况。在这种情况下，应采取急用、急需物资先备料、先分配的方法，以保证生产经营的连续性。

3. 以旧换新原则

为防止物资使用过程中没有用完就急于领取新物资的浪费行为，在物资发放管理中应对一些用量较大或价值较高的物资采用以旧换新的领用制度。

（二）物资发放程序

饭店物资发放必须按照一定的程序进行严格的控制，达到准确、及时、安全、经济的基本要求，物资发放程序如下。

1. 点交

请领部门在领取物资时必须每次填写领料单。仓库接到领料单后要认真检查领料单所列的物品名称、规格、等级是否与库存物品相符，凭证字迹是否清楚，有无涂改现象，主管领导的签字是否齐全，领料日期是否正确。审查无误，即可将待发物资发放给请领部门。同时根据实际发出的物资品种、规格、数量等填写必要的物资发放单据，见表7-7。

表7-7 某饭店领料单

领料部门： 　　　　　　　　　　　　　　　　　　　　　　　　领用日期：

材料名称	规格	单位	领料数量	实发数量	备注

续表

材料名称	规格	单位	领料数量	实发数量	备注

申请人： 部门主管： 总经理： 财务： 仓管员：

2. 清理

物资点交工作结束后，仓储人员需进行内部清理。

1）账面上的清理。做相关的文字记录、数据统计，以便为永续性盘存提供信息，同时也时刻掌握在库物资的情况。

2）地面的清理。进行清洁、整理工作，保证库内环境卫生。

3）物资管理。对于一些开箱或开包物资，做好保洁、保持工作，谨防因此引起物资消耗。

3. 复核

为防止物资发放过程中出现差错，仓库发货人员必须对物资发放作业过程中的每一个环节仔细地进行自查、复查、复核。在确认物资和领料单完全一致后，才能准许物资离仓。

4. 部门验收

仓库发放物资以后，物资就进入到部门的经营领域。领用的物资交到部门后，部门还要进行一次核查，主要是核查物资的完整性。由部门责任人对物资和领料单进行核查，检查无误后由责任人签收，然后物资才能进入部门使用。

 项目小结

设备和物资是饭店开展生产经营活动所必需的物质基础，是饭店产品的重要组成部分。本项目分别介绍了饭店设备和饭店物资的基础管理知识，要求明确它们的含义及特点，掌握它们管理的整个流程。通过本项目的学习，对饭店的物质基础有更全面、深入的了解。

EQ 总结

饭店的服务工作是非常琐碎的，饭店的管理工作尤其是基层管理工作也是非常琐碎的。只有将这些简单而平凡的小事情踏踏实实地坚持做好，才能为以后的成功打下基础，成功是靠点点滴滴的坚持积累的。

饭店管理基础

关键概念

饭店设备、设备综合管理、饭店物资、物资定额、物资采购。

 课后思考与练习

一、填空题

1. 设备使用的"四会"要求是指设备操作、使用人员要做到＿＿＿＿、＿＿＿＿、＿＿＿＿、＿＿＿＿。

2. 对设备使用的管理要遵循＿＿＿＿的原则。

3. 设备维护保养必须达到4项基本要求：＿＿＿＿、＿＿＿＿、＿＿＿＿、＿＿＿＿。

4. 饭店集团最常用的一种采购方法是＿＿＿＿。

5. 物资管理过程中，不可避免地会遇到物资不符合要求的情况，这时要对物资＿＿＿＿。

6. 在发放物资时应遵循的原则是＿＿＿＿、＿＿＿＿、＿＿＿＿。

二、判断题

1. 饭店很多设备技术要求较高，因此都应由工程部负责管理。（　　）

2. 预知性维修是一种以时间为基础的预防性维修方法。（　　）

3. 设备综合管理的目标是追求最经济的设备寿命周期费用和最高的设备综合效率。（　　）

4. 保险仓储定额是指为满足饭店日常业务需要而建立的物资储备量。（　　）

5. 在物资ABC分类法中，B类物资占用资金最多，因此该类物资储备量必须严加控制，并尽量缩短采购周期，增加采购次数，以加快资金周转。（　　）

6. 选择供货商就是选择提供最低价格的供货商，"低价进入"是选择供货商的原则。（　　）

三、简述题

1. 饭店设备管理的原则是什么？

2. 饭店设备一般需要更新的情况有哪些？

3. 饭店物资管理的特点是什么？

4. 饭店物资采购的原则是什么？

案例分析

地毯的采购

某饭店在更新改造时，需要采购一批威尔顿地毯，共计有13 000多平方米。采供部在采购时找到了一家饭店地毯的老供应商。这个供应商的信誉和售后服务都不错，但是他不生产威尔顿地毯。采供部询价的结果是，供应商的到店价格是每平方米115元，厂家的到店价是每平方米110元。谁供货？谁负责售后服务？谁负责地毯的铺设？在经过两个供货点的比较后，采供部决定向当地熟悉的供货商订购地毯，这样采购的价格和支出都会高一点。

问题：

采供部的决定合理吗？为什么？

 实训应用

实　训　一

实训名称： 调查当地一家三至五星级饭店的设备管理状况。

实训内容： 将学生分为若干小组，分别调查一家当地的三至五星级的饭店。在调查前各小组先要制定调查计划，再按照计划进行调查。最后在课堂上集中汇报各组的调查结果。找出饭店共同存在的设备管理问题，结合所学内容，提出解决问题的方法。

实　训　二

实训名称： 调查当地一家三至五星级饭店的物资情况。

实训内容： 将学生分为若干小组，分别调查一家当地的三至五星级的饭店。了解该饭店的物资有多少种，对这些物资进行分类，并且确定各种物资应该如何存放。

饭店安全管理

项目导航

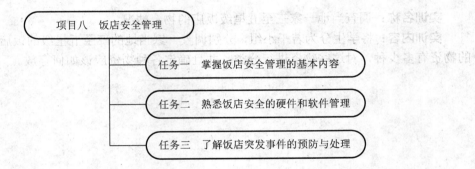

```
项目八　饭店安全管理
  ├── 任务一　掌握饭店安全管理的基本内容
  ├── 任务二　熟悉饭店安全的硬件和软件管理
  └── 任务三　了解饭店突发事件的预防与处理
```

知识目标

1. 掌握饭店安全的内涵。
2. 了解饭店安全问题的类型。
3. 掌握饭店安全管理的内涵及特点。
4. 熟悉饭店安全保障设备系统。
5. 熟悉饭店安全管理机构和安全管理制度。
6. 了解饭店突发事件的预防与处理。

技能目标

1. 能够在饭店实际工作中及时发现各种安全隐患。
2. 能够在饭店实际工作中处理好各类安全问题。

EQ 话题

防患未然，未雨绸缪，居安思危，正确的办事态度和方法适用于饭店的安全问题，同样也适用于我们的人生。

任务一　掌握饭店安全管理的基本内容

　　安全是人的一种最基本的需求，是客人对产品的第一需求。饭店作为一个提供综合性服务活动的公共场所，属于开放式的服务性企业，存在很多不安全因素，各种安全问题也比较突出。因此，安全管理工作是饭店管理工作的重中之重。

一、饭店安全的内涵

　　"安全"在《汉语大词典》中具有两层意思，一是平安，无危险，没有事故；二是保全，保护。

　　饭店安全是指在饭店所控制的范围内，前来饭店消费的客人、饭店财产及饭店员工没有危险、没有威胁、没有事故。

　　饭店安全的内涵主要包括以下几个方面。

　　1. 饭店安全不等同饭店客人的安全

　　很多人一提到饭店安全，往往会第一时间想到饭店客人的安全。其实，饭店安全不仅包括客人的安全，还包括饭店员工和饭店本身的安全。缺乏安全感的员工不会也不愿尽心尽职为饭店和客人服务。因此，饭店在进行安全管理时，也应重视员工的安全管理。

　　2. 饭店要确保客人和员工的心理安全

　　确保客人和员工的财产安全和人身安全是安全管理的基本内容，但饭店安全管理还要确保客人和员工的心理安全。心理安全指保证客人和员工心理平静、稳定，没有对潜在危险的担心和忧虑，它是一种无形安全。饭店不仅要做到有效保护客人和员工的人身和财产，而且也要让他们保持一种轻松、平和的心境。

　　3. 饭店要确保网络安全

　　随着信息技术的发展，越来越多的饭店运用互联网进行各种经营管理活动。同时，网络黑客和各种网络病毒也层出不穷。饭店如果不加强网络安全管理，很可能被各种病毒及黑客所攻击，造成饭店网络的全面瘫痪或信息流失。因此，现代饭店安全管理的一个重要的新对象是饭店网络安全管理。

二、饭店安全问题的类型

　　饭店的安全问题主要有以下几种类型。

　　（一）犯罪

　　饭店的犯罪案件大多以偷盗为主，可以说盗窃是饭店中最普遍、最常见的犯罪行为之一。

由于饭店是一个存放有大量财产、物资、资金的公共场所，因此极易成为盗窃分子的目标。饭店客人的物品新奇、小巧、价值高，客人钱财在客房内随意存放，饭店的很多物品具有家庭使用或出售的价值等，这些都成为诱惑不法分子犯罪的动机。盗窃案件不但造成客人和饭店的财产损失，而且使饭店的名誉受损，直接影响到饭店的经营。

 **案例**

住店客人被盗

刘先生和夫人在"十一"黄金周时入住了某酒店的 1112 房间，入住的第三天上午购买了些土特产放在了房间，中午就去当地有名的菜馆品尝美食。当小两口兴冲冲地回到酒店，准备收拾行李返家时，却发现房内一片狼藉，有人在他们出去吃饭的时候进入了房间并洗劫了房间内的贵重物品。

刘先生意识到了问题的严重性，立即通知了酒店的保安部门，保安部人员赶到了现场。据刘先生核实，丢失白金项链一条、笔记本电脑一台、人民币 3 000 多元，总价值超过了 2 万元。询问刘先生是否将房卡交给他人，刘先生十分肯定地说就一张房卡，而且一直带在身上，出房间时还将房门带上了。

11 层高的房间，又没有阳台，小偷是从哪里进来的呢？保安人员一边查监控录像，一边对现场进行了勘查，监控录像上显示两名男子是推门而入的。仔细检查，又发现房门上有口香糖的痕迹，保安人员恍然大悟，推断刘先生买完东西回来时就被小偷跟踪，趁刘先生开门后不注意，在房间门的磁卡锁上粘上了一团口香糖，刘先生放下东西出门吃饭时，认为饭店门上有复位器，就随手带上门，没有核实是否关上就匆匆离开了。进一步查看录像，画面证实了这一推断：从刘先生入住起就有两名男子在楼层闲逛、踩点。刘先生买完东西回来时，尾随其后，趁刘先生不注意时将口香糖粘在磁卡锁上，刘先生走出房间认为房门已经关上后，歹徒入室作案。

【点评】

客房失窃案经常发生在各个酒店，犯罪分子利用各种手段作案，屡试不爽。案件的发生给客人造成财产损失，并且给酒店带来极坏的负面影响。罪犯在作案之前会对楼层进行踩点、观察，利用客人外出的时间差，用各种手段打开房门，或利用客房相连，容易攀爬，或门窗没有关上入室行窃。

为了防范客房失窃，安全人员要做好巡查，遇到可疑人员要主动盘问，对没有房卡的人员要及时进行劝离，同时监控中心要时刻注意客房楼层的情况，发现问题及时处理。楼层服务员要有较高的警惕性，注意对可疑人员进行询问或通知安全部，对客人门窗没有关紧的要及时提醒或关闭。

（二）火灾

由于饭店建筑费用高、装饰装修比较豪华、设备及物资众多、流动资金和各类高档品储存也较多，而且大多地处繁华地段，一旦发生火灾，其直接经济损失较高，社会危害性较大。饭店火灾不仅危及客人、员工生命、财产安全，也使饭店遭受重大的经济和名誉损失，其后果非常严重。

 知识链接

触目惊心的饭店火灾

1997 年 1 月 29 日，燕山酒家保安员使用酒精炉煮东西吃，违反操作规程发生火灾，造成 40 人死亡，重伤 27 人，轻伤 62 人，直接经济损失 92 万元。

2003 年 2 月 2 日晚 6 时许，黑龙江省哈尔滨市天潭大酒店，一名服务员在取暖煤油炉未熄灭的状态下，将含有汽油成分的油品作为燃料向炉内添加，引发特大火灾，造成 33 人死亡，10 人受伤，直接经济损失 15.8 万元。

2005 年 6 月 10 日，汕头市华南宾馆特大火灾事故，由于电气线路短路故障引燃可燃物，造成 31 人死亡，28 人受伤，过火面积 2 800 平方米，直接经济损失 81 万余元。

2007 年 7 月 26 日晚，辽宁省朝阳市百姓楼酒店人员擅自使用一个没启用的柴油灶，操作严重违规，导致重大火灾发生，造成 11 人死亡，16 人受伤。

2011 年 1 月 13 日，长沙市西娜湾宾馆突发大火，造成 10 人死亡，4 人受伤。

2011 年 5 月 1 日，吉林省通化市如家快捷酒店一号店起火，造成 10 人死亡，35 人受伤。

2013 年 4 月 14 日，湖北省襄阳市樊城区前进东路一景城市花园酒店发生火灾，导致 14 人死亡，47 人受伤。

饭店火灾关系到人们生命财产的安全，关系到社会的稳定，关系到饭店的生死存亡。所以，饭店全体员工必须认真探讨火灾的规律，切实做好深入细致的消防工作，把火灾这只猛虎消灭在"下山"之前。

（三）食物中毒

食物中毒是由于饮食卫生引发的较为严重的饮食安全问题，其主要原因是饭店提供的食品或饮品过期、变质或不洁净等原因而导致的。食物中毒对客人的伤害较大，严重者将危及客人的生命安全，会对饭店的声誉造成严重的影响。

（四）逃账

逃账现象在中、西方饭店中经常出现。在饭店经营管理中，常把冒用信用卡、盗用支票、假支票、假钞、逃单等现象统称为逃账现象。逃账会给饭店带来经济损失和人力耗损。因此，逃账是危及饭店正当利益的财产安全问题。

 案例

防止客人逃账

1206 房的陈先生又到了消费签单限额了，陈先生是与酒店有业务合约的客人，来店后无须交预付款，只在他消费额达到酒店规定的限额时书面通知他。

但总台发了书面通知后，陈先生没来清账，甚至连电话也没打一个。因为是老客户，而且以前一直是配合的，所以总台也只是例行公事地发了一封催款信，礼貌地提醒了一下。可催款信放在陈先生的台上后，犹如石沉大海，还是没回音，消费额还在上升。

总台便直接打电话与他联系，陈先生讲话很客气："我这么多业务在你们市里，还不放心吗？我还要在这里扎根住几年呢，明天一定来结。"可第二天依然如故，总台再次打电话，委婉说明酒店规章，然而这次陈先生却支支吾吾，闪烁其词。这样一来，引起了酒店的注意，经讨论后决定对他的业务单位做侧面了解，了解的结果使酒店大吃一惊：陈先生在本市已结束了业务，机票也已订妥，不日将飞离本市，这一切与他"这么多业务在本市""还要在这里扎根住几年"显然不符，这里面有诈。

酒店当即决定内紧外松，客房部以总经理名义送上果篮，感谢陈先生对本酒店的支持，此次一别，欢迎再来。

陈先生是聪明人，知道自己的情况已被人详知。第二天，自己到总台结清了所有的账目，总台对陈先生也礼貌有加，诚恳地询问客人对酒店的服务有什么意见和建议，并热情地希望他以后再来，给陈先生足够的面子，下了台阶。

【点评】

防止客人逃账是酒店前厅部管理的一项重要任务，总台员工应该掌握防止客人逃账的技术，以保护酒店利益。以下几点是有效防止客人逃账的措施。

1）收取预订金。

2）收预付款。

3）对持信用卡消费的客人，提前向银行授权。

4）制定合理的信用政策。

5）建立详细的客户档案。

6）从客人行李多少、是否列入黑名单等发现疑点，决定是否收留。

7）加强催收账款的力度。

（五）其他安全问题

饭店的其他安全问题主要有以下两种。

1. 打架斗殴

打架斗殴多发生在饭店的歌舞厅、卡拉OK厅、酒吧等娱乐场所，主要源于酗酒。娱乐场所内的打架斗殴容易殃及其他客人，不仅对客人造成身体伤害，也将使饭店蒙受经济损失。

2. 名誉损失

饭店安全中的名誉损失涉及住店客人的名誉安全、隐私安全和心理安全3个方面。

三、饭店安全管理的内涵

饭店安全管理是指饭店为了保障客人、员工的人身和财产安全及饭店自身的财产安全而进行的计划、组织、指挥、协调、控制等系列活动的总称。

这些活动既包括安全的宣传与教育，安全管理方针、政策、法规、条例的制定与实施，也包括安全防控、管理措施的制定与安全保障体系的构建与运作。

饭店安全管理涉及以下 3 个层面。

（一）宏观行业安全管理

宏观行业安全管理指全国性、地区性的宏观行业安全管理。它是由国家或地区制定相应的法规，设置专门的机构和人员，对全国饭店加以规范、管理，落实饭店的安全管理工作，从宏观上把握饭店业的行业安全。例如，通过《中华人民共和国治安管理处罚法》《旅馆业治安管理办法》《中华人民共和国消防法》对饭店业的治安、消防等予以宏观管理。

（二）微观饭店企业安全管理

微观饭店企业安全管理主要指饭店根据国家的相关政策法规开展的企业内部安全管理。饭店内部的安全环节千头万绪，安全管理工作较为琐碎，难度也比较大。归纳起来，微观饭店企业安全管理涉及安全管理规章制度、安全管理机构、安全设施设备、部门安全管理、防火、防盗、其他安全管理等。

（三）客人管理

饭店要做好对客人的安全管理与引导。一方面，要对客人进行管理，防止客人借助客人身份的掩护变成犯罪分子和旅游安全问题的故意肇事者；另一方面，要正确引导客人，使客人能够遵守相应的安全规章制度，安全操作，不至于引发旅游安全问题。

据统计，饭店火灾中约有 40% 是由于客人吸烟不注意引起的。因此，引导客人不要卧床吸烟，对饭店的客人加强管理显得非常重要。

禁止烟火

案例

北京凯迪克大酒店火灾

2002 年 7 月 13 日 23 时左右，北京凯迪克大酒店 1020 房间发生火灾，造成住在 1022 房间两名赴京旅游的香港女学生死亡，住在 1021 房间的一名韩国女学生受伤。

据调查，住在 1020 房间的香港男学生邓某（12 岁）和李某（14 岁）承认，7 月 13 日 22:40 左右，在 1020 房间内划火柴玩，然后离开房间。经专家调查，鉴定这起火灾的起火原因是人为明火所致。由此，警方认定火灾由邓某、李某玩火造成。

【点评】

经过这次事件，我们可以看出做好预防火灾工作的重要性。

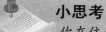

小思考

你在住店期间，如果遇到类似情况该如何处理呢？

四、饭店安全管理的任务

饭店安全管理的任务主要是保障饭店客人、员工及饭店安全，具体内容如图 8-1 所示。

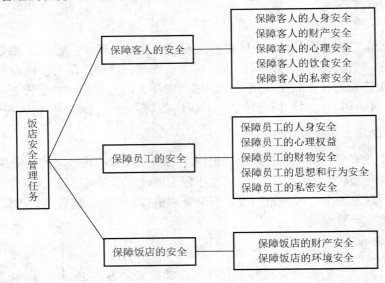

图 8-1　饭店安全管理任务

五、饭店安全管理的特点

与其他管理相比，饭店安全管理具有以下基本特点。

（一）政策性

饭店安全管理工作具有很强的政策性，如消防、食品卫生、治安等安全管理内容都有很强的政策要求。饭店在进行安全管理时，应严格执行国家的相关法律法规，如刑法、民法、行政法、诉讼法、合同法、治安管理处罚法、消费者权益保护法等。饭店应根据国家和有关部门的规定，结合饭店实际来拟定各类安全管理制度。

（二）预防性

饭店安全管理工作应立足于以预防为主。基于这一方针，饭店应建立安全保卫的职能机构，配备专职的安全保卫人员，建立涵盖全饭店安全保卫的工作网络，健全各种有关饭店安全的制度，装备各种安全设施。这一系列工作的着眼点是预防和制止可能出现的各种不安全因素、治安事故及犯罪案件，而不是事后处理或弥补。

曲 突 徙 薪

有位客人到某人家里做客,看见主人家的灶上烟囱是直的,旁边又有很多柴火。客人告诉主人说,烟囱要改曲,柴火必须移去,否则将来可能会有火灾,主人听了没有做任何表示。

不久主人家里果然失火,四周的邻居赶紧跑来救火,最后火被扑灭了。于是主人烹羊宰牛,宴请四邻,以酬谢他们救火的功劳,但并没有请当初建议他将木材移走、烟囱改曲的人。

有人对主人说:"如果当初听了那位先生的话,今天也不用准备筵席,而且没有火灾的损失。现在论功行赏,原先给你建议的人没有被感恩,而救火的人却是座上客,真是很奇怪的事呢!"主人顿时省悟,赶紧去邀请当初给予建议的那个客人来吃饭。

很多人认为,足以摆平或解决企业经营过程中的各种棘手问题的人,就是优秀的管理者,其实这是有待商榷的。俗话说:"预防重于治疗",能防患于未然之前,更胜于治乱于已成之后,企业问题的预防者,其实优于企业问题的解决者。

情商培养

作为饭店管理者,要有忧患意识,特别是在饭店安全问题上,更是要做到防患于未然,提前做好预防工作,这样才能有效防止安全问题的发生。

(三)复杂性

从人的角度来看,饭店是一个公共场所,是一个消费场所,每天都有大量的人流。人流中,有住客、有访客,也可能有寻机作案的犯罪分子。从物的角度来看,饭店内集中了大量的电器设备,电源、火源、气源集中,极易引发各种安全事故。

因此,饭店安全管理工作非常复杂。既要面对不断流动的人,又要面对纷繁复杂的物。

 案例

犯罪团伙在饭店拎包盗窃作案90多起

2013年6月中旬,北京丰台区光彩路某饭店内发生拎包盗窃案件。民警通过查看案发现场监控录像,发现3名男子与丰台区石榴园地区饭店内发生的多起案件的嫌疑人体貌特征相似。

通过对案件串并,警方发现这是一个由5名男子构成的犯罪团伙。他们专在饭店餐厅拎包盗窃。作案时,每经过一家饭店,都会在里面逗留一阵,有人负责进入饭店寻找目标,有人在外面放风。警方分别行动,将何某等5名嫌疑人抓获。

据了解,自2012年12月以来,该团伙先后在丰台、朝阳等地饭店进行盗窃,作案达90余起。

【点评】

通过这个事件,由此可见,饭店安全管理的重要性。

小思考

饭店可采取哪些措施来预防拎包盗窃案件的发生？

（四）广泛性

饭店安全管理内容包括客人和员工的人身安全、财产安全和心理安全；饭店的财产安全和环境安全；饭店的网络安全等几个方面。由此可见，饭店安全管理内容的广泛性。

饭店安全管理的广泛性要求安全管理需要各部门、各岗位的共同合作，需要把安全工作与各部门、各岗位的职责、任务结合起来，在饭店中形成一个安全管理工作网络体系。

 案例

全球最佳酒店香港半岛酒店发生劫案

2001 年 7 月 2 日上午，全球最佳酒店香港半岛酒店发生劫案。一名劫匪企图闯入房间抢劫一对台湾夫妇，后来被赶来的酒店保安员制服。

台湾游客陈某和他的妻子戈某数日前来港旅游，住在半岛酒店 5 楼一个房间。昨天上午10 时 46 分，陈某开门正欲离去，突然有一名匪徒闯入，声称"打劫！"陈某高呼救命，并大叫在浴室洗澡的妻子报警，而匪徒则挥拳殴打陈某，两人纠缠在一起。陈某的妻子闻声立即致电酒店的接待处报警，多名保安员迅速到场，成功将匪徒制服，并把他交给警方。

【点评】

即使是全球最佳酒店，也会发生安全问题，由此可见酒店安全管理工作的复杂性。作为酒店管理者，一定要时刻保持安全管理意识，紧抓安全管理工作。

（五）全员性

饭店安全管理涉及每个部门、每个工作岗位和每个员工。饭店安全管理虽主要由安全部负责，但由于饭店接待设施的特点，必须要有各部门的通力合作，依靠全体职工的共同努力。

饭店必须通过经常性的宣传教育和培训活动，让每个员工意识到本职工作与饭店整体安全息息相关，使每个员工把本岗位相关的安全工作看做是本职工作。

 案例

烟感器发出报警声

一天晚上，某饭店保安员小郝正在保安室值班，突然，烟感报警器发出尖锐急促的报警声。同时，913 房的警孔上不断闪现红色信号。这异常的声音和闪光立即引起了小郝的警觉。"不好。913 房出事了！"他立刻从座椅上跳起来，冲出房门，奔向电梯口，赶上 9 楼，直奔 913 房。

只见 913 房门口挂着"请勿打扰"的牌子，小郝便按了一下电铃，里面没有回音，接连按几下，仍然没有动静，小郝便用力敲起门来，一面大声叫道："913 房客人请快开门。"里面还是死一般地寂静。小郝当机立断，叫来楼层服务员小范，让她用备用钥匙打开房门。小郝和小范闯进客房，只见缕缕浓烟直冲烟感报警器装置。原来是垃圾筒里的废纸冒出烟雾，废纸上火星点点，但尚未燃烧起来，两人急忙到卫生间弄来两杯冷水将筒里废纸的火星浇灭。"好险啊！"小郝和小范轻轻地舒了口气。

到这时，他们才发现客人正躺在床上呼呼大睡，小郝上前推推他，客人仍然睡得死沉沉的，同时一股浓烈的酒气扑鼻而来，他们明白原来客人是喝醉了。小郝便使劲用力反复推他，一边还大声叫喊："先生，请醒醒！"客人终于醒来，一副醉眼蒙胧的样子。小范去泡了杯茶，递给客人，客人喝了几口，醉意渐渐消散。小郝向客人说明得到烟感器报警赶来抢救的过程，并请他说说事情经过。

原来这位客人晚饭喝醉了，一个人跌跌撞撞回到客房，坐在靠椅上抽了一支烟，随手把烟头往垃圾筒里一扔，就蒙头睡大觉了，以后的事情他就全然不知。小郝态度严肃而语气平缓地对客人说："先生，维护所有客人的生命和财产安全，是饭店的责任，也是每位客人的责任，您喝酒应有节制，不要喝醉，喝醉了对身体也没好处。醉后抽烟，乱扔烟头，易造成火灾，后果不堪设想。刚才您差点酿成一场事故。"客人羞愧地低头认错，表示今后一定吸取教训。

【点评】

本例中饭店保安员小郝及服务员小范面对烟感器报警采取了积极有效的措施，值得肯定。

首先，小郝忠于职守，当烟感器发出警报，他凭高度的职业敏感性立即便捕捉住信息，及时做出反应，奔赴现场抢救；其次，当他遇到客人挂出"请勿打扰"的牌子而敲门没有回应时，就当机立断开门入房进行抢救；进房后，小郝在小范的配合下，采取扑灭烟火的抢救措施也是积极有效的。另外值得一提的是，保安员小郝没有满足于扑灭火灾事故的苗子，而是加强对醉客的安全教育，以避免类似事故再次发生。由于方法得当，说理透彻，收到了良好的效果。

（六）服务性

饭店属于服务型企业，在进行安全管理时，不能破坏服务氛围，不能破坏饭店其他客人或员工正常的消费心理或工作心理。饭店不能因为进行安全管理而导致饭店内步步设"警"。作为服务型企业，饭店在开展安全工作的过程中必须贯穿服务的思想，应为客人和员工创造一个愉快、舒适、轻松的环境。

（七）突发性

发生在饭店内的各种事故，往往带有突发性。饭店的各类安全问题往往是在很短时间内发生的，如火灾、抢劫、凶杀、爆炸等。因此，饭店管理者在平时就要做好处理各种突发事件的准备，这样才能在发生突发性事件时临危不乱，有效进行控制与处理。

（八）国际性

随着全球经济一体化的发展，国际间的交往越来越频繁，饭店的客人来自世界各地。由于各地的法律、道德、准则和行商公约不同，有的甚至差别很大。因此，饭店的安全管理要特别强调国际性，既要不违背我国的法律规定，又要注意内外有别，按国际惯例办事。

任务二　熟悉饭店安全的硬件与软件管理

要做好饭店安全管理工作，必须同时抓好饭店的安全硬件和安全软件两方面的管理工作。做好安全硬件管理工作要求饭店要建立一个科学的安全保障设备系统，而做好安全软件管理工作则要求饭店要建立有效的饭店安全管理机构，制定科学合理的安全管理制度。只有双管齐下，才能真正做好饭店安全管理工作。

一、饭店安全保障设备系统

要做好饭店的安全管理工作，首先要在硬件方面建立起设备先进、设施齐全的安全保障系统。饭店安全保障设备系统如图 8-2 所示。

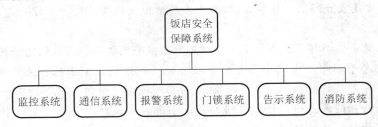

图 8-2　饭店安全保障设备系统

（一）监控系统

监控系统是饭店对重点区域进行监控管理的先进的闭路电视监视设备系统。由监控摄像机、监视器、录像机、视频信号处理设备、电视荧幕操作台、视频切换系统等部分组成。一

般在出入口、大堂、收款台、收货点、仓库、电梯间、商场、楼层走廊、某些重要柜台或其他存在潜在不安全事故的敏感地带安装固定的摄像机或电视监视器。其安装形式分为隐蔽式和外露式两种。

通过监控系统，一方面可以全面掌握饭店的客流量、人员进出、可疑人员和可疑事件的情况，并通过电视荧幕显示出来；另一方面可以替代大量的保安人员。

 **案例**

酒店客房走道的深夜魅影

某日深夜，江西省抚州市某四星级酒店。

这时已是下半夜三点，保安部监控室监控盘上的一个小荧屏突然出现人影，引起了当班监控员小纪的注意。小纪定睛一看，是 11 楼电梯口有人在来回走动，而电梯按钮的灯并不

亮，说明此人不是在等候电梯。再看 11 楼客房过道的荧屏，也发现在过道中部位置有两个人影在晃动。由于灯光昏暗，无法看清荧屏的人像。突然，小纪发现过道两个人影中有一个趴在地上，断定情况异常，立即接通了当班保安主管小连的对讲机，报告了所见的情况，尔后又向值班经理报告。

连主管接报后马上调集所有保安人员，分成 3 组，一组堵住一楼电梯口，另两组分别从大楼的东西两头的安全步行梯悄悄上楼。

当两组保安人员出现在 11 楼两头的安全梯口时，对方听到动静立即在过道中奔跑起来，3 人快速地闪进 11 楼的一间客房，并迅速关上房门。

然而，赶到最前面的连主管已看清了房号：1108。他立即用对讲机要求楼下保安员盯住1108 房的窗户。连主管又根据在 1108 房附近的 1115 房门口留下的作案工具，断定这伙人是窃贼，于是马上拨通了 110 电话请求支援。

后来，3 人被带到当地公安派出所，根据供述，他们的作案手法是这样的：先在楼层开一个房间住下，然后在白天以及上半夜注意观察本楼层哪几个房间有人入住，特别注意判别进出客人的身份。到下半夜，专门选择看上去像大款的住客房间作案。作案前先趴在地上，从门缝观察房内灯光是否已灭，若已熄灯说明客人已入睡，即可下手。作案工具是一根铁丝和一根小尼龙绳。作案时将铁丝的一头缠上尼龙绳，从房门底下缝隙伸进，然后……假如被房间里客人发现，就立即撤退躲进自己的房间。

根据小偷供认，利用这种方法已在其他酒店作案多起，屡次得手。

【点评】

这起偷窃案件的破获，得益于饭店监控探头所发挥的作用，当然也离不开监控人员的高度警惕性和对工作的认真负责精神。

（二）通信系统

饭店为了能对安全情况迅速做出反应，必须有一个能快速联系负责安全工作的员工的通信系统。饭店治安通信系统主要有治安专用电话、对讲机、移动电话等，该系统应能与饭店所在工作区域取得联系。例如，客人可以利用房内电话向饭店报告紧急情况或可疑活动，饭店也可用通信装置通知客人发生了紧急情况，如火警等。

（三）报警系统

报警系统能对预防偷盗、抢劫等事件的发生起到重要作用。报警系统主要分为被动红外报警器、主动红外报警器、超声波报警器、手动报警器、无声报警器、局部报警器、接触报警器和远程报警器等。其中，手动报警器一般安装在饭店的前台收银处和其他有贵重物品的地方，一旦这些地方发生重大突发事件，服务人员能以最快的速度报警。这种系统可与饭店的保安部和所在社区的公安部门相连。

（四）门锁系统

门锁系统是饭店安全管理的又一保障系统，针对住店客人钥匙丢失、被窃、私自复制等事件的发生，很多饭店建立了安全可靠的新型电子门锁系统。饭店常用的新型电子门锁系统主要有磁片机械锁、电子光卡锁、电子密码锁、磁卡锁、IC卡锁等。

小思考

调查了解当地高星级饭店的门锁系统情况。

（五）信息告示系统

安全告示应在客人入住饭店之初就进行，饭店根据自己的实际情况将安全信息告知客人。告知内容主要包括消防须知和安全须知的相关内容。

（六）消防系统

消防系统主要由消防自动报警系统，消防广播通信系统，消防给水系统，防烟、排烟与正压送风系统，防火门系统和安全疏散系统组成。

常用的火灾报警器有以下几种：一是烟感器，适用于客房、餐厅、走廊灯；二是温感器，适用于厨房等蒸汽、烟雾大的场所；三是手动报警器，一般安装在楼层入口处和公共区域较明显的地方，通常用玻璃罩住。

知识链接

烟感探测器和温感探测器的区别

烟感探测器和温感探测器都是属于火灾自动报警探测设备，火灾自动探测的实现是由这些探测器来完成。探测器分为很多种，烟感探测器、温感探测器只是其中比较常见的类型，此外还有火焰探测器、可燃有毒气体探测器等。

烟感探测器与温感探测器的区别是探测因子不一样。烟感探测器是根据烟雾浓度来判断报警，而温感探测器是根据温度的高低或者温度的变化来判断报警的，这是它们的本质区别。

二、饭店安全管理机构

为确保饭店安全管理的实效性，饭店应设立专门的安全管理机构，以对饭店安全管理工作负责。

（一）保安部

保安部是负责饭店安全工作的职能部门，它在饭店总经理的领导下，负责饭店各类安全保卫的具体工作。其基本工作职责包括健全饭店安全管理制度；维护饭店内部治安秩序；维持饭店内各种安全设备设施始终处于良好的使用状态；开展安全教育培训；协助公安机关查处有关事故。

（二）饭店安全管理委员会

饭店安全管理委员会由饭店高层领导、保安部及饭店其他部门经理组成，全面负责整个饭店的安全管理工作。它的工作重点包括制订并实施饭店安全管理计划与制定安全管理制度；检查饭店安全状况；提出安全管理意见和建议；监督保安部的工作情况；对员工进行安全教育和法制教育。

（三）部门安全管理小组

部门安全管理小组由饭店各部门的部门经理及相关管理人员、饭店保安部中分管人员组成，负责饭店各部门的安全管理。它的任务是指导各部门安全管理工作的开展，制订各部门的安全管理计划和制定安全管理制度，并督促其有效实施。

（四）治安协管小组

治安协管小组由饭店各部门员工组成，协助部门安全管理小组实施部门安全计划，执行日常安全管理工作，做好安全管理工作的组织。治安协管小组均非专职的安全保卫人员，而是在其工作岗位上兼任安全协管工作。

（五）消防管理委员会

消防管理委员会负责管理和领导饭店的消防管理工作。由饭店的房务部、保安部、工程部及相关部门的领导组成，由饭店总经理担任消防委员会的主任。其主要职责包括组织和制定饭店的消防安全制度并督促检查执行情况；布置消防安全工作，组织员工消防教育与消防演习；组织消防安全检查；组织追查火灾事故，处理火灾责任者，总结经验教训。

三、饭店安全管理制度

（一）饭店安全管理制度的拟定

饭店在拟定各项安全管理制度时，必须考虑以下基本要素。

1）国家和政府部门的有关法律法规。

2）饭店所在地的有关地方性政策和法规。

3）饭店服务对象尤其是境外客人的心理需求。

4）饭店的实际情况及有关安全标准。

5）各部门有关的岗位职责和任务。

6）新出现的犯罪走势和犯罪手段。

各项安全管理制度必须物化为具体、明确的文字表述，以文件的形式使之成为饭店内部法律，以体现制度的权威性。

（二）饭店安全管理制度的执行

饭店制定制度的目的是为了执行制度，饭店要在拟定各项安全管理制度的基础上，不折不扣地贯彻执行这些制度。

1. 建立安全责任制

安全责任制的建立是饭店落实各项安全管理制度的有力保障，饭店应本着"谁主管，谁负责；谁当班，谁负责"的原则，将安全责任分解到各部门、各班组、各岗位、各人，实行"定人、定岗、定责"，确保各项制度在各级岗位的贯彻执行。安全责任制应和奖罚制度有机结合起来，以充分调动有关部门和人员的积极性。

2. 建立"四级安全检查制度"

为保证安全网的全面铺开，饭店应建立"四级安全检查制度"。具体内容包括：一级检查由班组负责实施；二级检查由部门领导负责实施；三级检查由饭店保安部和饭店安全委员会负责实施；四级检查由饭店领导负责实施。

班组、部门的检查应每天进行，饭店各班级、部门应结合每天的服务工作对所负责的区域进行检查，发现安全隐患及时处理和汇报；保安部和安全委员会的检查可采取定期检查和随机抽查的方式；遇到重大活动或重要节日，则由总经理或安全管理委员会负责专题检查。

 知 识 链 接

某饭店的客房部安全管理制度

1. 安全责任制

分工明确，责任清楚。安全条例规章健全，内容明确具体，岗位责任清楚。客房员工熟知安全知识、防火及防盗知识和安全操作规程，掌握安全设施与器材的使用方法，无违反安全管理制度的现象发生。

2. 安全设施

客房烟感装置、自动喷淋灭火装置、房门窥视镜、防盗扣和安全门、防火通道、紧急疏散图、消防装置、报警装置、防火标志、楼道监控装置等安全设施、器材完好，安装位置合理，始终处于正常运转状态，没有因安全设施不全或发生故障引起安全事故的现象发生。

3. 安全操作

1）客房员工严格、认真遵守安全操作规程，清扫卫生间。

2）提供日常服务中随时注意烟头、火柴和电器设备安全。

3）登高作业有人扶梯。

4）未经允许，无明火作业。

5）因客房维修改造需明火作业时，必须取得保安部动火许可。

6）确保整个客房操作服务中无违反安全操作规程现象发生。

4. 安全防范

1）客房服务中掌握住客动态，禁止无关人员进入楼层。

2）如遇陌生人时要主动问好、询问，避免发生意外，不轻易为访客开门。

3）如遇可疑人员要及时报告上级领导。

4）随时注意住客情况，发现客人携带或使用电炉、烤箱等电热器具，装卸客房线路，迅速报告主管与保安部及时处理。

5）发现客人携带武器、凶器和易燃易爆物品，及时报告，能够按酒店安全规章处理。

6）客人酗酒或在床上吸烟，能够及时劝阻。

7）如有残疾人士入住，随时注意客人动向，予以帮助，尽量避免因其行动不便造成危险。

8）客房员工查房，发现设备损坏、物品丢失及时报告。

9）整个客房服务中员工安全意识要强烈，安全防范要主动，防范措施要得当，隐患处理要及时，能够确保酒店及客人的人身和财产安全，无岗位安全责任事故发生。

5. 钥匙管理

1）要严格执行客房钥匙管理制度，客人房卡忘在客房内要求开门，经客房中心与前台核实确认后方可开门。

2）如客人丢失房卡，应及时通知保安部和前台，将丢失的房卡做作废处理，并补办新卡。

3）如客房服务卡或钥匙丢失，应及时报告当班主管、客房部经理和保安部，并随时注意丢失钥匙的楼层情况，确认找不到钥匙后，将丢失的服务卡做作废处理，并补制新卡；金属钥匙丢失后，还应及时通知工程部，更换丢失钥匙的门锁锁芯。

4）服务员清扫房间，坚持开一间做一间，逐门锁好。防止因客房钥匙管理不善而发生盗窃事故。

6. 安全事故处理

1）遇有火灾隐患、自然事故和盗窃事故，应严格按酒店相关规章制度处理，及时发现火灾隐患并报告保安部，抢救疏散客人处理得当，尽力将事故消灭在萌芽状态。若需报警，应由保安部负责处理。

2）发生盗窃事故，主管到场及时并保护好现场。

3）如有其他事故发生应及时报告当班主管，根据事故发生原因和情况做出妥善处理。

4）所有事故处理应做到快速、准确、方法恰当。

任务三　了解饭店突发事件的预防与处理

饭店突发事件是指在事先没有通知、预兆的情况下，突然发生的有一定破坏力、一定影响力的事件。饭店是全方位开放的公共场所，经营环境比较特殊，所面临的突发事件要远远高于其他企业。如果不及时妥当处理，不仅会给客人、员工造成伤害，而且会影响到饭店的可持续发展。

一、饭店突发事件的特点

（一）突发性及紧急性

饭店突发事件的突发性及紧急性是指在事前难以预测、超越常规的情况下突然发生，而且来势猛，发展快，需要紧急处理，稍有不慎，将造成局面失控。所以，要求饭店要做出快速、准确的处理反应，将可能产生的不良后果控制在最低限度。

（二）高度不确定性

高度不确定性是指饭店突发事件的发生时间、地点、出现形式等无法确定，这要求饭店在思想上和行动上要随时做好应对的准备。同时，在处理突发事情时要根据饭店当时的实际情况，做出"因地制宜"的灵活处理。

（三）事件的阶段性及后果的严重性

饭店突发事件具有一般突发事件发生的程序，即潜伏期、发生初期、发展壮大期、消退期、善后期，而且突发事件处在不同的阶段所带来的影响和破坏后果严重程度不一样，这要求饭店应及时辨别突发事件所处的阶段，采取应对的措施，将影响及破坏后果降到最低。

二、提高饭店应对突发事件能力的途径

饭店应对突发事件的能力不仅是衡量饭店管理水平的重要标志之一，而且也是处理突发事件的必要条件。

（一）通过培训提高全员应对突发事件的思想意识及能力

饭店上至领导下到基层员工应对突发事件的思想意识及能力，对预防、处理突发事件及善后工作起着决定性作用。因此，饭店应建立突发事件应对培训制度，通过加强培训，提高全体员工应对突发事件的思想意识及能力培训。

饭店可从以下几个方面着手：一是加强对全体员工进行突发事件的思想意识的教育；二是定期开展应对突发事件的理论知识和技能技巧的学习活动，邀请相关专业人士进行专题讲座；三是开展模拟演练，提高员工应对突发事件的实战技能技巧。

 **案例**

当客人被卡在电梯里

夏日的一天下午，酒店监控中心打电话至前台：1号电梯、2号电梯停止运行，一位女士被卡在1号电梯内。大堂副经理立即打电话通知前厅部经理、工程部经理及相关人员，尽快解救被困客人的现场工作在紧张有序地进行着。

工程部通过监控中心，了解到客人被卡的位置在16～17楼后，立即派电梯工到顶层机房，进行手工操作，准备将电梯调到17楼，以便打开电梯门让客人出来。

大堂副经理、前厅部经理立即分别到16楼和17楼，带上应急灯，对着电梯门安慰客人：

"张小姐，请您放心，我们正在处理，您不会有什么危险……"不断与客人交谈，给予安慰，缓解客人的恐惧感。

酒店的医生立即背上急救箱，赶到17楼等候。

客房部立即在电梯边准备一间房，楼层服务员准备好热茶、毛巾，以备客人出电梯时使用。

电梯门终于打开，惊魂未定的张小姐立即冲出电梯，要求马上回自己的房间休息。

大堂副经理立即陪同张小姐回到自己的房间，服务人员随即送上毛巾和热茶，医生为其测量血压，同时酒店代表将鲜花、果盘送进房间，表示慰问。

退房时，大堂副经理向客人表示歉意，并赠送酒店的小礼物。张小姐认为虽然在酒店有这样一次特殊的经历，但仍十分感谢酒店。

【点评】

在案例中，客人被卡在电梯里的突发事件处理得很成功，一方面在于饭店各团体的协作，而更重要的一方面在于饭店的全体员工都有着应对突发事件的思想意识及能力。因此，当突发事件真的发生时，每个人都可以从容应对。

（二）建立应对突发事件的饭店管理机制

饭店要建立应对突发事件的管理机制，主要包括两个方面：一是科学、合理、快速有效的机构组织形式；二是指饭店针对全体员工在应急管理中的责任、权利、利益而制定的应急管理评估体系和奖惩制度。管理机制的建立能有效提高整个饭店应对突发事件的能力。

（三）建立应对突发事件的饭店应急管理系统

建立饭店的应急管理系统对饭店预防、处理突发事件起到事半功倍的作用。

饭店应急管理系统包括：一是应急预案系统。这是处理突发事件的事先方案，可以在事先排除导致事件发生的各种可能性，从根本上防止事件的形成、爆发；二是现场应急反应系统，一旦发生突发事件，能让饭店的人、财、物、信息部门以最佳的方式进行协调和配合，井然有序地处理突发事件，全体员工各司其职，各负其责，各尽其能；三是善后修改系统。对饭店的突发事件进行善后处理和重建处理。一方面确保在最短的时间内挽回突发事件所造成的负面影响，另一方面收集相关信息以进一步完善应急管理系统。

（四）保障突发事件的设施设备及应急经费

设施设备和应急经费是有效应对突发事件的必要保障之一。饭店应根据突发事件的特点及饭店自身经济实力，改善和添置应急设施设备，如预防和处理火灾的相应设施设备。同时，要保证足够的应急专项经费，如人员的培训经费，预防、处理及善后中必须额外使用的经费。

（五）构建和谐的饭店公共关系

和谐的饭店公共关系在应对突发事件中具有举足轻重的作用。饭店内部管理者与员工之间、各职能部门之间的和谐关系，能提高员工处理突发事件的积极性和创造性；饭店外部与客人之间、与社区之间、与新闻界之间、与政府之间的和谐关系，能让饭店得到更多社会公众的理解和支持，能有效降低突发事件的负面影响，有利于维护饭店的形象。因此饭店要努力地构建和谐的公共关系。

三、常见饭店突发事件的预防与处理

饭店常见的突发事件有火灾，食物中毒，盗窃，客人的意外伤、病、死亡，停电，客人违法活动等。

（一）火灾

1. 饭店火灾的特点

饭店火灾与其他火灾相比较，有以下几个特点。

一是可燃物多。饭店的内部装饰材料是用可燃的木料、塑料等化学物品做成的，而且室内配备的家具、卧具、地毯、窗帘等都是可燃物，一旦发生火灾，这些材料都将助燃，给疏散和扑救带来很大的危险性。

二是火势蔓延快。饭店中的电梯井、垃圾井、电缆井等都贯穿全部楼层，实际上形成了一座座"烟囱"。起火后，火热沿着这些通道上升，四处蔓延，而且由于助燃物多，还会迅速危及全楼。

三是火灾隐患多，扑救难度大。客人的来来往往有可能带进一些易燃物，造成发生火灾的隐患。现代饭店大多是高层建筑，人员密度大，客人对新环境往往不熟悉，一旦发生火灾，就会惊慌失措，迷失方向，拥塞在通道上，造成混乱，给疏散和救火带来困难。

2. 火灾的原因

饭店发生火灾的主要原因有 4 个方面：一是客人吸烟不慎引起的；二是由于电器设备安装设置不合理或使用不当或维修不及时等导致起火；三是后台生产部门操作不慎引起；四是故意纵火。

3. 火灾的预防

火灾一旦发生对饭店的影响将是致命的，所以预防是火灾安全管理工作中的重中之重，主要要做好以下几个方面的工作。

1）饭店安全管理部门要制订防火计划，并协助领导及各部门切实做好火灾预防管理工作。

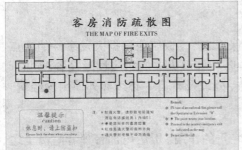

2）做好饭店防火设施设备的配置、防火的告示标志及指示，以及信息告示等日常管理工作。

3）饭店内禁止储存易燃、易爆化学危险物品，使用少量易燃、易爆化学危险物品的部门应建立严格的保管及使用制度。

4）饭店应切实做好员工防火技能培训工作。例如，掌握报警和灭火器材的使用方法，熟悉安全疏散路线及路径，掌握疏散客人的技巧等。

5）饭店餐厅、酒吧、商场、娱乐部门、会议厅等公共场所，必须按合理科学的容纳量进行营业接待，坚决杜绝超额现象发生。

6）为防患于未然，制订符合本饭店科学有效的应对火灾方案、规程等，即《火灾险情应急规程》和《人员安全疏散方案》，使饭店全体员工熟知。饭店发生火灾时，员工可按上述方案的要求行动。

4. 火灾的处理

及时有效的火灾处理将会使损失降到最低程度，发生火灾时一般的处理程序如下。

（1）及时找准火源

饭店员工要有高度的责任心和忧患意识，当听到自动报警系统发出火警信号或闻到烟火味时应停止一切工作，迅速查明情况，找出火源。

（2）及时报警

发现火情应立即报警，通知饭店相关部门及人员及时抵达现场，组织扑救，并根据火情决定是否通知公安消防队。饭店报警分为两级：一级报警是在饭店发生火情时，只向消防中心报警，其他场所听不到铃声，这样不会在整个饭店内造成紧张气氛；二级报警是在消防中心确认店内已发生火灾的情况下，向全饭店报警。

（3）及时扑救

如果火源面积不大，可组织员工用水桶、灭火器材、消火栓等及时进行扑救。火情较大且饭店无力扑灭时，一方面必须以最快捷有效的方式通知消防等相关部门，另一方面应按照《火灾险情应急规程》和《人员安全疏散方案》的规定做出相应的反应。

（4）疏导客人

饭店发生火灾时，有组织、有计划、有步骤地疏散人员，对减少伤亡极为重要。在组织疏散时，一是要快速、合理地制定疏散路线和人流分配，避免大量人员涌向一个出口造成堵塞或挤压事件；二是迅速打开所有安全通道，组织疏导客人撤离。各层楼梯口、路口、大门口要有专人指挥把守，为客人引路，使客人迅速脱离险境。

疏散人员的先后顺序为：首先，疏散受火灾直接危害的人员；其次，疏散受烟火威胁最大的人员，再疏散起火层下一层或下二层的人员，为火场施救腾出必要的空间。同时指定专门人员逐一检查客房，确定无人后在门上做记号，把门关好，以阻止火势蔓延。

（5）组织救助

发生火灾后，重在忙而不乱。饭店医务人员应迅速准备好急救药品和抢救器材，组织抢救受伤人员。

（6）善后处理

立即组织饭店保安部人员、消防人员、公安人员等，严格保护好发生火灾现场，其他人员一律不得进入现场，并协助相关人员查清火灾发生的原因、财产清理、人员伤亡等工作。

（7）做好记录

做好火灾发生的原因、损失和善后处理结果的记录。

 知识链接

火灾疏散逃生十诀

火灾疏散逃生十诀包括：熟悉环境，牢记出口；保持镇静，迅速撤离；正确引导，有序疏散；不入险地，不恋财物；简易防护，蒙鼻匍匐；善用通道，莫入电梯；火已及身，切勿惊跑；避难场所，固守待援；发出信号，寻求援助；缓降逃生，滑绳自救。

（二）食物中毒事件

食物中毒是指人摄入含有生物性或化学性有毒食品所引起的一类急性疾病总称。

1. 食物中毒的特点

食物中毒一般具有以下特点：①大多数人食物中毒的潜伏期短，发病突然，很多人会在短时间内同时发病；②症状的临床表现基本一致，以恶心、呕吐、腹痛、腹泻、昏迷等为主要症状；③食物中毒一定与吃某种食物有关，吃了该种食物而发病；④食物中毒不传染。

2. 食物中毒的原因

引起食物中毒的原因主要有以下 3 种：一是由于饭店过失造成客人食物中毒或食源性疾病；二是由于饭店外部原因造成客人食物中毒或食源性疾病；三是由于客人本身原因产生的食源性疾病。

3. 食物中毒的预防

食物中毒的预防措施包括以下几个方面。

1）从业人员要养成良好的卫生习惯，增强安全责任意识，文明生产、科学加工。

2）严把食品原材料采购、验收关，没有通过检疫或食品卫生质量不过关的食品、食品原材料坚决不验收入库。

3）厨房加工区域食品烹调应熟透，发芽变质的原材料或无法辨别的覃类不加工，生、熟食品要分开加工和储存。

4）容器及用具清洗干净，彻底消毒，防止交叉感染，采购的搪瓷、陶瓷、不锈钢等容器应有卫生许可证及卫生合格证，禁止用这类容器盛醋、酒等食品。

5）发现从业人员被感染或携带菌者应及时调离工作岗位。

4. 食物中毒的处理

饭店一旦发现食物中毒事件，一般按以下方法处理。

1）服务员或管理人员立即通知医生前来诊断客人病情。

2）如果确诊为食物中毒，通知保安人员、餐厅经理、厨师长、总经理，有医务室的应立刻对病人进行紧急救护，没有医护室的立即拨打 120 或送中毒人员去医院紧急救护治疗。

3）餐厅要对客人所用食物或呕吐物取样备检，以检查确定中毒原因，并及时通知卫生防疫部门。

4）餐饮部要对可疑食品及有关餐具进行控制，以备查验和防止其他客人中毒。

5）由餐饮部负责、保安部协助，对中毒事件进行调查，并配合卫生防疫部门的工作。

6）饭店要及时通知中毒病人家属或单位，并向他们说明情况，协助做好善后工作。

7）安抚其他在场用餐的顾客，观察其他顾客的用餐后的反应，看是否有中毒现象。餐厅值班管理者要带领餐厅的员工，用优质的服务消除其他顾客的焦虑。

8）做好事件的记录工作。

案例

120 余人在三亚酒店集体食物中毒

2012 年 8 月 13 日凌晨开始，海南三亚市卫生部门陆续接报三亚国光豪生度假酒店入住客人发生疑似食物中毒案例。截至 13 日 22 时 30 分，已确认先后有 120 余人住院，其中包括 6 名外国游客。

记者 13 日晚在医院现场看到，疑似食物中毒客人正在医护人员监护下进行观察诊疗。广西游客说："应该是吃了早晨蛋炒饭早餐造成。现在最严重的就是我一个朋友，很难受，吐都吐不出来，肚子一直在痛，一直要拉，另外一个烧得轻一点，但是也是发着高烧不退。"

据三亚市食品药品监督管理局副局长介绍，目前病人恢复情况良好，无重症病人，无死亡病例，目前正在配合卫生部门做好现场取样、检测工作，同时对没有出现症状的客人也进行排除检查，防患于未然。

三亚国光豪生度假酒店对外部门负责人表示，酒店方于 12 日 19 时许开始陆续接到游客反映身体出现不适，怀疑是早晨在酒店用餐引起。随后酒店方即刻将陆续出现症状的客人送至医院进行诊疗，同时成立"食品安全应急领导小组"，向政府主管部门报告事件，积极配合做好调查取样工作。酒店方正在准备后续工作，将根据调查结果对发生症状的客人采取赔偿措施。

【点评】

三亚酒店集体事物中毒事件，由此可见，酒店食物安全的重要性。

小思考

如果客人在饭店内不慎摔倒骨折，你该如何处理？

（三）客人意外受伤、发病处理

1）对意外受伤或发病的客人，服务员要保持冷静，及时通知饭店医务人员和上级领导。

2）负责人及相关的部门接到通知，应立即赶到现场，做好管理及救助工作，并根据伤者的情况及受伤人员的意见，决定是否通知其单位或家属。

3）应让客人情绪稳定，不要随意挪动客人。如果学过急救培训，紧急情况下可以为其进行紧急抢救。耐心等待医务人员或医院急救的到来，协助医务人员做好相关的服务工作。

4）对于需要办理住院治疗的客人，在客人单位及亲属没有到达之前应办理住院手续、派员看护等工作。

5）做好记录工作。

 小思考

如果你在旅游中遇到此类情况，该如何处理？

（四）客人死亡事件的处理

1）发现客人死亡时，应保持冷静，保护好现场，并及时通知饭店医务人员、保安部及主管此事的领导。

2）在接到客人死亡的报告后，饭店医生及保安部等应立即前往现场，检查客人是否已死亡，并迅速派人去保护现场。如果客人尚未死亡应积极抢救，并与医院急救中心联系。如果客人已确定死亡，应及时向公安部门报告，并继续保护好现场。积极配合公安机关开展调查工作。

3）由饭店主管此事的领导负责安排通知死亡客人的单位或家属，饭店应做好家属接待工作，配合家属做好遗体处理及善后工作。

4）做好记录工作。

（五）停电事件的处理

停电事故引起原因有可能是饭店内部问题，也有可能是饭店外部问题，一旦发生停电事故，一般处理如下。

1）饭店一旦停电，饭店工程部应立即查明停电原因，看是饭店外电力系统出问题还是饭店内部线路及其设备出了问题，同时明确能否及时供电。

2）及时通知各部门停电的原因及恢复供电所需时间。前台服务部门应根据停电原因及恢复供电所需时间长短来决定是否停止营业，或向主管部门请求如何处理。如果能在短时间内恢复供电，告知客人稍等，如果短时间内无法供电，告知客人并疏散客人。

3）同时启用备用供电设施设备。

4）各岗位的人员应坚守岗位，做好本职工作。

5）做好记录工作。

（六）醉酒客人的处理

醉酒客人的破坏性较大，轻则行为失态，大吵大闹，随地呕吐，重则危及其生命及饭店设备设施或酿成更大的事故。

服务员遇上醉酒客人时，头脑应保持冷静，根据醉酒客人不同的种类及特征，分别处理。对轻的醉客，应适时劝导，给予及时的帮助，安置其回房（家）休息。对重的醉客要给予高度的关注，要注意其人身安全，必要时要送到医院治疗。如果客人醉酒闹事，服务员应立即通知保安部人员在最短时间内到达现场，将醉酒闹事客人带离营业场所，以免扰乱其他客人或伤害自己。

服务员对醉酒客人的房间要注意观察，防止客人吸烟引起火灾或发生其他意外。要对醉酒客人专人负责，耐心照顾，防止发生不良后果。女性服务员应尽量避免单独进入男性客人的房间。

 项目小结

安全是客人对饭店产品的第一需求，是饭店获得市场的基础。饭店安全管理工作是饭店管理的重要工作。本项目阐述了饭店安全及安全管理的基础知识，饭店安全管理在硬件和软件方面的工作要求，以及饭店突发事件的预防与处理。通过本项目的学习，能够加深我们对饭店安全的理解，提高安全管理意识。

EQ 总结

作为饭店管理者，在管理饭店安全问题时，要做到防患于未然，提前做好预防工作，才能有效防止安全问题的发生。对于饭店管理中的其他问题，我们同样也要有忧患意识，要做到未雨绸缪，居安思危，这样才能在激烈的市场竞争中站稳脚。

关键概念

安全管理、安全网络、安全管理机构、突发事件。

课后思考与练习

一、填空题

1. 饭店安全管理涉及以下 3 个层面，即_____、_____、_____。
2. 常用的火灾报警器有_____和_____两类。
3. 保障客人的安全主要是指保障客人的_____、_____、_____、_____、_____等五方面的安全。
4. 食物中毒是指人摄入含有_____或_____有毒食品所引起的一类急性疾病总称。
5. 饭店的"四级安全检查制度"按从低到高分别是_____、_____、_____、_____。

二、简述题

1. 如何理解饭店安全的内涵？
2. 饭店安全管理的特点是什么？
3. 饭店如何做好火灾预防工作？
4. 饭店发生食物中毒事件应该如何处理？

案例分析

服务员小王在楼层值班时，来了一位访客称是刘先生的好朋友，并说刘先生现在在外面办事，他与刘先生通过电话了，刘先生请他在房间等，所以请服务员小王开一下门。小王知道这是违反安全规定的，故礼貌谢绝了访客要求，请其在大堂等候。此客人一边责骂小王不通情理，一边气冲冲地离开了。不久，刘先生和这位访客上了楼层，没等小王分辩，一阵责骂后拂袖而去，而且将此事投诉给了客房部经理。

问题：

1. 小王这样做对吗？
2. 客房部经理该怎么办？

实训应用

实训名称： 客人食物中毒的情景模拟训练。

实训内容： 将学生进行分组，每一组轮流安排一名学生扮演食物中毒的客人，其他学生则扮演服务员和管理人员的角色进行相关应急处理。通过实训锻炼学生处理突发事件的能力，提高学生应对突发事件的实战技能技巧。

参 考 文 献

陈淑君．2005．饭店管理基础知识．北京：中国劳动社会保障出版社．

陈维政，等．2002．人力资源管理．北京：高等教育出版社．

陈文生．2011．酒店管理经典案例．福州：福建人民出版社．

贺湘辉．2007．饭店管理基础知识．2 版．北京：中国劳动社会保障出版社．

蒋丁新．2010．饭店管理．3 版．北京：高等教育出版社．

蒋丁新．2010．饭店管理概论．4 版．大连：东北财经大学出版社．

林红梅．2012．饭店管理基础．北京：中国劳动社会保障出版社．

卢静怡，张劲松．2013．饭店概论．杭州：浙江大学出版社．

阮晓明．2009．饭店管理基础．杭州：浙江大学出版社．

王大悟，刘耿大．2007．酒店管理 180 个案例品析．北京：中国旅游出版社．

王林．2004．饭店管理实务．武汉：武汉大学出版社．

王瑞．2010．酒店管理基础与实务．北京：化学工业出版社．

徐文苑，贺湘辉，铁玲．2011．酒店经营管理．3 版．广州：广东经济出版社．

严伟，戴欣佚．2009．旅游企业人力资源管理．上海：上海交通大学出版社．

尹华光．2008．现代饭店管理．北京：中国林业出版社，北京大学出版社．

曾华．2009．浅析酒店个性化服务．企业家天地，6.

张利民，王素珍．2008．饭店管理概论．北京：中国林业出版社，北京大学出版社．

赵西萍．2011．旅游市场营销学．2 版．北京：高等教育出版社．

郑向敏．2014．酒店管理．3 版．北京：清华大学出版社．